价值与文化
——人类社会的双重密码

孙美堂 著

图书在版编目（CIP）数据

价值与文化：人类社会的双重密码 / 孙美堂著.
北京：中央编译出版社，2025. 4. -- ISBN 978-7-5117-4891-1

Ⅰ．B018-53

中国国家版本馆CIP数据核字第2025GB7147号

价值与文化：人类社会的双重密码

责任编辑	李媛媛
责任印制	李　颖
出版发行	中央编译出版社
网　　址	www.cctpcm.com
地　　址	北京市海淀区北四环西路69号（100080）
电　　话	（010）55627391（总编室）　（010）55627319（编辑室）
	（010）55627320（发行部）　（010）55627377（新技术部）
经　　销	全国新华书店
印　　刷	北京印刷集团有限责任公司
开　　本	710毫米×1000毫米　1/16
字　　数	295千字
印　　张	22
版　　次	2025年4月第1版
印　　次	2025年4月第1次印刷
定　　价	95.00元

新浪微博：@中央编译出版社　　　微　信：中央编译出版社（ID: cctphome）
淘宝店铺：中央编译出版社直销店（http://shop108367160.taobao.com）　（010）55627331

本社常年法律顾问：北京市吴栾赵阎律师事务所律师　闫军　梁勤
凡有印装质量问题，本社负责调换。电话：（010）55627320

序

"文化"和"价值"是两个密切相关的范畴。一方面,每一种文化"都有一些其行为指向的目标以及它们的制度深入发展的目标"[①],这种目标其实就是一定的目的价值或价值取向。另一方面,价值不是纯自然现象,而是在人们"人化"和"化人"的历史实践中产生、存在和发展的,也就是说,价值是一种社会文化事实。以社会文化为视角来定位的价值——文化价值,就成为一个学术研究的热点甚至前沿问题。但是,由于"文化"和"价值"这两个范畴,在哲学、社会学、经济学、人类学,甚至几乎所有人文社会科学领域中,都有各自不同的理解和应用,所以多年来,有关文化价值的研究,内容庞杂多样,歧义也很大。归纳起来,大体上是两种思绪:一种是从"文化"入手,讲其价值;另一种是从"价值"入手,讲到文化。二者都能讲得纵横捭阖、飘逸潇洒、精彩迭出。但是,就"文化"与"价值"两个范畴连接在一起所融合成的整体概念而言,所谓"文化价值"究竟所指为何?其名称究竟何意?循名求实时,可以导致何种新的领域和境界?……说到这里,仔细阅读各种大作之后,我反而觉得,不要说已经能够讲清楚它的,就是真正在努力讲清楚它的,其实也不多。因为它也和许多时尚概念面临着同样的命

---

① 露丝·本尼迪克特:《文化模式》,何锡章、黄欢译,北京:华夏出版社1987年版,第173页。

运：看上去很容易，其实要深入下去很难。

孙美堂是为数不多的、一直执着地努力想要把它讲清楚的学者之一。美堂是学哲学出身，价值哲学是他的博士论文方向。20世纪末，他曾和我、孙伟平三人合作过《家园——文化建设论纲》。此书曾获得不小的成功，除获国家大奖提名外，还多次再版，并已译成英、日等外文在国际上出版发行。这些，可以证明美堂关于文化价值的研究，决不是一时性起和跟风而行。在我的记忆中，他从研究哲学价值问题一开始，就已锁定了文化价值问题。可以说，美堂即使不是国内第一个，也是最早一批提出并展开"文化价值"概念和问题的人之一。由于他一向为人低调，加上理论的系统化还不够，所以很多人并不了解。

就"文化价值"概念的涵义而言，人们常常不注意它与"文化的价值"的区分，以为文化价值就是各种文化现象（形式、成果、产品、行为等）对于人和社会的价值。然而，按照价值哲学的严谨表达，"文化价值"与"文化的价值"，却是两个极不相同的概念。美堂在书中对此做了深入的考辨，从而指出：文化价值是就人的"文化"而言的价值，而文化的本质是"人化"，即按照"人"的标准和理想改变人自身及其世界，使之美、善、雅、文明等。因此，他所下的定义是：

> "文化价值是价值对象在规范和优化人的生命存在方面所具有的'好'的特质，是人在'文化'自己及其周围世界的历史中创造、追求和遵循的那种价值。"

这一定义，既在理论上提出了一种新的视角，也为文化生活的追求提供了一种新的尺度。正因为如此，这个表述肯定也会引起震动、思考和争议。在我看来，其引起争议之处，也正是我们的文化研究所要突破的关隘。

本书记载了他三十年来的思考足迹，其中这样的"看点"很多。从中更可以看到，在复杂多变的学术思潮和社会现实面前，要想有条有理、深刻严谨地讲清楚"文化价值"这一宏大命题，阐明它的来龙去脉、内涵外延、直义和引申、把握与运用，要经过怎样的材料梳理和思想磨难，才能有所成就。

所以即使完全不考虑我和他几十年的私人关系，也无论是否赞同文中的所有观点，我都认为，这份记录，对于了解当代中国学术发展史来说，有它的一份特殊价值。

李德顺

2019 年 10 月 8 日于北京

目录

第一篇 价值与伦理 ………………………………… 1

价值之"是"与我国的价值论研究 ……………………… 3
价值论研究与哲学形态转换 ……………………………… 16
价值观念 …………………………………………………… 28
超越全球伦理的两难 ……………………………………… 63
国际正义是否可能?
　　——由康德"普遍的世界公民"说开去 …………… 73
人的价值:根据与类型 …………………………………… 87
人的价值问题:接着讲 …………………………………… 98
从价值到文化价值
　　——文化价值的学科意义与现实意义 ……………… 115
文化价值:一种关系的诠释 ……………………………… 128
社会主义法治文化视野中的法的价值 …………………… 141
环境伦理的三层境界 ……………………………………… 159
科学的价值缺位与回归 …………………………………… 171
略论科学的"不可说" …………………………………… 185
"后真相"与复杂性 ……………………………………… 194
共生哲学的机制问题 ……………………………………… 203

第二篇 文化与传统 …… 219

混沌学的文化史启示 …… 221

文化认同与价值建设 …… 228

文化即"人化"

——文化概念的一种诠释及其意义 …… 237

文化建设中的三种导向 …… 248

论立足现实实践的文化建设理路

——兼答吴增基教授 …… 259

重建中国学术传统之我见 …… 270

崇古意识探微 …… 287

文化与价值内在逻辑的辨析 …… 301

第三篇 学术随笔 …… 319

说天话:知识分子责任担当的方式 …… 321

从科学范式看学术的品质 …… 325

后 记 …… 344

第一篇

价值与伦理

价值之"是"与我国的价值论研究

（2014）

一、问题的提出

80年代价值论研究在我国兴起的时候，由于苏联哲学教科书影响，学界普遍流行简单的直观唯物主义思维方式；加上价值问题的特殊性和复杂性，所以价值论研究必须将学理的建构与思维方式的变革结合起来，同步进行。为鲜明形象地勾画不同研究模式和思维方式的特点，当时的几位主要学者把以往各种价值解释模式约定俗成地归纳为"实体说"——把价值理解为主客体之外独立自在的实体；"属性说"——价值是客体固有的特性、属性；"观念说"——把价值等同于主体的欲望、动机、兴趣、情感、评价等观念的东西。在分析它们的错误的基础上，学者们提出了"关系说"——价值是在主客体互动关系中生成和存在的。有的学者进而把关系说深化为"关系—实践说"——主体通过实践与客体相互作用，价值在这个过程中生成、存在。

迄今为止，一方面，"关系说"仍被视为我国价值哲学的主流和成熟形态，另一方面，这种解释模型自始至终受到各种批评和挑战。最近，学界有不少突破"关系说"的尝试。因"关系说"（确切地讲：

"关系—实践说")的代表人物是李德顺先生,故有学者戏称"超越德顺模式"。学术上能取得突破性进展,当然是好事,包括李德顺先生也乐观其成。不过,批评不等于合理,对"关系说"的某些批评,如"主客二分""本体论承诺""主体至上""人类中心主义""以需要解释价值是快乐主义、功利主义""关系说不能解释人的价值"等,是误解和不理解造成的,不少批评者是基于自己误设的前提、错误的逻辑或者旧有的思维方式。已有许多学者对上述质疑做过深入阐释和系统回应,不必赘述。

当然,本文的意思不是说"关系说"完美无缺,不可超越。恰恰相反,我们拒绝不合理的质疑,正是为了发现"关系说"真正的问题,从而有实质性超越的可能。

二、"关系说"的问题

"关系说",进一步说,"关系—实践说"主要包括这样一些观点和方法:

(1)价值不是单纯的客体及其属性或者单纯的主体及其特性,也不是主客体之外独立自在的东西,而是主客体相互作用关系中存在的"关系态""关系质"。

(2)价值是一种主体性事实,它表征的是在主客体相互作用中,人的主体性得到肯定还是否定,以及在多大程度上、何种意义上、以什么方式得到肯定或否定。

(3)价值事实中相关范畴的"角色"不是先验的和固定的,而是取决于它处在什么样的矛盾关系中。其实,同一范畴在一定关系中是主观的,在另一关系中可以是客观的,这是个普遍现象。例如人的意识被当作心理学研究的对象时,是客观的而不是主观的。在流行的观念看来,主体=主观=心(意识、观念、精神);物=客体=客观,突出前者是唯心主义，突出后者是唯物主义，这其实是错误的。

（4）价值及主客体相互作用，现实地表现为人们的生活与实践过程。所谓"关系"是相互规定、相互影响、相互作用等关系，因而是互动关系，是实践关系，是历史开展关系。

价值的"关系说"特别是"关系—实践说"，突破了实体主义思维框架，建立起在主客体互动中理解事实和价值的思维方法，把握了马克思所谓"当作**感性的人的活动**，当作**实践**去理解"，"**从主体方面去理解**"①的真谛，推动了我国哲学思维方式的变革和创新。

那么，价值"关系说"是否存在问题和不足？它是什么？它真正的问题主要是：

（1）价值的重心应该在什么地方？以"关系"作为界定价值的重心和标识是否妥帖？"关系"是不是把价值与其他问题区分开来的关键所在？

"关系说"将理解价值本质的致思路径之主要特征简明扼要地勾画出来，并与其他解释模型相区别，无疑起了画龙点睛的作用。但强调"关系"，重在主张不能离开主客体相互对待、相互作用等价值语境，突出把握价值的思想方法、致思路径、思维方式、注意事项等，而不是澄明价值自身的意义、性质、根据、指向、内涵、外延，不是直面价值本身。这好比界定张三这个人，你强调不能脱离张三的社会关系孤立地考察张三，这无疑是对的，但那毕竟不能代替张三的身份、品质、性格等内涵。这两者诚然密切相关，但理论上必须加以区分。由于"关系说"自身的不足，加上诸多学者并未真正理解，用"注意事项"代替"意义澄明"，以致这样的定义很流行："价值是客体及其属性满足主体需要的关系"。

再说，描述性事实也是以"关系"状态存在的。20世纪自然科学

---

① 《马克思恩格斯选集》第1卷，北京：人民出版社1995年版，第54页。

与经典物理学最大的区别之一,就是在整体关联中理解物质,而不是孤立地考察元素、原子、"宇宙之砖"。美国物理学家卡普拉(F. Capra)论及量子理论时说:"我们不能把世界分解为独立存在的最小单元。在深入物质内部时,我们发现它们是由粒子构成的,但它们不是德谟克利特和牛顿心目中的'基本结构单元'……用玻尔的话来说,'孤立的物质粒子是一些抽象的概念,只有通过它们与其他系统相互作用,才能给它们的性质下定义,才能进行观测'。"[①] 亚原子物理学的各种模型"一再以不同方式表达着同样的见解,那就是物质的成分和涉及它们的基本现象,全都是相互有关,相互联系和相互依赖,不能把它们看做孤立的存在,而只能看做是组成部分的整体。"[②] 20世纪以来的复杂性科学,一般不以某实体为对象,而是以某关系为对象。系统、信息、生态等突出的都是关系。这一方面说明,从实体向关系的转换是人类思维方式变革的基本趋势,另一方面也说明:既然从"关系"中把握对象是事实和价值的共性,则以"关系"为标识就无法区别事实与价值,"关系"不是价值之为价值且区别事实的关键。

(2) 价值理论究竟该从什么角度引申出现实关切?

尽管"关系—实践说"强调,价值是人们生活和实践中的问题,价值哲学是实践性、现实性很强的学科,但目前国内基于"关系说"建构的几种有代表性的价值哲学体系,要引申出现实关切,并不那么顺畅。它的着眼点和优势是基础理论、基本方法,而不是现实关怀。当今社会是各种价值问题凸显的时期,正义、自由、人权、美德、信仰等领域问题丛生,照理是价值哲学大显身手之际。但相关讨论更多的是在法学、政治学等学科中展开,价值哲学不仅相对冷清,而且有诸多经院哲学式的纠缠,这应该与价值哲学的结构体系、致思路径有关:以"关系"为重心的解释模式,有意无意把理论焦点引向关系、结构等形式,淡化了

---

① F. 卡普拉:《物理学之道》,朱润生译,北京:北京出版社1999年版,第120—121页。
② F. 卡普拉:《物理学之道》,朱润生译,北京:北京出版社1999年版,第114—115页。

对人的生存境况、问题和意义的关切，现实生活中大量价值问题难以顺理成章地从中引出，以致本以现实关切见长的价值哲学，却很难关切现实。

（3）价值事实中，主客体究竟如何统一？它们之间的互动关系如何深化和具体化？

价值的"关系说"重在说明价值的非单质、非实体、非自在、非预成性，强调价值是在主客体关系中存在（这无疑是对的），但价值在这种关系中生成、存在的具体情形如何？人如何作为主体与客体互动从而使价值之成为价值？作为主客体互动的中介，主体的生活、实践使价值生存、存在的机制是什么？对这些问题的回答，基本上流于"主体客体化""客体主体化"的原则性解释，它大体停留在从黑格尔到马克思的辩证法层次上，有抽象思辨之感。20世纪以来的西方哲学在相关问题上有很大发展，一是以生活、存在乃至"游戏"和诠释为中介，将主客互动关系发展为人"在世"并展开生活、澄明意义的过程，事实和价值就成了不断"出场""涌现"和建构的进行态；二是将主客体互动关系由"在场"延伸到"不在场"，扩展到可能的、逻辑的世界。价值哲学不应该无视这些成果。那么，它们对价值的主客体统一说有何启示？

（4）价值"主体—客体"模式如何回应主体间性问题？

价值的"关系说"能很好地解释"主体—客体"互动模式，但对主体本身做了过于抽象和简单化处理，现象学以来西方哲学关于主体间性的诸多成果在这个解释模式的视野之外。

大家知道，不少西方哲学家，例如胡塞尔、维特根斯坦、海德格尔和哈贝马斯等，看到了知识、意义或规则是公共交往的产物，是在主体交际中存在的，他们从不同角度提出了"主体间性"（inter-subjectivity）问题，抽象的单一化的主体概念被互动着的主体群所取代。这个问题对价值哲学的主客体关系解释框架来说，既是不可回避的，也是值得珍惜的思想资源。吸收现代哲学的这些成果，改造和深化价值"主体—客体"模式，有助于价值哲学的创新。

三、从"什么"到"是"

那么，究竟怎样超越价值的"关系说"，突破现有的价值解释模式，推动价值论研究向前发展？我们的基本设想是：价值论研究的重心从价值是"什么"转到价值之"是"本身，从封闭的、完成了的宾词转到开放的、"现在进行时"式的系动词。这是什么意思？

（1）价值追问的重心不是价值是"什么"，即不是宾词的规定性、"所指"的质，而是价值之"是"——价值成为其所是的过程、机制等；把价值质的规定性看作"是"的某种结果、澄明出来的显像。价值如何"是"追问清楚了，它是"什么"也就澄明了。

以"什么"为重心的价值追问，重在给出代表"价值"的那个宾词，确定这个能指的对应物——所指，找出价值质的规定性。这个思路很容易把价值想象为独立自在的某物，仿佛是某种"第三世界"；以"是"为重心的价值追问，重在追问和展开"是"这个系动词蕴含的意义，追问价值之为价值的过程、机制、环节，因此也就追问主体如何通过实践、生活使价值是其所是的秘密。

以"什么"为重心的追问，需界定那个既有规定性的宾词，势必把价值理解为某种现存态、完成态，有固有的、预成的、先验的规定性，仿佛有一叫"价值"的某物隐藏着，等我们去把它找出来。价值成了海德格尔所谓"上手状态"（zuhanden）。以"是"为重心的价值追问则认为，价值是在具体关系、境况、过程中"成为"价值的，是在人们的现实生活中历史地生成着、显现着的，我们的价值思维也应该转变为生成思维、过程思维。为说明这个意思，我们援引两个看似无关却发人深省的旁证：

从价值是"什么"转到价值如何"是"的追问，类似海德格尔要求哲学从追问存在者（Seinde）转到追问存在本身（Sein）。海德格尔认为，前苏格拉底哲学始于对存在即"何以有某物而不是无"的惊异，柏拉图以后的哲学却追问存在者而忘了存在本身。在他看来，哲学追问应该追问存在而不是存在者，追问存在需用本己的方式，而不是用追问存在者的方式。换句话说，哲学"问之所问是存在——使存在者被规定为存在者的就是这个存在"①。当然存在不能脱离于存在者，故哲学应"从存在者身上来逼问出它的存在来……如存在者本身所是的那样通达它"②。又由于"存在者"（Seinde）这个词有多种含义，要破解存在的意义，就得确立某个存在者的优先地位，这就是我们这个能发问的存在者的存在，通过使"我们这些发问者本身向来所是的那种存在者的存在样式"透彻可见，来使存在得以澄明。③ 于是，海德格尔由追问存在本身过渡到一种特殊的存在，即人自身的"此在"（Dasein）。

令人惊讶的是，现代物理学也发生了类似的转换。普里戈金把从经典物理学到现代物理学的转型归结为"从存在到演化"。在牛顿代表的物理学中，"物质、空间和时间是无联系的，因为时间和空间都好像是被动的物质的容器。"④ 运动本质上与时间无关，时间仅是一个不受它所描述的变换影响的参数。甚至量子力学也因袭了牛顿物理学的思想："一个静止的宇宙，即一个存在着的、没有演化的宇宙。"⑤ 在热力学开始的新型物理学中，"时空的静态的内涵被所谓'空间的时间作用'这个更为动态的内涵所代替"⑥。在这里，不可逆性和熵的变化是基本的，

---

① 海德格尔：《存在与时间》，陈嘉映、王庆节译，北京：生活·读书·新知三联书店1987年版，第8页。
② 海德格尔：《存在与时间》，陈嘉映、王庆节译，北京：生活·读书·新知三联书店1987年版，第9页。
③ 海德格尔：《存在与时间》，陈嘉映、王庆节译，北京：生活·读书·新知三联书店1987年版，第10页。
④ 普里戈金：《从存在到演化》，沈小峰等译，北京：北京大学出版社2007年版，第144页。
⑤ 普里戈金：《从存在到演化》，沈小峰等译，北京：北京大学出版社2007年版，第4—5页。
⑥ 普里戈金：《从存在到演化》，沈小峰等译，北京：北京大学出版社2007年版，第144页。

系统是随机的、不断更新的，宇宙是历史的、演化的。"时间的出现具有与演化相联系的完全新的意义。"① "为了描述相干结构的出现，为了描述由混乱中形成有序，我们必须给出一个新的更精细的时间顺序的描述，这种时间顺序引出了系统的时间演化。"② 例如基本粒子（它参与物理世界的演化）不是给定的客体，我们必须参与它的构造，在构造中，演化起着基本的作用。

借鉴哲学和自然科学大思路，我们主张把价值是"什么"的问题悬置在括号里，重点追问价值之"是"。它意味着把价值理解为生成的、建构的、演化的，或者借用海德格尔的说法：绽放、澄明、出场。这个过程融在人的生活实践中，故追问价值之"是"亦即追问具体情况中的生活、实践何以使价值成为价值，成为什么样的价值；追问人们在创造、劳作、困惑、思考、欢乐、苦闷等过程中，所创造、确立、遵循、享有的效益、规范、意义等，把价值之"是"与人们的生活实践紧密结合起来。

（2）以"是"为重心的价值追问，界定价值时不是着眼于主客体关系的结构性描述，而是重在人的主体性活动的过程展示，重在揭示人如何经由"在世"而改变、完善、提升和创造自己及周遭的世界，并设定和创造价值。

海德格尔认为，在使 Seinde 成为 Seinde 的过程中，亦即在 Sein 过程中，Dasein 即人此时此地并以此态存在着的"在"是至关重要的。正是 Dasein 主导了"在"、展开了"在"，使各种 Seinde 作为它自身澄明。这有助于我们理解价值之为价值。

纯粹的自然现象无所谓价值。说"牛羊对狮虎有价值""青草对牛羊有价值"是没有意义的，因为它们都是大自然自身的相互作用，是天

---

① 普里戈金：《从存在到演化》，沈小峰等译，北京：北京大学出版社2007年版，第103页。
② 普里戈金：《从存在到演化》，沈小峰等译，北京：北京大学出版社2007年版，第78—88页。

然造化的有机统一。我们说"价值",正是为了把人类特有的由自觉自由活动所确认、遵循、追求和创造的被我们称为"价值"的东西,与自然的相互作用相区别。也就是说价值是人文现象,是人特有的。人是价值的源泉、原因,是价值之为价值的缘起因,是使价值现实地"在起来"的"Dasein"。因为人,人的"在世",人的付出与享有、痛苦与欢乐、恐惧与希望、憧憬与困惑,甚至贪婪与无耻等等,价值就成其为所是,作为对人"有价值"的价值而澄明。

以人的 Dasein、人的创造性生存方式为价值之本和动力因的这种致思路径,也意味着重新理解人的价值。当我们说"人的价值"时,我们并不是在说有个叫"人"的某物,他有何价值,仿佛人是与任何某物差不多的一物,这个对象及其属性对其他人有何意义和作用。当然我们不能绝对排除这种情形,例如人在被物化、异化、对象化的情况下。但这不是人的价值的本义。本义上讲,人的价值是指人作为能使价值成其为所是的那个主体,那个缘起因和动力因,他有何独特的价值。人是自觉自由的主体,是按"好坏"选择和创造生活的智慧生命,因为人,世界才有了"有无价值"的问题。可以说,人的独特价值正在于他能创造价值,是价值的"造物主",使价值作为现实的价值显现、出场。人的价值与其他价值之区别,好比劳动力的使用价值与普通商品使用价值的区别:劳动力的"消费"是让活的劳动创造价值。"它的使用价值具有成为交换价值源泉的特殊性,因此,它的消费就是劳动的实现,从而是价值的创造。"①。人的价值也是因为人能创造价值,使某物有价值,使其他价值作为现实存在"出场"。从这个角度说,人的价值与其他价值在逻辑上并不处于同一"阶",它是一种元价值,是高一阶的价值,是使价值之为"是"的价值。

(3) 以"是"为重心的价值追问,或者说以人的 Dasein 来显现价

---

① 马克思:《资本论》,北京:中国社会科学出版社1983年版,第151—152页。

值的致思方式,要求定义价值的角度从强调"关系"的结构性描述,转到对人的存在状态的揭示、生存境况的关切,转到强调人的生命质量提升的指向性描述。

如前所述,以"关系"为切入点和重心定义价值,在80年代初直观唯物主义和"实体思维"流行的语境下是必要的,但着眼于"关系"并未把准价值的关键,毋宁说它以结构性描述遮蔽了价值的内涵。

价值问题因我们的"在世"而起,因为我们活着,我们实践和创造着,价值才作为现实的价值"出场"。我们为何"在"?我们每时每刻"在着"的境况和状态如何?我们应当以何种姿态"在"——这些问题是人的生存问题,也是价值之为价值的本真问题。对价值的追问也就是对"人生在世"的追问,定义价值也是对人"在世"的目的、意义、状态、境况、生命质量等的揭示。从"关系"角度定义价值,包括"主客体统一""客体及其属性满足主体需要""顺应主体"诸说,难免把这些复杂而艰难的问题抽象化和简单化。定义价值应深入人们设定、追求、创造、遵循和享有价值的具体历史过程中。人设定、追求、创造、遵循和享有价值是为了人本身,人及其活动是价值的原因、源泉、主体和目的,这决定了价值必须以人为主体和目的,定义价值必须与人的生存境况、生命质量、生活意义等结合起来。沿着这一路径我们发现:这个"为了人本身"不是抽象化的单一目的,而是针对千差万别的生活内容和生活领域、千差万别的主体、千差万别的观念和行为,也涉及不同的时间和空间。价值是在这样的背景下建构出来的——而建构又是充满随机性和不确定性的创新过程。话说回来,毕竟都是价值,万变不离其宗,这个"宗"就是人创造性地扩展新的生命内涵,发展和延伸生命存在方式,提升和完善生命存在质量。

(4)以"是"为重心的价值追问,意味着扩展现有"关系说"的解释框架,将主客体关系模型推广,涵盖主体间性;由"在场"的主客体交互作用关系扩展不在场的相互作用关系。

现有"关系说"回答"什么"对"谁"的"何种"价值问题，它关涉的是客体及其属性（也包括作为对象的人本身）对特定主体的价值。仅仅针对主客体的价值关系，这一解释没问题；但是价值事实常常越出主客关系，关涉互为主体情况下的价值问题，即两个平等主体互惠、互动、互相观照情形下存在的价值问题。主体不是孤立的或单一的，现实生活中的主体常常是复数而不是单数，被我们简单化的主体，常常以主体间互动和互相对待的方式存在，"我"作为主体的存在是以其他人同样作为主体存在为前提的。着眼于"是"的价值追问不但不能回避这一"主体间性"问题，而且只有将"主体间性"问题纳入，才能对价值作完整合理的解释。这是因为，人作为主体在世时，他不但有一个把周遭的世界包括把其他人，甚至一定意义上把自己对象化的问题，也有一个在公共交往中与其他主体平等互动的问题。这样，价值就包括不同主体之间如何相互确认价值的问题。对价值的完整解释实际包括两方面：一方面，价值由"我"而起、为"我"而成、以"我"的尺度为根据。无论何种情形，价值事实中的主体"我"是一个基本事实，是价值围绕的轴心。主张无主体的"内在价值"的人们，其实是暗中假定了某种主体而不自知；主张取消人作为主体的"特殊地位"而将主体泛化的人们，实际是将自己的主体性尺度"推己及物"而不自知。另一方面，是谁或什么相对于主体"我"有价值，却不是个抽象的定数，而要深入具体语境和具体价值关系。它/他可以是事物、现象、行为，也可以是人本身或人的精神现象；可以是外物、他人、社会，也可以是自身或自身的某一规定性；可以是客体（及其属性与合规律的运动）——这是我们以往的主客体关系的解释框架；也可以是主体——即所谓"主体间性"问题。所以这个"谁"或"什么"是依具体语境和价值关系为转移的变数"X"。这样，追问价值之"是"，或价值之所以为价值的动态过程，就不能满足于主客关系，而应扩展为"主体-X"模式。

主客关系也许需要重新解释。张世英先生把哲学史上主客体统一模式分为"前主客关系的合一"、"主体—客体"关系、"后主客关系的'人—世界'合一"三阶段①。第一阶段如中国古代哲学和前苏格拉底哲学,认为"一即一切,一切即一,人与万物融合为一",不分主体和客体。第二阶段从柏拉图到黑格尔将近两千年的西方哲学,"哲学是把存在当作独立于人以外的概念来加以追求的学问。"黑格尔死了以后的当代哲学大多认为,"哲学是将人与世界交融合一的生活世界的意义的学问。"②。第三阶段的哲学吸收了"主体—客体"关系说的思想理论成果又超越之,在更高层次上复归古代中国哲学的"天人合一"观。它主张人与世界万物的关系是内在的关系、互动关系、相通相融的关系。"主体—客体"关系的哲学追求的是概念的普遍性,"从表面的直接的感性存在超越到非时间性的永恒的普遍概念中去"③。这可谓"纵向超越";张先生认同的"后主客关系的'人—世界'合一"的哲学,可谓"横向超越",它主张不要死盯着在场的东西,"而要超越它,超越到背后那种种不在场的东西中去,把在场与不在场结合为一个整体"。④"从显现处超越到隐蔽处"⑤。这样的超越就不是追求"相同"而是追求"相通",把握的无限就不是"思维的无限"而是"想象的无限",对真理的理解就不是"符合"而是"去蔽",等等。

我们不一定完全同意他的观点,但这种超越主客体关系的路径的确不可小觑。以"是"为重心和切入点追问价值,需以主体的"在世"、生活、实践为中介和契机,将人与世界视为相融相通的关系(当然主体的主动性、能动性和创造性不可否认,不能回到混元一体的状态),打通了,无碍了,价值问题也就延伸到非在场的领域,延伸到各种可能

---

① 参见张世英:《新哲学讲演录》,桂林:广西师范大学出版社2004年版,第3页、第38—40页。
② 张世英:《新哲学讲演录》,桂林:广西师范大学出版社2004年版,第9—10页。
③ 张世英:《新哲学讲演录》,桂林:广西师范大学出版社2004年版,第63页。
④ 张世英:《新哲学讲演录》,桂林:广西师范大学出版社2004年版,第64页。
⑤ 张世英:《新哲学讲演录》,桂林:广西师范大学出版社2004年版,第66页。

的、潜在的价值,延伸到意义的"隐喻"。

这里也有一个问题:如果向"不在场"的幽闭处"横向超越",如果阐发"隐喻",可能会导致价值的主观随意化。这的确是需要认真对待的问题。对这一问题,我们尚需另行深入。

与闫琛合作,原载《马克思主义哲学论丛》2014年第4期

价值论研究与哲学形态转换

（2007）

20世纪80年代以来，我国马克思主义哲学的讨论，逐渐突破苏联教科书的模式（以下除非必要，简称"传统哲学"），从价值论、主体性、实践观，到人学和本体论等的讨论，最后落到哲学观或哲学形态上，这是一个合乎逻辑的递进过程。客观地讲，价值论的研究对哲学形态的直接和潜在影响最大。不过，以笔者愚见，价值论研究对传统的哲学观究竟有哪些影响，应该怎样看待价值论研究对马克思主义哲学形态的"改变"？哲学范式转换如何从价值论研究中得到启发？这里面还有许多问题值得进一步思考和阐发。

一、传统哲学形态的困境

如果说西方现代哲学是从拒斥形而上学开始的，那么我国马克思主义哲学新形态的探讨是从检讨苏联教科书式的马克思主义哲学开始的。后者尽管表层语言大多是马克思主义经典作家的，但编纂者对马克思主义创始人的哲学的革命性和现代性意义理解不到位，对他们的文本做取舍和诠释时，仍然带有旧哲学思维方式的特征，因此这一传统哲学实质上仍是"前马克思主义"的，属于近代哲学范畴。我们知道，西方近代哲学形态由两大因素塑造：一是古希腊的本体论，即以绝对实体为依托、以追求终极知识为要旨、以"形而上"与"形而下"分裂为特征的哲学；二是同时代科学，即以绝对时空观为背景、以机械论为特点、以主体（观测者）不在场为方法、以确定性和完备性知识为目标的经典物理学。这些特点同样适合传统哲学。关于这种哲学的问题与缺陷，学界已有诸多检讨，不必赘述。笔者只想从哲学形态的角度论之。作为一种哲学形态，传统哲学的主要特点是：

第一，它仍然是"从客体的或直观的形式去理解"世界，仍然是直观的唯物主义，其主要特点是以先验的、绝对的本体为前提、"本原"，具体事物都是从这个先验本原或绝对本体中引申出来的。这个前提决定了哲学的其他结论：自然不是经由人的活动生成的对象性自然，而是"被抽象地孤立地理解的、被固定为与人分离的**自然界**"①；社会生活的本质不是实践，而是自然的派生物；历史不是人通过人的劳动诞生的过程，而是"把人当作达到自己目的的工具利用的某种特殊人格"②；认识不是主体能动地建构关于外部世界的解释体系，而是对外部世界的反映，最高目的是再现这个绝对本体及其终极规律；辩证法不是从主体扬弃自在世界的能动的实践中产生的，而是自然原本就存在的辩证法（它决定思维辩证法）；等等。

尽管传统哲学用了"能动性""反作用"等字眼来说明人及其活动，但本体论的基本框架决定了哲学不是从主体和实践的角度把握客体，而是从外在的、抽象的、具有压倒性优势和绝对支配地位的自在世界的角度"看"人，因此这种能动性和反作用并没有真正改变直观唯物主义视角、二元分离的困境和放逐人和无主体的前提。

第二，这种形态的哲学是一种拟科学。一般哲学被理解为大全的和绝对的知识，即所谓"自然知识、社会知识和思维知识的概括和总结"，

---

① 《马克思恩格斯全集》（第42卷），北京：人民出版社1979年版，第178页。
② 《马克思恩格斯全集》（第2卷），北京：人民出版社1965年版，第118—119页。

马克思主义哲学则被理解为所有规律的总汇。这种哲学的理想是：提供绝对地独立于主观性和主体性的"纯客观"的知识；实现培根式的确定性和完整性科学理想，趋向（虽经"无限"的途径）绝对和永恒的真理；这种哲学并不着眼于知识前提的批判和反思，而是力图提出至高无上和包罗万象的命题，如宇宙是物质的、世界是无限的、时间和空间是永恒的，等等；这种哲学不是透过知识揣摩智慧，并把这种智慧融进人们的生活，而是撇开智慧，把一套抽象思辨的"原理"当作知识，并灌输给人。

尽管传统哲学表面上也批评黑格尔的"科学之科学"，但拟科学的形态使得它自身正好在扮演这样的"科学"。为了树立自己"真正科学"的形象，传统哲学热衷于提出命题、建构体系、卖弄知识。由于事实上（正如逻辑实证主义所言）没有哲学命题，所以传统哲学总在拾人牙慧（例如借用物理学结论）和俨然以科学君主自居这两者之间徘徊。

哲学原本是人的自由、开放和超越性的生存智慧，它源于人不断超越现有知识和价值的内在张力，但传统哲学遗忘了人的生活、人生存的意义和价值，无视主体对外部世界的批判、否定和超越，放逐了人、人的主体性、人介入世界的方式——实践，哲学自身也失去了现实的基础，因而也就放逐了智慧。

二、价值论研究的冲击波

20世纪80年代价值哲学在我国兴起，它面临的第一个问题是与传统哲学体系能否"兼容"的问题。这实质上是两种哲学形态之间的摩擦。但认识到这一实质，有一个过程。

价值论研究最初的任务，是争取价值论的合法性，马克思主义哲学也包括价值论吗？如果是，价值论在马克思主义哲学中处于什么样的地位？

一般认为：马克思主义经典作家虽然没有直接论及（哲学）价值，没有用"价值论"或"价值哲学"之类的概念，但他们有丰富的价值哲学的思想，特别是已经内在地包含但未充分展开论述的思想。例如商品的价值和使用价值、劳动价值论、关于人的尊严和价值的思想、劳动的"两个尺度"的论述、关于真理的事实原则与价值原则统一的思想、历史的合目的性与合规律性统一的思想，等等。总之，马克思主义哲学包括价值论是不成为问题的。

价值问题在马克思主义哲学体系中处于什么地位，是一个更具体也更麻烦的问题。严格地说，在直观唯物主义和拟科学的哲学框架里，价值问题是没有容身之地的。为价值论寻找安顿之所的最初工作，有些勉强。例如当时有一种观点，把价值论置于历史观中，认为价值论是历史唯物主义的一个重要范畴。然而，认为只有历史领域才有价值问题，自然领域不存在价值问题，这正是把自然和历史本体论化、把自然观和历史观割裂的传统哲学的特点。如果从客体的或直观的形式去理解事物、现实、感性，则自然观中没有价值论的地位，历史观中同样没有它的地位。如果从人的感性活动、从实践和主体的方面去理解存在（像马克思要求的那样），则不但社会历史领域，就是自然领域，也都有价值和意义问题。何以价值独属于历史唯物主义范畴？自然、历史、人，是存在的不同领域问题，而真理和价值则是它（他）们与人的生活之关系问题。无论是自然还是历史，都既有真理（事实）问题，也有价值问题。把价值论划归历史观范畴，表明人们还不能从哲学形态的高度反思传统哲学。

较合理的思路是以马克思"两个尺度"的思想为切入点。真理与价值的统一、合规律性与合目的性统一，是马克思主义的基本原则。发现规律、揭示真理，与探讨事物对主体的价值，是须臾不离的。沿着这一思路，传统哲学视界的片面性和体系的不合理性就凸显出来了。这时，有些学者对马克思主义哲学的体系提出了新的构想。例如李德顺先生认为,马克思主义哲学按对象领域划分,包括一般世界观和方法论、自然观、社会历史观和思维观;按元理论分支划分,包括本体论(后来更正为存在论)、认识论、价值论、方法论。①

对"两个尺度"的深入,不仅引出重构体系的设想,还引出两个视角的关系问题:"纯客观"地描述事实的前提是价值中立,要表现人的内在尺度则恰恰需要凸显价值。这两个视角如何统一?它们之间是什么关系?这个问题的真正解决,不是在原有框架内如何"排座次"的问题,它必须转变视角,从主体出发观照客体、扬弃世界的自在性,以人为出发点,由能动的主体把外部世界纳入自己的活动中,使之对象化、价值化。如此才能真正理顺事实与价值、合规律性与合目的性之关系,哲学才能成为人优化自己生命存在的智慧。

总之,价值论的兴起不是增加了一个新的领域、新的话题,而是意味着改变传统的马克思主义哲学形态。

三、怎样理解"价值转向"

那么,价值论究竟如何挑战传统的哲学观?哲学形态的转变究竟从价值论研究中得到哪些启发?价值论研究究竟如何"改变"马克思主义哲学的形态?

最近几年,不少学者借鉴"认识论转向"说,提出哲学的"价值转向"。但怎样理解价值论转向?哲学如何实现价值论转向?江畅教授的观点是:"以价值论为中心重构哲学",具体设想大概是,价值论规定本体论、认识论的价值原则,使哲学成为人类生存智慧之学,特别是成为人类幸福之学②;陈新汉教授实际上是在本体论研究、认识论研究中都

---

① 李德顺:《价值新论》,北京:中国青年出版社1993年版,第9—10页。
② 江畅:《以价值论为中心重构哲学》,载《南昌大学学报(人社版)》2000年第4期;《哲学价值论:地位及其意义》,载《天津社会科学》2002年第5期;等等。

加入价值论维度,例如"从离开人来研究对象,转到从人的角度来理解与人相联系的外部对象、来理解社会历史动力、来理解世界的物质统一性";"从认识论只研究认知活动,到研究认知活动和评价活动;从直观反映论来理解认识内容,到确立评价活动在认识活动中的地位"。① 贺来教授认为,未来的哲学应是价值、哲学、人"三位一体"的价值化哲学。② 安维复教授认为,哲学应该从拟科学形态向拟价值形态转变,从世界观哲学转变为价值观哲学。"把哲学思考从人类认识自身和人类行为自身中解放出来,把认识问题留给认知科学,把实践问题留给社会科学和人文科学",哲学以并且只以全部价值为对象。③

以上情形至少表明,哲学的价值论转向已经成为许多人的共识,普遍的看法是,哲学应从本体论、认识论过渡到价值论,甚至从拟科学转变为拟价值。

马克思主义哲学从价值论研究中得到启发而改变自己的形态,笔者对这个大方向基本认可。但在究竟如何理解哲学的价值转向上,有些不同看法。本文不想讨论一些细节问题。我关心的是:关于价值论研究与哲学形态转变的讨论,从总体上看,哪些思想对我们有启发,有什么样的启发;哪些想法是不成功的。

第一,从一定意义上说"价值论转向"未尝不可,但哲学的转向决不只是"哲学研究重点和主题的变化"④;哲学的"价值论转向"也决不是仅仅把价值研究作为重点,或者因为传统哲学忽视了人(包括人的幸福、人的尊严、生活智慧)和价值,现在把它加进去就行了。如果视

---

① 陈新汉:《论哲学在当代价值论研究中的转向》,载《上海财经大学学报》2003年第5期;《当代中国价值论研究和哲学的价值论转向》,载《复旦大学学报(社会科学版)》2003年第5期。
② 贺来:《价值化的哲学:三位一体的合理理论形态》,载《长白学刊》1997年第4期。
③ 安维复:《哲学的价值化:历史与逻辑的必然选择》,载《吉林大学社会科学版》1995年第1期,类似观点亦见于《哲学观的嬗变:从拟科学到拟价值》,载《求是学刊》1994年第1期;《价值的哲学化 哲学的价值化》,载《社会科学战线》1994年第1期。
④ 陈先达:《论马克思主义哲学本体论及其当代价值》,载《江海学刊》2002年第3期。

角、取向、思维方式等未变，只是增加了讨论的话题或转移了讨论的重点，那不是哲学的转向；在原有框架里讨论价值、评价、价值观念等，也不是哲学的价值论转向。笔者认为，冯平教授的观点较合理：哲学转向是"被凸现的这一问题为思考研究其它问题提供了一种新的视角"，是"哲学研究的价值取向、立场和方法的转换"。①

第二，哲学的"价值论转向"不是用价值问题和价值论视角取代本体论、认识论的问题和视角，不是用价值取代事实和真理，使之成为全部哲学围绕的轴心。

未来的哲学应该关注价值，应该有价值的地位，哲学新形态应该着眼于为了优化人的生命质量而思考和建构价值，这是没问题的。但这是否意味着哲学就一定要价值化？拟科学不是哲学之正道，拟价值就是吗？如果哲学的价值转向是宣布价值论的唯我独尊，那别的论者同样可以抨击"拟这种形态的哲学"遗忘了其他问题、其他维度，同样可以批评拟价值的不合理性；别人也可以宣布另一种转向，并再次取而代之。如此，哲学史岂不成了不断"改朝换代"的历史？笔者认为，哲学的合理形态应该是多种视角和维度的互补，每一视角"既不可能取代或贬损其它理解视角的价值，也不可以期望这一视角和价值立场是惟一可取的"②。新康德主义的弗莱堡学派曾经尝试划分科学与价值：自然科学的任务是求知，哲学的任务是价值研究。文德尔班认为，"哲学只有作为普遍有效的价值的科学才能继续存在。"③李凯尔特区分自然科学和文化科学（哲学），自然科学不涉及价值，适用普遍化方法；文化科学（哲学）则讨论价值，采用个别化方法。④他们的主旨都是使哲学价值化。从总的看，他们的努力是不成功的。今天，当我们重提哲学的价值转向

---

① 冯平：《哲学的价值论转向》，载《哲学动态》2002年第10期。
② 冯平：《哲学的价值论转向》，载《哲学动态》2002年第10期。
③ 文德尔班：《哲学史教程》，罗达仁译，北京：商务印书馆1993年版，第927页。
④ 李凯尔特：《文化科学和自然科学》，涂纪亮译，北京：商务印书馆1986年版，第49—50页。

时，这段历史的经验教训很值得琢磨。

第三，哲学和科学的区别不是研究领域的不同，而是思考的层次和境界不同。以主题和重点转移为根据评判哲学转向的学者，实际上基于这样的理解：哲学与自然科学、人文科学的区别，是研究领域的分工不同。如果说自然科学研究自然，社会科学研究社会，人文科学研究人文现象，哲学研究价值，那岂不是意味着自然、历史等领域的深处就没有哲学问题了？哲学的自然观和历史观就不合法了？还有，如果哲学问题就是价值问题，价值学就是哲学，那有价值学不就够了，还要哲学干什么？

其实，哲学与其他学科的差别不在于分工不同、所管辖的领域不同，而是思考的层次、境界不同。哲学是一种超越性智慧，它集中代表了人类生活各领域（宗教、伦理、政治、艺术、科学等）要超越已有、已知、已定，向未有、未知、未定领域前进的张力；哲学的超越既包括对科学（知识）的超越，即对宇宙人生"是什么""为什么"的事实做终极追问，也包括对意义、价值的终极追问。如果说具体实证知识是科学的任务而不是哲学的任务，同理，具体价值规范、价值确立是伦理学、美学、宗教等的任务而不是哲学的任务。只有当人们对知识和价值通观总揽、对它们的根基没完没了地追问、超越知性和常识对它们进行批判和反思时，我们才进到哲学的层次。换句话说，只要进到了最高的反思和追问层次，无论是知识还是价值，无论是宗教、科学还是道德领域的问题，都是哲学问题。因此，我赞成一种说法：哲学就是哲学，所谓价值哲学、文化哲学、社会哲学、政治哲学、宗教哲学等名称，并不意味着哲学有这么多分支，或在（元）哲学之外还有其他哲学；它们只表示哲学的某个特殊问题以及哲学的某种态度和立场。① 价值论不是把哲学价值化，而是向传统哲学中注入催化剂，促使哲学形态更加合理。

---

① 胡海波：《哲学就是哲学》，载《吉林大学社会科学学报》2003年第9期。

哲学的价值论转向当然说明价值论在哲学体系中"被重视"。但这既不是申明价值也可以成为"科学",力图把价值"科学化",也不是把价值视为哲学的某个分支。价值不是哲学的一个分支、一个问题、一个领域;价值是哲学的一种立场、一种取向。

四、价值论如何改变马克思主义哲学形态

价值论究竟如何改变马克思主义哲学形态?或者说,它对马克思主义哲学形态转换有哪些启示作用?许多学者做了一些很有价值的探讨。[①]笔者大体同意这些看法,不过仍觉有未尽之意,兹述如下。

价值论研究促使哲学形态转换,并不是排挤其他哲学内容,使价值问题成为哲学的核心和唯一主题,而是打开传统哲学封闭之门,让哲学有机会在多维视野中重新审视自己,重新对自己进行合理定位。当然,哲学首先是从价值论研究中得到关于哲学前提与出发点的启示、哲学思维方式的启示、哲学目的和使命的启示,等等。与此同时,价值论也在这种转换中找到适当的位置。

第一,价值论研究促使哲学转换"观"世界的前提和视角。

传统哲学"观"世界的前提和视角是直观唯物主义的,它事先确立抽象的、绝对的、与人无涉的自在世界,然后由它派生人,以它为基准给人定位、立法。价值论研究则以人与世界交往的实践活动为出发点,用人的眼光"观"世界,用人的话语"说"世界。根据价值论研究的新思维,自在世界只有被纳入人的实践和生活,被对象化,才能向主体显现为价值。可以说,价值论立场就是主体性立场,价值论视角就是实践

---

① 如冯平:《重建价值哲学》,载《哲学研究》2002年第5期;晏辉:《价值哲学研究的基本范式及其效用》,载《求是学刊》2002年第7期;孙伟平:《价值论如何"改变"哲学》,载《哲学动态》2003年第9期;孙伟平:《当代哲学中的价值论转向》,载《天津社会科学》2002年第5期。

视角。

价值论研究的冲击波，动摇了传统哲学的根基。哲学开始反省自身的前提和立场，并逐渐形成共识：我们不可能代表超然物外的"天"讲话，只能以主体和实践为出发点讲话；哲学不是致力于人不在场的"科学之科学"，而应按主体扬弃世界的自在性使之对象化和价值化的实践理路，建构世界图像和意义，使哲学真正展示人的思想，成为发自人并且为了人的智慧之学。马克思《关于费尔巴哈的提纲》中，提出"从主体的和实践的角度"理解事物的新唯物主义，并与"从客体的和直观的方面"理解事物的旧唯物主义对立，这一被遮蔽但却是实质性和根本性的思想，由于价值论（以及其他问题）研究而明晰起来。

第二，价值论研究促使哲学以人生活的意义为出发点和归宿。

本体论和拟科学式哲学假定自己的使命是揭示宇宙最高真理，并且，这种真理是超人文、超价值的。人越不在场，真理才越可能。这样的哲学遗忘人生活的意义就在所难免。

价值论研究催生一种新的哲学观：它把人的生活意义当作哲学的出发点和归宿。哲学终究是人的生存智慧，它根源于人们对自己生活状况的终极性超越——人的开放性和自由创造本性促使人不断追问事实和真理、价值和意义的"终极"问题。这种追问发自人，最终也是为了人的。描述和解释的纯客观，与人文价值属性，是统一的、互补的。

价值论研究给我们一般的哲学启示：哲学对自然本性、对事实和真理的最高反思与追问，并不是外在于人文价值和生活意义的。因为，哲学追问事实的"终极"本性、真理的最终基础，不是科学式的，即不是通过理性和实证得出具体知识和结论，而是批判地反思事实世界，批判地反思我们的求真活动，并且让这种活动为人的生存发展和完善服务。因此纯客观的追问也是以人生活的意义和目的为宗旨。鉴于此，哲学应该以确证人的理性能力、创造人生意义、高扬人的价值和尊严、增进人的幸福等为宗旨。在目前这个价值困惑和贫乏的时代，在这个竞争的压力让我们透不过气来的时代,在这个社会转型让我们无所适从的时代,哲学尤其需要把人文价值的终极追问置于哲学的中心。

第三,价值论研究促使哲学采取"实践思维"方法。

传统哲学的思维方式是抽象的知性思维,它理解世界时立足于抽象化的事物(而不是过程)。这种事物的质是既定的,事物的运动变化是既定质之间的转换,质本身无需生成和显现;认识的目的是忠实地再现事物的既定质。实践不是使外部世界对象化的源始性活动,只不过是与"知"并列的"行"。涉及价值问题时,这种抽象和知性思维暴露出明显缺陷。一个基本事实:价值不是实体,不是有某种既定质的"东西",而是在主客体相互作用中显现出来的"显象"。只有回归活生生的、作为整体(与具体境遇紧密联系在一起)的实践和生活,我们才能理解和把握价值。这样,价值论研究要求改变知性思维,采取"关系思维""生成思维"和"实践思维"——即像实践本性那样思维①。

抽象和知性思维还表现为把本来是通过生活和实践展开、化解的问题,转化为纯粹的话语和逻辑问题,并通过抽象思辨,一劳永逸地解决这些问题。当哲学成了一系列"辩证关系"构成的绝对真理体系时,它也就成了空洞乏味的陈词滥调。价值的问题(如事实与价值、"是"与"应当"等)借助抽象思辨和逻辑辨析是不可能真正解决的,它需要把逻辑问题还原为现实生活问题,需要在主体和客体的互动和双向深化这样一种构架中动态地思考问题,一句话,需要"实践思维"。

由于价值的非实体性特征更为鲜明,所以它对思维方式的变革更为敏感。其实,实践思维是马克思主义哲学的本质特征,也是一种"观"世界的普遍要求。由于价值论研究的筚路蓝缕,实践思维、关系思维、生成思维,得到日益广泛的共识。

第四,价值论研究促使我们对哲学重新定位。

---

① 参见李德顺:《以实践的思维方式研究价值》,载《人文杂志》1998年第1期;亦见拙文《从实体思维到实践思维》,载《哲学动态》2003年第9期。

（1）拟科学的困境固然激发了把哲学变为拟价值的倾向，但它也促使人思考：哲学不是科学，就一定是价值吗？拟价值面临的问题难道比拟科学少吗？拟科学与拟价值同样的困境，要求我们进一步思考，哲学与科学和价值的关系究竟是什么？

正如哲学的任务不是得出实证性知识，而是对知识的基础、致思方式等进行批判性反思一样，哲学的任务也不是解决具体的价值和规范问题——那是伦理学、法学、美学等的任务，而是对这些价值的根据、追问价值的方式进行批判性反思。哲学通过具体知识而又超越具体知识，通过具体价值而又超越具体价值。哲学没有自己独立的对象和问题，而是把人们在追求知识和确立价值过程中遇到的那些根本性"元问题"集中起来，进行系统化研究。

（2）价值问题作为一个真正的"异类"，无法满意地安顿在传统哲学体系之中，这导致传统哲学体系实质性解构。学界在给价值定位的过程中，意识到传统哲学体系混乱和视角偏差，并逐渐形成马克思主义哲学新体系的概念。哲学体系的分析需要多维度，而不是单一维度：理论（例如辩证唯物主义和历史唯物主义）和方法（例如辩证法）的维度、事实与价值的维度、史与论的维度，依研究领域划分内容的维度，等等。这样，哲学构架就不再是直线型、平面型，而是包含多维度的立体网络。

原载《中国人民大学学报》2007年第1期

价值观念

(2010)

价值观念（values，或 value idea），人们常常简称"价值观"，作为一个范畴被广泛使用，是19世纪价值哲学兴起后的事。不过，在西方，人们一般是在讨论政治、文化、道德等具体问题时不经意地使用这个词，几乎没人把它当作一个规范的哲学范畴深入研究，至少未见有影响的专门性成果。笔者查了西方学界的许多资料，未见有关该范畴词源学考察的线索。我国80年代初，随着价值哲学"热"，价值观念及其相关的问题成了哲学界关注的一个焦点问题。①

价值观念之所以作为马克思主义哲学的重要范畴提出来，根据在于：第一，马克思主义从主体和实践的角度看世界，内在地包含着事实与价值、世界观与价值观的统一。马克思主义创始人把全部世界史看作人类解放和自由全面发展的历史，把能动的实践活动看作合规律性与合目的性的统一，等等，无疑都直接间接地与价值观念相关。也就是说，在经典作家那里，价值观念的思想不是个别的、偶然的，而是本质的和普遍的。第二，价值观念是反映人类现实生活的具有普遍性和本质性的

---

① 例如，从"中国期刊网"文史哲栏目搜索1994年至2003年3月的国内期刊，以"价值观"为篇名搜得982篇，相关词2998篇；以"价值观念"为篇名搜得144篇，相关词搜得970篇。

一个范畴,它代表了人类对自己生命存在意义的把握——这种意义通过人与宇宙、人与人、人与自己的主观世界之关系体现出来。价值观念意味着人对价值、意义的把握达到如此深沉和稳定的程度,以至于它成为主体的内在尺度,成了我们人格系统的一部分,支配我们生存和发展中的各种评价和选择活动①。第三,就当下的现实性来说,改革开放引起的价值观念的变革、现代化运动对传统价值的冲击、全球化时代的文化认同与价值冲突、科学技术纵深发展向人性和价值提出的挑战等,都把价值观念问题推向了哲学和理论前台。

一、价值观念的历史鸟瞰

无论是中国哲学史还是西方哲学史上,关于价值观念的元理论研究并不多见,思想家们主要讨论价值观念结构中涉及的各种具体问题或具体范畴。这方面的思想可谓博大精深。兹撮其要者,以窥豹一斑。

1. 中国传统文化的价值观念

众所周知,中国传统文化不是以知识见长,而是以价值见长。我们的伦理思想特别是政治伦理、宗法家族伦理、个人伦理的思想十分丰富。从一定角度说,这些伦理思想也就是价值观念。可以说,中国思想史主要是价值和价值观念的思想史。

对"天"的崇拜是中国传统文化本源的和最高的信仰。据考证,商人有很盛的"天""帝"崇拜观念。那时,人的价值地位可能比较卑微。周人进行了"绝地天通"的宗教改革,中国从此确立了以人为中心的价值观。虽然如此,"天"始终若隐若现地主宰着人,只不过不是直接地有形地主宰,而是作为"道"、原则、文化象征、价值根据等较"虚"

---

① 详见本文第四部分"价值观念范畴的学科意义"。

价值与文化
——人类社会的双重密码

的形式存在。最能说明这点的就是"天人合一"的思想。从生命存在的根据看，人禀天地元气而生。夫妇和合生儿育女，与天地阴阳和合化生万物同理，所谓"天地氤氲，万物化醇，男女构精，万物化生"① 是矣；从功能和义理看，"人副天数"，人法天理天道（儒家把君臣父子夫妇等人伦道理，说成是从天那里引申出来的），需顺天意而行，替天行道。违背了伦理道德，就会受到老天的惩罚——"天怒人怨""天理不容""天网恢恢""该天杀的""天诛地灭"……今天，南方农家堂屋里还可见"天地君亲师"牌位，可见"天"在人们潜意识中的地位。

不过总体看，西周以后，中国传统价值体系中的天神逐渐"退居二线"，寻常不得见，偶尔露峥嵘。我们的文化主要是世俗文化。中国文化没有像古埃及、印度、中世纪西方那样的以神性贬低人性的价值观，但是我们并不能因此就认为中国文化突出人的价值，甚至很早就有人文主义传统。我们的"人"是抽象的笼统的人。落到实处，主要是由帝王和官僚代表的世俗王权，以及由家长代表的宗法体系。其典型表现就是"三纲"——君为臣纲、父为子纲、夫为妻纲。

在中国传统价值体系中，就"实权"而言，皇帝、皇权是最尊贵最神圣的。先秦"忠君"的观念已很盛行，王权之尊已达至上（"溥天之下，莫非王土；率土之滨，莫非王臣"可见一斑）。秦以后，君臣、君民的地位差进一步拉大，"忠君"的价值观念也进一步强化，对皇帝忠诚到愚蠢的地步，臻于"君要臣死，臣不死不忠"的极端。

与之匹配的是官权本位的价值观念。"官权本位"的意思是说：世俗王权和官僚享有最高的权力、威严、荣耀；官僚意志成为最权威的价值标准，它支配人们的善恶观、美丑观、荣辱观等；服从官僚权威，是天经地义的事。相反，忤逆犯上、乱臣贼子、造反作乱，总之一切藐视官僚权威、敢于挑战王权体系的行为，都是最大的恶。

---

① 《易·系辞下》。

宗法家族观念是中国传统价值观念在社会生活领域的主要内容。它具体包括：第一，祖先崇拜观念，即慎终追远、敬祖崇宗、恪守祖宗遗训和家规的观念；第二，对以父系祖先为线索的血缘体系的迷信和崇拜，主要表现为要生儿子传承祖先香火，使父系血脉不在自己手中断掉；第三，行孝道，敬父母、尊长辈。

"仁"的观念是私德方面最重要的价值观念。"仁"即爱人之心、"不忍"之心，这一观念基于一种假说：人性本善。君王对臣民的仁心，表现为爱民，表现为实施仁政；臣民对君王的仁心体现为忠，子女对父母的仁心体现为孝；朋友间的仁心就体现为义；对天下人的仁就体现为广博的爱——那是圣人的境界；对宇宙万物的仁心则体现为对生命的珍爱和怜惜。

义利观在中国传统价值观念中有特殊地位。程颢谓："天下之事，唯义与利而已。"[1] 可见其重要。正统儒学把义与利对立，重义而轻利，扬义而贬利。长期以来，人们以"义"为美德、为高尚，以言利为耻为恶。"见利忘义""利欲熏心"的"势利小人"为人所不齿；而"富贵不能淫，威武不能屈"的君子和仁义之士，则为人所景仰。当然，任何事情过头了就会走向反面。许多虚伪的道学家嘴里标榜和鼓吹"义"，骨子里却是求"利"，满嘴仁义道德，道貌岸然，实际"行若狗彘"。有鉴于此，一些非主流的人们反其道而行之：反对和抨击仁义道德，认为它破坏了人的质朴、率真，使人虚伪。

除儒家外，墨家讲义，法家也讲义。不过，义的具体含义差别很大。墨家将"义"与"利"结合在一起甚至等同起来："义，利而已也"[2]。在墨家看来，"仁人"的要旨就是兴天下之利，除天下之害。一个社会，如果人们能"兼相爱交相利"[3]，这个社会就是充满仁义的美好

---

[1] 《二程遗书》卷十一。
[2] 《墨子·经说下》。
[3] 《墨子·兼爱中》。

社会了。"义"的价值观念深入民心：同僚讲义，朋友讲义，江湖也讲义。甚至"盗亦有道"——强盗也讲义。

2. 西方文化的价值观

西方的文化和价值观有两个源头：一是希腊和罗马文化；二是希伯来文化。

希腊人在无拘无束、热情奔放的生活中，创造了一套独特的价值观：崇尚美，崇尚自由、民主、正义、幸福和智慧，崇尚英雄主义。其中，尤以民主的价值观对后世西方影响大。

罗马人在较大程度上继承了希腊人的传统，但又有明显的差异。罗马人最大的特点就是以法制为中心形成一套独特的价值观念：法是人类理性的产物，是理性地管理公共事务的方式，法律的功能是保障社会正义，公共权力来自人民，等等。

希伯来文化（主要是犹太教）有一套以上帝为依托的价值观念，这种价值观后来被欧洲人接受并加以改造，成为中世纪占统治地位的基督教价值观，并且影响至今。这种价值观认为：上帝全智全能全善，人是渺小的和罪恶的；人必须信仰上帝，按上帝的旨意办事（《旧约》中的行为规范集中体现在"摩西十诫"中，《新约》则以"爱人如己"为要旨）；上帝、天国、《圣经》文本，为人们的宗教、政治、法律、道德、艺术和日常生活提供价值标准和根据。人生的最高意义就是皈依上帝、做上帝的选民，通过信仰上帝、遵循上帝的旨意来获得救赎，以实际行动迎接天国降临。

文艺复兴，特别是启蒙运动，给西方文化注入了全新的价值观。重要的价值观念包括：人权观念、个人主义、功利主义、科学理性主义和社会达尔文主义。

人权是每个人天然享有的，因而被称为自然权利。人权的特点：一是普遍性，人权是凡人都应享有的权利，是适应于任何人的最普遍的权利；二是基础性，人权是作为一个"人"（而非物）应享有的起码的、基本的权利。一般来说，人权的内容主要包括：生命权；人身自由与人身安全权；平等权；和平地享有个人财产权；隐私权；受教育权；自由选举权；公平和公开审判；通信自由；言论自由；集会和结社自由；思想自由和宗教自由；迁徙自由；禁止酷刑或非人道待遇；禁止奴隶制或强迫劳动；禁止债务监禁，等等。

人权的观念充分肯定了人的价值、尊严和基本权利，它代表着人类的文明和进步，其积极意义是不可低估的。当然，西方的人权观念也不是完美无缺的，特别是当今西方大国在实施人权政策时采取双重标准，对本国公民讲人权，却常常侵犯别国的人权，这也是我们应该清醒地看到并加以反对的。

个人主义价值观强调个人才是现实的和真实的，共同体是个人的集合。它主张个性解放、个人独立和自由，反对干涉个人的权利和私生活；一切价值都以人为目的、为中心，且这些价值都指向现实的个人；个人本身是目的，社会只是达到个人目的的手段；每个人在道义上平等，因此任何人都不应当被当作另一个人获得幸福的工具。个人主义主张让每个人有最大限度的自由和责任去选择他的目标和达到这个目标的手段，并付诸行动；它高度评价个人自信、私生活自由和对他人的尊重；反对权威和对个人的各种限制，特别是国家对个人的限制。①

个人主义价值观是西方诸多社会价值观念的基础：由个性解放、个人独立和自由引出自由主义价值观；由于每个人拥有属于自身独立的"天赋人权"，所以人们可以通过权利的让渡、通过契约形成公共权力——由此引出主权在民的民主与宪政的价值观；个人主义还可以通向利己主义（包括民族利己主义），等等。

功利主义价值观可以从广义和狭义两方面来看。狭义的指边沁、斯

---

① 参见《简明不列颠百科全书》(3)，北京：中国大百科全书出版社1985年版，第406页。

价值与文化
——人类社会的双重密码

宾塞等人的功利主义学说中的价值观,广义的则指文艺复兴以来一切注重功利、效率、利益,以至追求物质利益的成功、追求现世幸福的观念的总称。我们这里说的功利主义价值观,是从后一层意义上讲的。功利主义价值观的基本思想包括:承认人是感性的存在物,承认人追求物质利益和感性幸福的正当性;以功利、利益特别是物质利益作为重要的价值目标,把其他价值还原为物质利益的价值,用利益的眼光看待一切;讲究效率、效益、功效,追求物质利益、现世幸福的成功;盘算利害得失,权衡利弊,任何行动都力图获得最大利益。

功利主义认为,一切合理的、善的行为应该是增进人民的利益和幸福。社会善和人民的福祉应当建立在每个人追求自己的物质利益的基础上。当每个人都努力追求自己的利益时,也就有了整个社会的利益。功利主义也考虑到利益的不平衡甚至冲突的情形,它的原则是:每个人对利益的追求不应以损害他人的利益为前提;功利主义以最大多数人的最大利益为最高的善,它要求为了多数人的利益而牺牲少数人的利益。可以看出,功利主义是以社会功利总量的大小来衡量行为善的程度。

社会达尔文主义价值观[1]是指西方国家在对待其他国家和民族(主要是非西方国家和民族)时奉行的以"生存竞争"为原则的民族利己主义价值观。这种价值观相信国家、民族之间遵循弱肉强食、优胜劣汰的自然法则;相信强者应该主宰甚至"淘汰"弱者;相信西方有权按自己的价值准则和生活方式改造其他民族。早期殖民主义,后来的帝国主义、法西斯主义奉行的都是这种价值观;今天的霸权主义奉行的也是这一价值观。

当代西方人的价值观念还有许多,例如自由主义价值观、享乐主义和消费主义价值观、性解放甚至性放纵的价值观、个人英雄主义价值观,等等。

---

[1] 社会达尔文主义作为一种学说虽然仅流行于19世纪,但近代工业文明以来西方社会在国际交往中的大多数游戏规则,即使无社会达尔文主义之名,也有社会达尔文主义之实。

二、概念的考察

各种具体价值观念的思想虽然源远流长，但价值观念作为一个独立的哲学范畴被讨论，却要晚得多。下面结合国内学术界的研究成果，谈谈笔者对这一范畴的理解。

1. 什么是价值观念

价值观念是主体人格中关于价值意向的深刻和稳定的观念系统，是作为价值活动之标准和导向的信念体系与心理结构或心理图式的统一体，是主体整合价值生活中具体经验事实的背景式价值意识。这一定义需要从以下几方面进一步展开：

（1）价值观念是主体人格中深层的和稳定的观念系统，是作为价值主体的人的本性和品质的综合体现。主体的价值生活实践经验、主体的价值素养（如审美情趣、道德修养、政治态度、对价值本质的认知）、价值需要与理想追求等，本质地和典型地沉淀在他的价值观念之中。

（2）价值观念表现主体的价值意向。这里的"意向"借鉴了布伦塔诺的说法，用来说明价值和价值观具有某种方向性；"价值意向"是指人们作评价和选择时的倾向或偏向，包括立场、态度、取向等。价值观念作为主体人格中的观念系统，代表着主体对价值事实的特定态度、倾向、趋向：欣赏什么贬低什么、喜好什么厌恶什么、赞成什么反对什么、亲近什么仇视什么、欲求什么躲避什么、争取什么抵制什么……进而在行为中采取相应的取舍。

（3）价值观念既是一种信念体系，也是一种心理结构或心理图式，是二者的统一体。作为主体人格深处的信念体系，价值观念确信所信的行为和事实为"真"或有价值，并且以所信者为理想目标。

广义地说，所谓"信念体系"，是指信念（狭义）、信仰和理想构成的统一体。"信念是持有者（S）对某个所信（P）的确定的肯定态度",并且,"只有作为指导原则的所信才是信念"。① 信念上升为对一种最高力量和最高价值的崇拜与追求时,就成为信仰。"信仰,是人们关于普遍、最高（或极高）的价值信念。……信仰使人的整个精神活动以最高信念为核心,形成了一个完整的精神导向,并调动各种精神因素为它服务。"② 人们按照信仰的东西来设想未来,把它变成努力实现的目标,则构成了理想。理想兼有"应然"和"前景"之意,并且具有极高的预期价值。

价值观念还是支配人们认识和行为的心理结构或图式（pattern）,就是说,价值观念不是对当下某一价值事实的认识,而是经长期的价值认知和评价活动之积淀而在我们的人格深处形成较稳定的结构、范型、图式。"这种图式一经形成,它就积淀为深层的心理结构,成为确定不移的信念,并因此成为人的一切活动的范型和定势。"③ 主体在处理价值事实和价值关系,进行价值实践活动的过程中,在一定的文化价值氛围中,能动地建构起具有鲜明的价值指向的图式、范型。如果说信念体系侧重指称心理内容,则心理结构（图式）侧重指称心理的形式。

（4）价值观念不同于普通价值意识,它是长期积淀在我们人格深处,从而有了特定的结构、倾向、定势的价值意识,是主体用以吸纳、整合以后的具体和经验性价值意识的背景性观念,是一种深沉和稳定的"元观念"。主体后天的、当下的价值生活中的经验事实、具体评价和选择,必须经由这种背景观念进行整合,按它的图式和框架进行组织与定位,才成为现实的评价和选择。

（5）价值观念是主体进行价值评价和价值选择的内在依据,是我们采取何种态度、做出何种决策的思想动机和出发点之所在。价值观念不

---

① 喻佑斌:《信念论》,北京:学苑出版社2002年版,第4页。
② 李德顺:《论信仰》,载《前线》2000年第2期。
③ 江畅:《论价值观念》,载《人文杂志》1998年第1期。

等于具体的倾向和态度，而是支配这些倾向和态度的基础性、前提性的东西，是它的标准和根据。易言之，价值观念是主体认同、肯定、选择某些事实或行为，否定、抵制、不采取另一些事实或行为的内在根据。我们因为有如是的价值观念，所以有如是的赞成与反对、喜好与厌恶、亲近与背离、取与舍，等等。

2. 个体的价值观念和民族文化中的价值观念

现实的价值观念主要以个体价值观念与民族文化中的价值观念两种形式存在。

个体价值观念是每个人生活和实践的产物，以及自觉体认和建构的结果。作为信念体系和心理结构，它构成主体个性和品质的一部分，是主体社会文化特性的核心。价值观念具体表现为每个人特定的人生观、道德观、审美观、社会历史观，以及他特有的评价和选择模式，等等。

从宏观来说，价值观念又表现为一民族文化深层的价值系统。根据美国人类学家本尼迪克的研究，各民族都创造自己的文化特质和文化模式，选择属于自己的价值观念，并使之得到发展。[①] 文化模式的核心是它的价值系统，它代表了一个民族基本的生存取向、发展理路，因而是一民族、一文化个性和品质的集中体现，也是一种文化区别于另一种文化的关键。作为民族文化深层结构的价值观念，是该民族的人民长期创造、选择和累积的结果。作为民族整体（至少具有典型意义）的信念体系和心理结构，这种价值观念不但表现为文章典籍中的价值思想，更表现为民族成员集体无意识中的价值意向和评价选择定势，是民族性格和民族心理结构之一部分。价值观念通过民族成员的宗教信仰、道德意识、风俗习惯、审美情趣、政治法律理念等表现出来，使得一民族的成员在价值评价和选择方面具有鲜明的特点和强烈的定势。

---

① 参见露丝·本尼迪克特：《文化模式》，何锡章、黄欢译，北京：华夏出版社1987年版，第190—194页。

当然，个体的价值观念和作为民族文化内核的价值观念是互动的。一方面，民族文化中的价值观念是个体生活和成长的社会环境、文化氛围，它以有形和无形的方式对个体进行教化、熏陶、引导、示范，从而把民族文化中的信念体系和心理结构内化、复制到个体人格中。另一方面，民族文化的价值观念总是体现在特定个体身上，是无数个体的价值观念的集合、总汇；传统文化中的价值观念，总是由每一时代无数的个人创造和推进的。当然，不同个体对民族文化价值观念影响不一样，那些伟大的思想家（哲学家、道德学家、宗教领袖、文学艺术家等）、政治家的影响显然大于普通人的影响。尽管如此，这与下面的观点并不抵触：个体的价值观念汇集成民族文化的价值观念，个体价值观念的创造也就是民族文化的价值观念的创造，个体价值观念的发展变革导致民族文化的价值观念的发展变革。

3. 价值观念的结构

价值观念是一个复杂的体系，是许多具体价值观念的一般和抽象，它涵盖经济价值观、科学价值观、宗教价值观、道德价值观、艺术价值观，以及善恶观、美丑观、荣辱观、功利观等。价值观念与这些具体观念的关系是一般与特殊的关系，后者可视为一般价值观念的要素和具体化，这是价值观念的结构问题。价值观念的结构表明，人们的价值观念是由不同生活领域中既有区别又相互联系的诸多具体观念构成的有机整体。此外，价值观与人生观又是一种交叉关系，人生观的许多内容，如幸福观、荣辱观、生死观，也是价值观的内容。因此我们可以把这一层面的价值观称为人生价值观。鉴于此，我们可以对价值观念做如下的结构分析：

价值观的一个特殊层次是人生价值观，人生价值观是人生观与价值观重合或交叉部分的观念，是主体对自身生命存在的价值和意义做本质的把握后，积淀而成的价值意向、信念体系和心理结构。人生价值观则包含生死观、幸福观、爱情观、荣辱观、自由观等与人生态度直接相关的价值观念。人生价值观作为我们人格深处的价值意向和信念系统，它主要关涉作为生命存在的人的重大根本问题，包括人的地位、人生目的和意义、人己（群己）关系等。它回答人究竟为什么活着？如何对待生和死？人生理想和目标是什么？人应该怎样度过自己的一生？什么样的人生才有价值？什么是幸福？

接下来，我们可以按价值对象所属的社会文化生活领域，把价值观念分为宗教价值观、伦理价值观、艺术价值观、科学价值观、经济价值观，等等。

宗教价值观是由人们对宗教的重大、根本价值的理解，以及从一定的宗教信仰出发对生活中各种价值的理解所形成的价值观念。宗教教义、由宗教仪式等烘托的气氛和情感，在人们内心深处建构起一套基础性、背景性的价值意识，人们按照这套意识整合经验，形成相应的善恶、美丑、神圣与猥亵等观念。宗教价值观一方面指面向宗教本身的价值观，即对宗教的信念、信仰、态度；另一方面是由宗教系统引申出来而指向社会其他生活领域的价值观念，例如人们基于特定的宗教信仰而持的善恶观、生死观。

伦理价值观是人们在道德生活实践中，在处理伦理关系时所持的价值观念。伦理价值观是关于善恶、义务、正当与不正当、合人性与不合人性等根本问题的价值意向，是支配主体进行道德评价和选择的内在的信念系统。人们在道德实践或伦理交往行为中，形成关于道德行为、伦理关系之合法性的理解，并积淀为稳定和深层观念系统，这就是伦理价值观。

艺术价值观是由人们关于艺术生活的基本价值，以及艺术对生活的价值之理解所形成的价值观。艺术的基本价值包括美与丑、艺术情操和情趣、审美境界等；艺术对生活的价值包括艺术在陶冶人的情操、提升人的情趣等方面的教化功能，在酿造超现实的氛围、设计想象空间、创造自由和谐理想方面的审美价值，在丰富生活方面的娱乐和消费价值，等等。

科学价值观是人们理解科学的价值与意义、用科学的观点和态度对待生活所具有的价值观。人们在科学生活和实践（从事科研活动或生活在科学氛围里）中，形成关于科学的价值、意义、功能的理解，以及在其他生活中如何运用科学的态度，并将这些理解累积、定势，就成为科学价值观。科学价值观回答：科学究竟有何价值——社会价值、人文价值、经济价值？如何看待科学价值与其他价值的关系？科学在生活中应摆在什么样的地位？等等。

经济价值观是如何理解经济生活中的重大价值问题，以及如何用经济标准看待其他生活问题时所具有的价值观。作为一套信念体系，经济价值观是由以下诸问题的特定理解而形成的价值观念：经济生活对人究竟有何价值？经济价值的本质是什么？如何看待经济价值与其他价值的关系？人们需要用经济价值标准衡量一切吗？等等。

按人们所追求的价值内容，价值观念可以分为善恶观、美丑观（审美观）、荣辱观、自由观、幸福观、正义观、功利观。由于有些价值观与前面大体重合或交叉，所以我们不再讨论，而只是简要论及功利观、幸福观、正义观及自由观。

功利观是人们关于利益、功用的特定理解而形成的价值观，它回答利益、效益、功用的本质是什么？什么有用什么没用？功利价值在各种价值中的地位和关系如何？如何看待和追求功利？

幸福观是人们在理解和追求人生幸福时所持的价值观念，它主要涉及什么是幸福？是否应追求以及怎样追求幸福？如何比较各种可能的价值生活（如爱情、事业、金钱、权势、自由等）给人带来的幸福？

正义观是人们理解与追求社会公正合理的公共秩序时所持的价值观，它回答：什么是社会的公平、公正、正义、平等？什么是公共善？什么是好的、合理的社会？等等。

自由观是人们理解和追求自由所持的价值观,它回答真正的自由是什么?自由有何价值?自由价值与其他价值如何比较,并决定取舍?如何实现人的自由?

我们还可以根据人与宇宙、社会和自身内在世界的关系,把价值观念分成以下几个方面:①

(1) 关于主体地位和意义的价值观念。它涉及主体在宇宙中(世界上)处于什么样的地位、人作为一个类有何意义、人生的目标指向何方、人在社会历史中的主体地位如何等问题。例如人是"宇宙的精华,万物的灵长"的观念、"人类中心主义"的观念、"动植物享有与人平等的价值"的观念、"人生是苦海,是罪孽"的观念、"人是历史的主体、历史创造者"的观念等,就是这一层次上的价值观念。

(2) 关于理想社会秩序、状态的价值观念。这是关于一个社会的结构、状态和运行方式应该是什么样子的态度、信念和价值取向,以及由此决定的评价和选择定势,具体包括:在看待、处理个人与社会、个人与团体、自我与他人的关系时所持的价值观念——是倾向于利己主义还是利他主义;对社会的合理状态、理想状态的信念与态度,如对自由、公正、博爱、和平的信念和态度;对社会理想的管理和运行方式的倾向与态度,如关于民主与集中、合作与竞争、公平与效率、安定与变革、统一与自治等问题的价值意向。

(3) 关于社会规范的价值观念。这主要是对社会生活各领域的行为规范的价值认知,以及由此塑形的信念体系与价值取向,包括关于道德规范、法律规范、宗教规范、政治规范、经济规范等的态度、信念和取向。社会规范系统内化为人们的价值观念,这就形成我们通常所谓善恶观、荣辱观、正义观、权利义务观、合法与不合法的观念,等等。这些观念激励人们遵循或不遵循某些规范,按照或不按照某些规范去办事。

---

① 以下表述借鉴了李德顺先生的看法。参见李德顺:《价值新论》,北京,中国青年出版社1993年版,第11章。

（4）关于社会实践过程中的价值观念。这是指人们对社会实践活动、环节和过程做价值分析时所持的态度、信念等观念，亦即从价值的眼光看，人们对实践过程中的各种问题持怎样的态度、信念和理想。这里主要涉及有关目的、手段及其相互关系的观念，如功利意识、效益意识、效率意识、代价意识等。

（5）价值本位观念。本位价值是在各种价值中被认为最具有普遍性和权威的价值，"各种价值都通过与本位价值的比较来确定自己的大小，并以此确认自己在价值体系中的等级地位"①。人们关于本位价值的信念体系就是价值本位观念。社会生活中有各种各样的价值，显然，不同价值的地位和意义不一样。有的价值在现实生活中的实际功能大，被人们普遍看重，人们自觉不自觉地以该价值为基准来衡量其他价值，这种观念凝聚成普遍的心理模式，就是特定的价值本位观念。例如资本主义社会以金钱（资本、商品）为基础价值，其他价值都以钱来衡量，这可以称之为金钱本位；我们过去的"计划体制"以官权体系为基础价值，其他价值取决于它与官权体系的顺应度，这可以称之为权力本位。

4. 关于"核心价值观念"

核心价值观念是作为一民族文化底蕴和基本象征的价值观念，在复杂的价值观念群中，它是最高的和最深刻的价值，是其他价值观念的依托和出发点；它居于价值观念群的核心，其他价值观念居于它的外围，对它起屏障和护卫的作用。"核心价值观念"的概念是有些学者受科学哲学家拉卡托斯关于"科学的结构"理论之启发提出来的。拉卡托斯认为，科学体系一般由"硬核"和"保护带"组成，硬核是一科学体系得以确立的核心理论，保护带则是建立在硬核基础上的派生理论。价值观念也有核心部分和外围保护带之分，核心价值观念在价值体系中起支撑

---

① 罗石、白学龙：《跨区域价值观比较研究的特殊意义与方法》，载《西安交通大学学报（社会科学版）》2001年第2期。

和灵魂作用,是其他价值观念的出发点和根据。相对而言,表层的价值观念不大稳定,容易发生改变;核心价值观念较为稳定和深沉,不易发生变化。表层价值观念的改变不会造成大的冲击,核心价值观念的改变就容易引起震动甚至引发价值危机。

核心价值与本位价值的差异:本位价值是社会中实际流行、起作用的价值;核心价值则是最能体现一文化之品质、个性的价值,一般是处于最高信仰层的"终极价值"。本位价值和核心价值有时是重合的,有时则不一致。例如中世纪欧洲,关于上帝和天国的神圣价值是所有文化和价值的原点,是核心价值,其他价值都由这种神圣价值引出;同时,社会实际流行的也是这种价值,其他价值的评价也视其与神圣价值的关系为转移;中国传统文化不同,其核心价值是"天道"和"人伦"结合的整体,其他价值要以这一核心价值为依托。但中国传统的本位价值却是官权价值。官职级别的高低、权力大小,对价值评判有决定性影响;真的程度、善的程度、美的程度、正当的程度,常常取决于对象、行为与整个王权体系的顺应程度。现代资本主义的本位价值是资本(金钱、商品),其核心价值则是个人主义。

什么样的价值观念才是核心价值观念?一种有影响的说法认为,劳动观念和地位观念是核心价值观念。[①]这一说法值得商榷。这里有一个思想方法问题:"核心价值观念"是一个事实描述而不是理论上"应当如此";是实指各民族人民自觉意识中奉行的价值观念,而不是学者透过表象揭示的人类生活本质。的确,劳动和地位(确切地说,社会关系)是人最本质的东西,是理解和把握人之秘密的两把钥匙。但是,客观上如此与人们是否自觉意识到这点,并以此建构价值观念,是两个不同的问题。各种复杂的原因使得人们常常不能正确把握人和事物的本质,价值观念的建构并不是自觉地建立在这种本质认识基础上的,正因

---

① 参见兰久富:《价值体系的两个核心价值观念》,载《东岳论丛》2001年第1期。

为事物的这种复杂性，才使得科学发现有价值。如果现象和本质一致，那任何科学研究就没有必要了。

实际上，不同的社会，不同的时代，人们建构的核心价值观念是不同的，它因文化而异，因历史环境而异——就像人们的其他价值观念是相对的一样。

5. 价值观念与相关概念的关系

为了进一步阐明"价值观念"一词，我们有必要把它与含义相近的几个范畴比较一下，这些范畴主要是："价值观""价值意识""价值评价"。

价值观（value outlook）一词有两种用法。（1）在学理上，人们常常把关于价值的哲学学说或理论化系统化的价值思想称为价值观。在这里，价值观主要指关于价值问题的学理、思想、理论，它相当于价值论或价值理论。这里的"观"与历史观、自然观等概念中的"观"相当（不是说它们在哲学体系中的地位和层次并列）。关于价值的根本理论和学说涉及两大领域：一是价值事实，二是人们的价值观念。所以价值观也是关于价值观念的元理论，二者的关系既是整体与部分的关系，也是一般与特殊的关系。当然，我们不能简单地把价值观念理解为价值观的一个分支或具体化，因为二者的所指是不同的。价值观侧重指呈理论形态的价值思想，是哲学学科的一个分支。我们说"价值观"时突出的是它的学科性质；价值观念侧重指大众的价值意向、信念体系等心理事实，我们说"价值观念"时主要是做事实的描述。（2）在日常生活中，人们常常把价值观念简称为价值观。从这个意义上说，价值观即价值观念。本文所谓"价值观"，如无专门说明，是在第二种意义上使用。

价值意识（value consciousness）是指人们的心理、认识、思维等意识中与价值问题相关的内容，包括对价值事实的认知与评价、对主体的价值地位和价值关系的理解与把握等精神活动和精神内容。"价值意识"与"非价值意识"相对而言。不涉及价值问题的意识内容，如纯粹的事实认知、科学判断、逻辑推理等，就是非价值意识；涉及价值问题的意识内容则是价值意识。价值意识与价值观念的区别在于：第一，价值意识主要指对价值事实的认知过程及其内容，不涉及鲜明的价值指向性；价值观念则主要是指人们的价值意向（态度、观点、取向等）和信念系统，价值指向性很鲜明；第二，价值意识主要指关涉价值事实的心理活动及其内容，价值观念则指能对这种心理活动进行建构的深层标准与结构。前者侧重当下的精神内容，后者侧重背景意识。

价值评价（evaluation value）是人们对具体价值事实的价值认定——有无价值、有怎样的价值等。价值评价和价值观念有相似之处：它们都与主体的态度、倾向有关，但是第一，价值观念是比评价更深层的观念系统。可以说，价值观念是支配人们做"如此这般"评价的心理定势和"先验逻辑"，为人们做特定的评价提供根据、标准、前提和出发点。第二，价值观念比价值评价更一般。价值评价是对比较具体的对象、行为、事实的价值认定：它是善还是恶，主体是欣赏它还是厌恶它；价值观念作为评价的根据，在暗中支配人们的各种评价活动，使经验生活中的各种评价具有稳定性和共通性。第三，价值观念比评价更稳定。评价是具体的、特定的，因而复杂多样。但万变不离其宗，它往往是同一价值观念的不同的具体显现；第四，价值观念比价值评价的外延广，内涵深。价值观念除了支配人们的评价活动以外，还作为信念和理想，激励人们信仰什么、选择什么、追求什么。

三、价值观念的功能与特点

1. 价值观念的功能

价值观念的功能是指价值观念在主体的价值生活中所起的作用，对主体的价值评价、选择所产生的影响。价值观念作为主体人格中信念体系所构成的心理结构，支配着我们的立场、倾向和态度，激励我们的价值行为，对我们的价值生活产生全面的和深刻的影响。价值观念的功能包括：定向、规范、引导、激励、整合、自组织功能等。

定向功能。价值观念是我们关于善恶、美丑、荣辱、正当和不正当等的观念，我们作评价时，基于一定的价值观念而肯定和赞许某些价值事实，反对和否定某些事实；倾向、趋向一些价值，厌恶、抵制另一些价值；我们在进行价值选择时，基于一定的价值观念而采取某些"好"的行为，放弃"坏"的行为。也就是说，价值观念决定主体的价值行为有特定的朝向、倾向、方向，有相应的取舍。

规范功能。价值观念把特定的价值意向内化为一套信念体系，内化为主体人格深处的价值范式，给主体提供了一套评定善恶、美丑、正当和不正当之准则。主体按照这套准则进行评价和选择，于是，价值观念就成了主体肯定、喜好、欲求他们认为善的、美的、正当的、好的价值，否定、厌恶和抵制他们认为恶的、丑的、不正当的和坏的价值的标准，主体的行为因此纳入价值观念肯定的范围内，被他的价值观念所规范。

引导功能。价值观念在主体心目中树立起一套关于益、善、美、荣、好、正当等的准则和目标，建立起一套价值理想，使主体向往之、仰慕之、希冀之，这样，价值观念就引导主体向他们认为益、善、美、荣、好、正当的方向发展和努力。在一定的文化体系中，主流价值观念往往提倡和推行某些价值观念（例如中国传统推行忠孝仁义等价值观念），就是利用了价值观念的引导功能，有目的地引导主体接受某些价值观念。

激励功能。价值观念作为信念、信仰、理想等构成的整体，它是理性自觉和感性欲求的统一，是知、情、意的统一。这一特点使得价值观念成为我们内心深处的一种强烈的倾向和强大的精神支柱，激励主体恪守他所信奉的价值，矢志不渝；驱使主体追求所希冀的理想，百折不挠。价值观念反映的是"趋向直接活动的动力性、目的性协调统一的实践理性",它驱动我们把理论理性导向实践理性,把观念形态的目标感性化、直接现实化。①

整合功能。价值观念是主体关于价值意向的背景观念,它类似特定的心理定势、结构或图式,并按照这种定势对后天的价值生活经验进行整合。正如(依皮亚杰的理论)人类的知识是以原有图式(它本身也是历史的和相对的)为基础的连续不断的建构一样,我们的价值认知(判断、评价、体验)也是以原有价值观念为基础不断建构的,当下的、具体经验的价值认知要被先在的价值观念吸纳、诠释、重构。

自组织功能。价值观念内在地包含了目的、手段、规则、内驱力的动态系统。理想和信念确立主体所肯定和追求的目标;进而,主体依据自己的喜好、倾向,选择他做什么和怎么做的手段、途径;价值观念还体现为一套规范与规则,使主体按他所信奉的价值观念行为;主体的信念体系则转化为他的情感和意志,体现为主体的执着精神、坚韧毅力和满腔热情。于是,主体的行为就成为协调的整体,善他所崇之善,美他所崇之美,益他所崇之益。

2. 价值观念的特征

(1) 价值观念的主体性特征。价值观念的主体性特征是说,价值观念总是一定主体的观念,是主体个性和人格的一部分,价值观念的具体内容和特点因主体的不同而不同,于是,价值观念就成为人们主体性的重要表征。每一个人都在自身的价值生活实践中,结合自己对价值和意义的体悟,建构属于自己的价值观念。每一民族,在本民族的历史文化生活中,按照本民族的个性特点,创造属于本民族的价值观念。

价值观念的主体性特征表明,价值观念的合理性是相对不同主体而

---

① 此处参考了张晓虎先生的成果。参见张晓虎:《论价值观念的符号特征》,载《探索》1994年第5期。

言的。一定的价值观念对特定的主体是有益的、合理的，但对其他主体可能是无益的、不合理的。评价一定的价值观念时，要看它相对于什么样的主体而言；当不同主体的价值观念不一致甚至冲突时，我们应自觉地站在人民大众这一主体的立场上看问题。

价值观念的主体性体现了主体对自己内在尺度的自觉，凝结主体对生存的意义与目的、需要与潜能、理想与追求的理解，也内在地包含了主体对客体对象性的自觉，因为只有理解了客体的对象性，才能理解事实、行为和关系对主体有何价值，进而形成相应的价值观念。所以，价值观念体现了主体对理想与现实、应然与实然的理解和把握，因而也是主体对自己权利与责任的自觉，它体现主体在多高程度上是主体，对象在什么层次上成为主体的对象。一句话，价值观念是主体发展水平的表征。

（2）价值观念的社会历史性。价值观念总是一定社会（民族、国家等）下的价值观念，并且是处于特定历史条件下的价值观念。价值观念是社会文化的产物。群体的价值观念是特定的社会（民族、国家）成员在长期共同生活和交往中形成、创造的；个体的价值观念也是在社会交往中形成的，是社会的文化和价值影响、教化和内化的结果。价值观念是特定群体的价值理性的感性显现，是主体社会文化品质的体现，是民族、国家等共同体性格的表征。尤其是核心价值观念，典型地代表了一个民族的精神气质。价值观念是历史的产物，也是历史积淀的结果。特定的价值观总是基于特定的时代背景出现的，并随着人们生产和生活的发展变化而发生相应的变革。

（3）价值观念的相对性。价值观念的相对性是指不同主体的价值观念各不相同，不同的价值观念不是同质的，不能按照同一种尺度去化约，也不能用一种绝对的"元标准"衡量。就个体而言，价值观念是个体价值生活和实践的产物，也是个体价值自觉的结果，这种生活和体认是每一个人独有的；每个人的情趣、爱好、倾向、信念等，与他的个性直接同一。就不同群体而言，每一民族文化的深处都有一套价值观念，特别是作为民族精神支柱的核心价值观念。这些价值观念是该民族特有的交往方式、生活和实践的结果，是该民族成员特有的体认和创造的结果，也是该民族与特定的生活环境长期互动的结果。由于生活环境、生产和生活方式、历史人物和历史事件各不相同，人们创造的价值观念也就不同。

价值观念的相对性表现为，价值观念的合理与不合理，常常是相对不同主体而言的。一定的价值观念可能适合这个主体而不适合另一主体；一个主体的价值观念与另一主体的价值观念很难简单地比较优劣短长。就个体而言，有所谓"趣味无争辩"的情形；就群体而言，一民族的价值观念往往比其他民族的价值观念更适合本民族所处的特定环境。不同文化的价值观念是平权的、对等的，没有哪个民族的价值观念绝对地"优"，具有绝对的权威性，可以用作衡量其他文化价值观念的标准。

那么，价值观念是否有正误之分？是否存在判断价值观念之正误的客观标准？要回答这些问题，必须澄清几个概念。说"正确的"或"错误的"价值观念究竟是什么意思？如果我描述"某主体的价值观念如此"时，这里有正误问题（我的描述符不符合某主体的实际），但这不是价值观念的正误问题；如果某主体有特定的价值观念（如张三比较看重金钱），我们不能说这个观念对不对，因为这里不涉及描述是否客观的问题（因为这只是张三的态度）。所以价值观念不存在正确与错误之分。许多人认为价值观念有正确错误之分，是基于两个误解：一是混淆了价值观念与价值认知（价值判断）。价值认知、价值判断是对客观存在的价值事实的反映、描述，符合价值事实的就是正确的，不符合就是错误的。我描述"某主体的价值观念如此"，就是这种情形。价值观念则表现主体特定的倾向，不描述事实，无所谓对错。二是混淆了事实与价值、"对"与"好"。例如一种普遍的观点：同社会历史发展趋势一致，并能反映大多数人的长远利益的价值观就是正确的，相反的是错误的。实际上,这里是合理不合理的问题,而不是正确错误的问题,是好不好的问题,不是对不对的问题。以人民利益为尺度,以历史进步为尺度,以满足人的正面需要和发展人的健康潜能为尺度,这样的价值观念是合理的、好的。

(4)价值观念的多元性。与相对性相关的是价值观念的多元性。价值观念的多元性,不是笼统地指人们的价值观念多种多样、丰富多彩,而是专指即使面对同样的价值事实,人们的评价和选择也不尽相同这样一种情形。这里涉及几种不同却容易混淆的情形,需区分一下:一是在不同价值生活领域、针对不同的价值对象和价值事实,人们有不同的评价和选择,从而显现价值观念的多样性;二是因为价值事实与主体发生关系的角度不同、层面不同,人们有不同的评价和选择,从而显现价值观念的多样性;三是虽然针对同样的事实、基于同样的角度,但人们的立场、观点和倾向不同,评价与选择各异,从而显现价值观念的多样性。我们所谓价值观念的多元性,是指后一种情形,而不是指前两种情形。为什么呢?第一,如果指涉的价值事实和角度完全不同,相关的价值观念当然不同,描述这样的"多元性"没有多大的意义。针对同样的事实,人们的价值观念存在差异,甚至发生冲突,这才体现价值观念的多元性。第二,从字面上说,"元"有"根本""基础"之意,价值观念的根本和基础,就是主体人格中的背景性价值意识。"多元性"的"元"应当归到这个层面上来。所以,价值观念的多元性,就是针对同样的价值事实、针对同样的角度和层面,由于主体的价值意向不同、信念体系和心理图式差异,人们会有完全不同的评价和选择,人们的价值观念因此呈现差异和多样性。

当然这不是说不同主体的价值观念毫无共同之处。主体之间有相通、相似之处,特别是同一共同体中的人们有更多的相同之处。这反映在价值观念上就是:价值观念是共通与差异的统一。从某些维度看可能是矛盾和冲突的,在另一些维度看却是相通和统一的。

有的学者不承认价值观念的多元性。理由之一：价值观念是对价值事实的反映，跟真理一样，也存在反映得准不准、对不对的问题，因此价值观念是一元的而不是多元的。这是把价值认知与价值观念搞混淆了。我们对当下的价值事实进行认知是一码事；但这种认知不是从"一块白板"开始的，而是受我们既有的心理定势和主体的价值意向所支配，后者才是价值观念。当然，归根到底，这种定势和意向也来自经验，但它毕竟是长期和复杂的积累形成的，相对于每个当下的价值认知来说具有先在性。它已经超越具体的价值认知，而表现为主体的价值意向。主体不同的体认和建构、需要和追求，使他们的价值意向存在很大差异。

不承认价值观念多元的理由之二，价值观念有多样性但没有多元性，因为符合历史发展规律的价值观念归根到底只有一种。这里的问题是把历史观和价值观、合目的性与合规律性混为一谈。历史规律是一个事实问题，即历史过程表现出来的不以人的意志为转移的特点；价值观是一个价值问题，即主体关于历史事实对"我"有何价值的理解、态度、信念。我们的价值建设和价值追求也需要顺应历史规律，这是合规律性问题；不同主体如何评价一定的价值事实，如何做出适合自己主体性的选择，这是合目的性问题。存不存在某种价值观念是一回事，它是否顺应历史规律是另一回事。

不承认价值观念多元的理由之三，承认价值观念的多元性，会起到抵消和排斥正确价值观念导向的作用，导致泛价值和价值虚无化。这里也存在明显的逻辑混乱：人们的价值观念是不是多元的和我们应该提倡什么，把什么样的价值观作为社会的主导价值观，是两个不同的问题。一个是事实描述，一个是价值引导。正因为人们的价值观念是多元的，社会才需要用好的价值观引导人们。如果价值观念是一元的，人人的价值观念都相同，对同样的价值事实，人们的评价和选择没有差异，那就根本不存在导向问题。

3. 价值观念的产生、发展和变迁

价值观念的形成、发展和变迁，表现为个体和社会双向关联和互动的过程。

关于个体价值观念形成，需要借助调查和心理实验等实证研究来进行。从哲学的角度说，价值观念是一种习得性人格系统，是人们在价值生活实践中形成的，是对价值事实、价值关系和价值行为长期的体认、把握而积淀的结果。

一般认为，主体价值观念的形成过程从儿童时期开始。它往往是无意识地、潜移默化地进行的。到青年时期，人的价值观念大体形成，此后相对稳定。影响儿童价值观念形成的因素是全方位的：在家庭、学校、社会等交往圈中，父母、老师、亲友和其他人的言行，有意无意地对儿童进行着价值观的熏陶；书籍、媒体、艺术品、风俗、礼仪、社会交往中的各种"游戏规则"，也是儿童价值观念形成的外部条件。人们的社会地位、生存方式、生活经历等对他们的价值观念产生着深刻影响，是"铸造"人们价值观念的重要条件。主体的价值观念也是社会的文化价值熏陶的结果。个体的价值观念不是孤立自生的，而是在文化传统和价值氛围中形成的，它与本民族的文化和价值保持历史的统一性。生活在社会文化价值氛围中的人们，耳濡目染、感同身受，自觉不自觉地认同流行的、传统的价值观念，并将其内化，融进自己的人格深处，转化为自己的价值意向和信念体系。

外在环境、客观条件，是经由主体的生活和实践，以及主体的自觉体认和建构而形成价值观念的。生活、实践与体认、建构不是两个分离的过程，毋宁说，认识是实践的一个环节，主体是通过融入实践和生活，揣摩、感悟主体与对象间现实的互动过程及效果来建构价值观念的，是通过思考如何"做"来体会怎样才"好"的。

人们在生活、实践中经常面对各种价值事实，要从价值的角度解决

各种问题，要对事实、行为、社会关系做价值评价和抉择。这种生活实践的效果反馈给人，促使人们形成系统的价值认知和价值意识，它们包括：我的需要、追求是什么？一定的价值事实对我意味着什么？它有何现实或潜在的价值？我与对象不同的互动方式会产生哪些后果？我们怎样才能追求到好的效果？等等。这些既是当下价值事实的认知，也会积累成稳定的信念、态度和立场，形成价值观念。

价值观念的形成以价值认知为前提，但价值认知还不是价值观念本身。价值观念的形成，有一个把价值认知转化为价值意向和信念体系的过程。在这一过程中，主体的视角、立场起了关键的作用。因为，与纯客观的事实不同，价值事实主要依据主体尺度。价值事实的认知就出现了依主体不同而不同、依主体看问题的角度不同而不同等复杂性。这种复杂性必然导致主体的立场、态度的复杂性。人们在生活和实践中的价值认知，经长期积累和主观建构，形成主体特有并异于他人的比较统一的观点、态度和倾向，进而沉淀为信念、信仰和理想，成为比较稳定的心理结构。

当然，在这个过程中，还有情感、意志等非认知因素的参与，使得主体价值观念更加稳定和强烈。

我们说价值观念是人们对价值事实的自觉，这是从总体上和本性上说，而不等于每个人都达到了这样的自觉。显然，主体对价值的自觉程度存在很大差异。有的人不但有鲜明的价值观念，还有对这种价值观念的独立思索和深刻理解；有的人浑浑噩噩、懵懵懂懂，对许多事情并没有明确的态度和价值取向，这表明他的价值观念还比较模糊；更有的人实际上持一种价值观念，但他又出于某种动机而附和另一种价值观念；或者本该持这样的价值观念，可是自觉不自觉地附和了另一种价值观念。在复杂的和严酷的社会环境中，人们还会把他们特定的价值观以变态、变形的方式表现出来，这就是我们通常说的价值观念的"扭曲"。

研究民族文化中价值观念的形成，主要需要民族学、人类学、文化

价值与文化
——人类社会的双重密码

史等学科的综合性和实证性研究。从哲学的角度说,民族文化之价值观念是民族成员在特定的环境中长期实践、创造和积淀的结果。它的形成受诸多主观和客观、必然和偶然因素制约。一方面,自然环境和条件、经济生活方式、社会结构、不同民族和文化之间的交流与融合等客观条件,都直接或间接地影响了价值观念的形成。另一方面,民族成员在长期的共同生活中,有对价值的共同体验,形成共同的或相似的认识;产生共同的民族心理,以及生活情趣、审美理想、宗教感情,等等。只有那些自然而然地发生于绝大多数成员之中、为绝大多数人认同的观念,才能成为一民族文化的价值观念。当然,价值观念的形成并不是一个被动的和无意识的过程,而是人们自由创造和自觉选择的结果。某些思想家(他们在历史舞台上的出现,具有一定的偶然性)可以在民族文化中注入他独特的思想,可以把民族文化提高到一个新的高度,可以转变某些既有的观念。最后,影响价值观念形成的重要因素是统治者的有意识提倡、宣扬甚至强制推行。

价值观念也在实践中发展。因为,在价值创造的社会实践中,一方面,随着人们认识客观世界、改造客观世界能力和水平的提高,人与外部世界的对象性关系加深,客体在更深的意义上顺应人的主体性,为主体的需要、发展和理想化提供价值;另一方面,主体的素质和品质、主体对主客体关系的理解、主体开发客体的能力等也得以提高。在生产中,"生产者也改变着,炼出新的品质,通过生产而发展和改造着自身,造成新的力量和观念、造成新的交往方式,新的需要和新的语言"①。主体素质的提高既意味着主体能在更高的层次上显现客体的价值,也意味着主体在更高层次上建立关于价值的自觉意识,形成新的价值观念。

从个体角度说,成年后,人们的价值观念比较稳定,但也不是固定不变的。教育、交往、非同寻常的经历、重大的和激动人心的事件、社

---

① 《马克思恩格斯全集》(第46卷·上),北京:人民出版社1979年版,第494页。

会环境和文化氛围的变迁，等等，都容易影响和改变人们的价值观念。当然，不同的个体情形不一样。价值观念的改变，取决于主体对新旧价值观念的认知、主体的意志和情感、主体的社会地位（角色）和生活经历等。对于这些机制，我们还知之甚少。

民族文化的价值观念是生生不息地发展和变化着的，现代社会尤其如此。生产方式和社会形态的变迁，社会改革和发展、人们生活方式的变化、产业结构的变迁、科学技术发展、交往的扩大，尤其是当今表现为"全球化"的国际融合，都会深刻地改变一个民族的价值观念。当今世界，由西方文化和价值促成的变迁太快，以至于许多非西方文化来不及消化，来不及把外来价值转化为自身的价值，自己的价值特别是核心价值就被外来价值同化，这导致了世界范围内的价值认同危机。

四、价值观念范畴的学科意义

哲学范畴之为哲学范畴，它必须因为反映了现实生活和事物的普遍本质而具有深刻的和常青的理论意义，为哲学研究的深入提供一个新的理论平台。价值观范畴是否具有这样的学科地位和学科意义呢？回答是肯定的。

（1）哲学的超越性必然包含价值观念的批判性建设，因此，价值观念范畴有助于我们全面和准确地理解哲学的本质和形态。

大家知道，人类的生存和发展涉及两个方面的问题：一是把握客观世界的本质、特性和规律；二是把握主体自身的内在本性、需要和理想。为解决前一问题，就有了知识；为解决后一问题，就建构价值。哲学是一种超越性的智慧，它集中地典型地代表了人类思维由已知、已是、既定层面向未知、未是、未定层面突破、跃迁和超越的本性，它以前提的批判、视角的检讨、问题和话语的转换，以及穷根究底的方式来推进人类的智慧。哲学的超越包括两个方面：一是超越既有知识，二是超越既有价值。

哲学超越既有价值,就是通过批判地反思既有价值认知和价值观念,推动人类(学理意义上)的价值观向纵深发展。哲学价值论包括价值事实和价值观念两大问题,因此哲学的价值超越一是深化主体对价值事实的认知,二是更新我们的价值观念。价值观念的更新通过对以下问题的不断反思和追问来进行:我们原有的价值认知模式是合理的吗?我们既定的价值依托是可靠的吗?我们作评价和选择的根据究竟是什么,有没有问题?等等。总之,价值观念是人们为什么做如是的评价和选择的秘密,它在主客体相互作用过程中集中代表了主体因素——人的自身内在尺度的自觉。当哲学不断地深化和重新诠释主体的需要、理想、依托时,不断地深化和重新诠释对象对主体的意义时,必然要批判、检讨和重新建构我们既有的价值评价和选择的依据,批判检讨和重新建构我们既有的价值意向和信念体系的合理性,更新我们原有的人格系统,使我们对自身生命存在意义的体悟更加自觉。

(2) 马克思主义哲学的实践转向内在地包含着价值观念的视野和维度,凸显这一视野和维度有助于我们理解马克思主义哲学的本质和现代性。

旧唯物主义的立场和视角是物,是"纯自然",主体人必须还原为物才可理解,这里不需要价值和价值观念;马克思批评从前的唯物主义"对事物、现实、感性,只是从**客体**的或**直观**的形式去理解,而不是把它们当作**人的感性活动**,当作**实践**去理解,不是从主观方面去理解"①。这一批评就包含了马克思主义哲学立场和视角的转换:从主体、实践的角度展开他的世界观,透过人的有目的的活动看待自然、历史、人的精神生活。

从主体和实践的角度把握世界,这不只是一个观点,更是一个视

---

① 《马克思恩格斯选集》(第1卷),北京:人民出版社1995年版,第54页。

角、维度：实践是主体赖以介入世界、把握现实、感性的中介条件，是理解世界的一把钥匙。而实践又是主体自觉能动性的综合体现，它内在地包含着主体对客体属性之自觉与对自身本质和潜能之自觉的统一，包含目的、手段与效果的统一，包含主体需要（理想、追求）及其满足（实现）的统一，等等。也就是说，实践之维内在地包含价值和价值观念之维。这一维度可以得出全新的结论：主体不仅客观地"观"世界，还以自身关于价值意向的模式"建构"世界，或者说，主体的价值观念是诠释世界不可排除的因素。现实的世界——从感性的自然界到人本身，不是开天辟地以来从来如此始终如一的抽象世界，而是生产和实践的产物，在相当大的程度上是人们按照自身价值观念改造的结果。

（3）实践的能动性内在地包含价值和价值观念，因此价值观念有助于准确理解和继续深化马克思主义实践观。

人们改造客观世界的实践活动也是一种价值活动，价值观念贯穿于整个实践活动的始终。

价值观念支配实践目的。实践活动是以人们对活动的预期价值为前提。实践活动开始之先，有一个对活动、对事物和对象的评价与选择的过程。实践目的是什么？为什么要这么做而不那么做？为什么选择此而不选择彼？这就得做评价，进行价值的预测，根据评价和预测来确定行为目标——而价值观念是支配评价和选择的内在根据。

价值观念支配实践的手段。实践活动可以理解为通过客观手段，把预期目的转化为现实后果的过程。在这一转化过程中，目的与手段的统一既体现在事实或知识方面，即按客观规律办事，也体现在价值方面，即符合主体的价值需要、期待和理想。人们不可避免地根据自己的价值评价，选择适宜的实践手段，包括方法、途径、措施和工具系统。评价和选择离不开价值观念。由于实践活动往往是复杂的和长期的，所以主体还要基于自己的价值观念，调整措施，校正实施手段。

价值与文化
——人类社会的双重密码

价值观念是检验实践活动结果不可缺少的因素。我们过去说"实践是检验真理的标准"时，有一种简单化倾向。事实上，通过实践检验真理的过程，并不是单纯的"知"与"行"对照的过程。"实践检验"包括作为结果的价值事实向主体的需要或价值预期反馈，它必然要诉诸价值判断，主体的价值观念也必然渗透于其中。80年代以来，经过诸多学者的研究和宣讲，"真理与价值的统一是马克思主义的一个重要原则"[①]，这点已为多数学者承认。

人们的实践活动，不仅包括改造客观世界，也包括改造主观世界。改造主观世界，也就包括深化人的潜能、提高人的素质、更新人的品质、改造人们的价值观念——包括更新旧的价值观念、深化既有价值观念、创造新的价值观念。

(4) 价值观维度有助于我们更加合理地建构马克思主义哲学的体系，发现新的生长点。

马克思主义哲学不只是认识世界，更重要的是改变世界。这一特征表明，离开了价值和价值观念来诠释马克思主义哲学，必然是片面的，甚至是错误的。作为一个有机整体，马克思主义哲学是价值观与世界观的统一、价值观与历史观的统一、历史实践的合目的性与合规律性的统一、真理与价值的统一，等等。

世界观与价值观的统一表现为：人们认识世界和改造世界，必须从一定的价值观念出发。世界观是主体"观"世界的前提、根本和依据的总体反思。主体在"观"世界时，他自身的主观世界不是一块白板，而是包含既有的价值观念。人们总带着一定的价值观（以及真理观）去认识自然、社会和思维现象，并形成一定的自然观、历史观和思维观。依此道理，自然观、历史观和思维观中就渗透着一定的价值观（以及真理观）。真理观与价值观结合起来"观"世界（包括自然、社会、思维现

[①] 参见李德顺：《真理与价值的统一是马克思主义的重要原则》，载《中国社会科学》1985年第6期；王锐生：《真理、价值与实践》，载《唯实》1999年第1期；等等。

象），我们才获得完整的世界观。

世界观与价值观的统一，集中体现在价值观与历史观的统一上。人的社会历史活动得以顺利展开，取决于两个前提：第一，基于自己的价值追求，而价值追求又是由价值观念支配的。人的历史实践也是价值反思和价值建构的过程——其中关键的是价值观的反思与建构，这表现为人类不断地思考自身的利益和需求、检讨生活的目的和意义、设计理想和"应然"。第二，取决于人们的行为与历史规律的顺应度。基于人的价值需求的历史活动不一定都能成功，人的历史动机能否实现，是由历史必然性决定的。符合历史规律的价值诉求就能实现，反之就不能实现。对这种历史规律或历史必然性的把握，是历史观中的认知问题、真理问题。所以，价值观与历史观的统一，实际上也是贯穿在历史观中的合目的性和合规律性的统一、价值观与真理观的统一。

主体历史活动和目的性与合规律性统一是说，主体的历史活动既遵循对象性尺度，又依据主体的内在尺度。一方面，主体的历史活动必须顺应历史大势。如果背离历史发展规律和历史发展的大趋势，这样的历史活动就会失败；另一方面，主体又是按照自己的价值观有目的有选择地进行历史活动。主体基于对世界的本性与自身内在需要关系的自觉，来确定他们做什么、怎么做。历史活动的目的是希望通过改变世界的现状，改变世界的异己性和自在性，来满足自己的需要，促进自己的发展和完善。如果行为无助于甚至有害于主体目的之实现，主体就不会作相应的选择。

基于以上理解，我们可以重新勾画马克思主义哲学的体系：横向亦即按对象的领域划分，哲学内容包括自然观、社会历史观、思维（精神）观等，它们共同构成世界观。纵向亦即按主客体统一的方式（是主体按客体本性把握客体，还是客体满足主体的需要）划分，哲学包括知识（真理）观和价值观；价值观则包括价值、评价和价值观念。

五、一个需要进一步深化的课题

我国学术界关于价值观念的研究，还只是初步的。这一课题的研究还有不少欠缺甚至误区。价值观念事实和现状的调研与描述、真问题的提出和解决、基础理论的研究与澄清、体系的建构、思想史和学术史的诠释等，往往处在"雾里看花"、朦朦胧胧的状态。我们觉得，这一范畴的深化，还需要进一步做以下工作：

（1）进一步梳理价值观念与整个马克思主义哲学的内在逻辑关系，发掘马克思主义经典作家没有明确表述或没有充分展开的思想。尽管马克思主义创始人没有对价值观念作学院式的探讨，但他们的哲学方法、视角、维度，以及它包含的逻辑可能性，为我们的研究指示思路和方向。充分利用这一方法和资源，不仅能深化我们对价值观念范畴的理解，还可能对全部哲学发展大有裨益。例如我们前面所说的，马克思主义哲学的实践转向内在地包含价值和价值观维度。把握这一维度，既可以新的高度高屋建瓴地深入研究价值观念，也有助于深化我们对实践的运作机制、主体的发展和完善、历史活动的目的性等问题的理解。

（2）基础理论问题需要澄清和深化。由于价值观念范畴研究的学术积累不够，加上这一课题的研究意识形态化、非专业化现象严重，这就导致一些基础理论的混乱。例如主体性与价值观念；价值、价值意识、价值评价与价值观念之间的联系与关系；信念、信仰、理想、价值意向与价值观念之间的联系和关系等，仍需要作深入和清晰的理论梳理；有许多概念，如广泛使用的"集体主义价值观"等，究竟是什么含义，是不是一个规范的学术范畴？严格追究起来，问题很多。价值观念作为从观念向实践转化的重要环节，其机制、功能究竟如何？也是一个值得探讨的问题。

深入价值观念的结构，研究具体的价值观念，如人生观、善恶观、美丑观、荣辱观；自由、公平、正义、人的价值和尊严等，更是大有文章可做。如果从这一角度深入整理、诠释、辨正，则本范畴就会更具体更深刻。

（3）价值观念的事实和机理描述。人们的价值观念现状、事实究竟如何？它的发生机制怎样？这要做深入的实证研究，包括个案（心理发生机制）和群体（价值观念的现状）两方面的描述。

需要研究价值观念的心理、人格发生机制，探索价值观念的形成、发展和转换规律。最近几年，教育学、心理学和哲学界从人格、心理等角度对价值观念的机理做了初步研究，取得了一些成果。但总的看，抽象原则性话语（往往伴有想当然）比较多，规范的试验和实证支撑不够。

近些年，价值观念的调研尤其是青少年、大学生价值观的调研做得不少，也取得了不少成果。尽管如此，我们也很难说我们准确把握了人们头脑中现实存在的价值观念，很难说我们真正解读了各社会群体实际存在的价值观念这一"文本"。问题的关键在于研究者往往是"主题先行"，而预设的主题在学理上又很难经得起推敲。例如许多调查总是预设"集体主义"与"个人主义"的对立、"为人民服务"与"金钱至上"的对立，直白地问被试赞成什么、反对什么，然后把几个简单的数据往预先设好的框架里套，大有设好了陷阱引诱人家往里跳的味道。进一步做好价值观念的调研，一方面要调研者自身转变价值观念，以"价值中立"的姿态客观描述事实；另一方面要有较为合理的背景理论作诠释，以及规范调研的社会学方法。

（4）如何发现、提出和解决现实生活中价值观念的真问题。学术研究的生命在于把握历史演进的逻辑和现实生活的本质，并从中发现、提出真问题，将暗中制约理论和现实的一些问题"问题化"[①]。我国正处在

---

① 参见贺照田：《制约中国学术思想界的几个问题》，载《开放时代》2002年第1期。

价值与文化
——人类社会的双重密码

一个转型时期,传统与现代、中国与世界,各种现象和问题都集中起来,冲击着当代中国人的价值观念。从这个意义上说,价值观念是有问题可研究、有文章可做的一个课题,问题在于如何本质地把握时代的真问题,并试图解决它。例如,全球化时代各民族文化的价值观念之关系、西方游戏规则的价值观底蕴及其影响、中华民族的精神支柱和精神家园、中国传统文化和价值的现代化,等等,如果抓住这些问题的本质、要害,并鲜明地提出来,价值观念的研究也就向前推进了。

(5) 深入和系统地研究、梳理中外价值观念史和价值观念思想史,厘清中国和西方价值观念的发展理路和深层逻辑,从而一方面深化和丰富我们的理论,另一方面从中得出于现实有借鉴意义的东西。现有关于价值观念史的研究,主题先行、蜻蜓点水、各取所需,甚至望文生义的现象比较普遍。我们需要深入、系统和严肃的思想史研究。

(6) 以马克思主义为指导,整合中西、古今价值观念和价值观念思想史,为我们民族和文化建构既科学又有广泛民众基础的价值观念。价值观念的建构是一个紧迫而又困难的问题。紧迫性在于,当代社会面临严重的价值危机,存在严重的价值泛化和虚无化的现象,人们迫切需要价值的指导;困难在于,价值观念建设是一种"大成智慧"的建设,它要既能把握历史逻辑又适合现代科技文明,既有广泛的民众基础又超越凡夫俗见。价值观念建设不能定位在半学术、半宣传口号的层面,它需要极高的理论造诣和悟性,要有"为天地立心,为生民立命"的大气度。建议学界不要轻率地为社会开药方,为百姓当导师,而要深深地沉浸到历史和文化、科学与人性中去,深切地恭敬地甚至是痛苦地感悟,非大彻大悟而不可语。

原为李德顺等著《马克思主义哲学范畴研究》之一节,北京:中国社会科学出版社 2010 年版。

超越全球伦理的两难

（2002）

随着经济全球化以及生态、安全等全球性问题的日益凸显，"全球伦理"的话语引起越来越大的反响，成了学术界的一个热门话题。但是，人类真的正在走向一种同质的道德（至少就底线伦理而言）吗？或者说，真有某种普世主义的价值在取代原有的"各美其美"的价值吗？在笔者看来，这种非此即彼的提问法本身就有问题。全球伦理始终处在一系列两难的境况之中：普遍价值与相对价值的两难、"是"与"应当"的两难、伦理价值与功利价值的两难、鼓吹与实施的两难，等等。在相当长的时期内，全球伦理面临的主要挑战就是如何超越这些两难处境。

一

大凡一种伦理思潮要成为现实生活中人们信奉的价值和遵守的准则，必须满足几个条件：第一，必须有现实生活的基础。伦理准则和道德律令是从现实生活中引申出来的，是实际生活本身可能有的"游戏规则"升华的结果，而不是伦理学家凭自己的愿望和想象给社会"立法"。第二，必须有共同的价值主体，或者说，遵循该伦理价值的群体必须有共同的道德需要和价值追求，该伦理价值会被普遍认同。第三，这种伦

价值与文化
——人类社会的双重密码

理准则应有实际的约束力，能通过主体的内化和外化，形成强大的道德压力，使人们实际地履行。否则就只能是纸上谈兵，没有实际意义。

那么，全球伦理是否符合这样一些条件呢？当我们考察全球伦理的现实基础时，就会发现，无论是简单的肯定还是简单的否定，似乎都缺少充足的根据，这因为全球伦理的现实基础呈现为一系列两难的局面。

第一个两难局面是全球一体化趋势与多元化趋势的矛盾。

提出全球伦理的客观依据主要是人类活动的一体化趋势及其内在需要，包括经济全球化趋势、网络和信息传播的同步化发展、生态环境问题、全球安全问题、全球文化的互渗，等等。的确，当今人类文化和生活的联系、互渗是如此之紧密，以至于人们必须用"地球村"这样的语言来描述；人类面临的共同的生存问题也比以往任何时候都多。这些共同面对的问题和压力，需要并且会导致全人类共同的道德规范和价值标准。

但是我们不要忘记事实还有另一方面：全球化并不等于人类文化和社会生活的同质化，现代化发展趋势除了表现为"全球一体化"外，还表现为分化、多元化趋势。宏观上的一体化和微观上的分化是一个问题的两个方面。例如，当代经济和技术宏观上联系越来越紧密的同时，微观上的分化也越来越深刻、复杂和精细，越来越呈现出多元化趋势；在政治和文化的共识扩大的同时，文化帝国主义、后殖民主义话语以及反全球化的运动在对抗着主流文化对边缘文化的吞噬，文化寻根意识、民族主义意识和宗教意识正在加强，文明的冲突在加剧；"向同一性开战""反主流文化"等后现代意识正把文化和价值引向多元化，亚文化形态在增多；文化价值的相对主义被当作边缘文化争取平等发展权的有力武器……许多事实让人怀疑，普世主义和人类社会同质化的语言是否过于天真，全球伦理所依据的客观基础是脆弱的。

第二个两难局面是作为普遍价值的主体与作为特定共同体成员之角色的分裂。

谈到价值,总有一个"对谁有价值"即价值主体的问题,如果没有共同的价值主体,那么,普遍价值和全球伦理就值得怀疑。在这个问题上我们面对的也是一种矛盾局面。

人是类的存在物。人的自觉自由的劳动"在物种方面把人从其余的动物中提升出来"①,使人成为一个特殊的类,不论种族、肤色、信仰、阶级,大家都属于一个整体——人类。今天,作为伦理和价值主体,人类的这种共性更加凸显。按照马克思主义的理解,全球化趋势和资本主义世界体系使人们日益超越民族和国家的狭隘限制,"民族史"正在转变为"世界史"。与此相适应,不同群体的人也日益摆脱民族和文化的限制而成为世界公民,成为普遍价值的主体。生态环境问题、恐怖主义和核威胁问题、战争和冲突问题、难民问题、人道主义问题等,成为全世界人民共同关心的问题;全球一体化条件下的经济、技术、文化和生活方式正培育出具有共同知识结构、价值观念和审美情趣的"新新人类"。总之,从一方面看,作为价值主体和道德主体,人类在一定意义上说似乎在"趋同"。

但是,这决不意味着全人类正在走向抽象的同一。作为价值主体,人们之间存在的巨大差异是不可能消弭的。这种差异主要存在于国家和文化之间。

国家是当今世界把人们分割开来的主要鸿沟,是人们无法超越的"利维坦";在相当大的程度上,发达国家以"国家利益"和"国家安全"为幌子实施损人利己的行为:用间谍活动、制裁、空中打击等手段为本国获取最大经济利益和政治利益,以不平等的"游戏规则"剥削发展中国家,向别国转移垃圾和核废料,在保护本国资源的同时却上公海捕鲸,上他国砍伐雨林……

文化的差异是价值主体更深刻的差异,因为它是由历史长期积淀

---

① 《马克思恩格斯选集》(第4卷),北京:人民出版社1995年版,第275页。

的，是由种族、宗教、传统等文化因素造成的，而这些因素关涉对人之为人的基本理解，因而决定了人们的利益、情趣、需要、理想等内容。于是作为伦理和价值的主体，人是以差异和相对状态存在着的，不同国家和文化圈中的人们不可能化约为相同的主体。塞缪尔·亨廷顿所谓"文明冲突"虽然过于绝对，但老实说，这种现象是无法全然否定的。既然如此，普遍价值的主体究竟何在？

第三个两难局面是伦理价值与实际利益的冲突。

全球伦理追求的主要是人道主义价值、生态价值等，这些价值最重要的特点是普遍性或普适性。全球伦理以降低自己的下限来争取最广泛的同情和信奉。就是说，它不是少数人做完人、圣人的道德要求，而是全人类遵守最起码道德的要求，因此这些价值必须在全球范围内实现。这样就要求人们超越国家和意识形态的狭隘和偏见，超越文化、宗教和种族的藩篱，去遵守全人类普遍认同的价值；要求人们为了全人类利益相对地克制自己的局部利益、私欲、权力欲，甚至牺牲自己的某些实际利益；全球伦理所追求的价值（例如生态价值）往往也是长远的价值，是从子孙万代长远利益出发的价值，这也要求人们相对地抑制眼前利益、暂时的痛快，等等。

而在现实生活中，绝大多数人更关注的是利益，是经济价值。由此，全球伦理的现实基础就处在两难的尴尬局面，这种局面使得全球伦理的实施有无现实的可能，成为一个令人困惑和为难的问题。

二

作为道德现象的社会基础，现实生活的这种两难处境，必然使得全球伦理的实施也处在两难处境之中：普遍价值与相对主义的两难、"是"与"应当"、鼓吹与实施的两难，等等。

第一，普遍价值与相对主义的两难，是说全球伦理必然处于这样一种矛盾局面：它倡导和追求全人类普遍认同的道德价值，但这种价值又不可避免地为主流文化和强势价值所左右；它既要对抗以相对主义为借口践踏人类基本道德的行为，但价值的相对性和多元性又是不可排除的事实。

全球伦理提倡的是全人类共同遵循的伦理，要求的是全人类普遍承认的价值，因而是最起码、最基本的道德，只要是生活在这个"全球一体化"时代的人，都应该遵守这样的道德。当今，全球伦理表现为人们越来越认同一些起码的人类道德，如和平、民主、自由、人权、人道主义，以及保护环境、尊重各种生物的生存权，等等。这些伦理是超乎任何利益集团的人类一般道德，违背了它（不管以什么借口）就违背了起码的人类道德。正因为立足于这种普遍的和起码的道德，所以，全球伦理提出来后，得到不同国家、不同文化圈中的人们的广泛响应，以至于它成为一个广泛的国际思潮。

但是，全球伦理是以超文化、超国家和超利益集团的绝对价值为基础的，这样的普遍价值是否存在呢？事实上，并不存在超越民族、阶级和利益集团之上的绝对的伦理价值；被认定为普世主义的伦理和价值，常常不过是西方大国、主流文化、大的利益集团的价值以"全人类价值"的面目出现而已。正如经济全球化实质上是跨国公司力量和利益的全球化一样，伦理价值的全球化也主要是西方大国的伦理价值向发展中国家的渗透。当人们说"全球伦理"的时候，他心目中想象的不外乎西方文化中的价值观、道德观，而不大可能是少数族群的伦理价值。这实质上就是把发达国家利益集团的价值当成普遍价值。也就是说，以全球伦理姿态出现的不可避免地是发达国家的伦理和价值，很难说它代表全人类的共同价值。显然，在当今世界极不平等的情况下，全球伦理在很大程度上成了西方伦理的代名词。不加分析地鼓吹全球伦理，可能会有意无意地助长文化霸权主义。

全球伦理在很大程度上是针对以相对主义为借口肆意破坏或不履行

价值与文化
——人类社会的双重密码

人类最基本的道德之情形而提出的：不管什么人，你都不能以任何理由为借口做有违普遍和基本伦理道德的事。世界上某些权力"大腕"和经济"大腕"以为自己可以为所欲为，不受法律和道德的约束，所以恣意妄为。在这样的情形下，人类确实需要一种普遍价值和底线伦理来对抗这种相对主义，以维护起码的伦理道德。

但是，文化和道德的相对主义又是不可否认的事实。在一种文化中为不道德的行为，在另一种文化中有可能是道德的，反之亦然。不同的伦理和价值往往是无法化约和比较的，"落后"的伦理和文化也有它独特的、为其他文化所没有的价值。即使建构全球伦理的人们，也不可能完全超出自身伦理的局限，而成为超然世外的人类共同伦理的化身；即使有所谓全球伦理，它也会是"和而不同"，是多样性的统一。如果不承认这一点，就会有意无意地把自己的价值强加于人，侵犯了其他民族和其他文化之价值的合法性。

人类共同的生活和需要的确能使人类产生共同的伦理道德，但这种需要只是人类价值追求中的一个侧面，更多的侧面是不同甚至冲突的。断言人类有共同问题、共同生活条件，就必然会有全球伦理，这就把复杂的社会简单化了。

人们不可能完全摆脱"自我中心"的视野，无论他是有意还是无意。当人们用各自不同的价值系统和认知模式整合相同的话语时，全球伦理事实上就被相对化了。对全人类共同面对的问题，人们的确有共同的需要和解决问题的共同愿望；但是实际把握和处理问题时，他们又从各自的利益和立场出发，同其表而异其里。例如生态环境问题是最具有普适性的问题，但涉及怎样解释和解决这个问题，分歧就不可避免地出现了。

第二，"是"与"应当"的两难，是说全球伦理必然在"应然"和"实然"、事实和理想的状态中徘徊。

"全球伦理"的提出不是空穴来风，而是这样的事实引起的：由于经济全球化所导致的道德认同和价值互渗,由于全球性问题激起的人们对共同道德准则的需求,由于科学技术和经济生活把人类越来越紧密地绑在一起,置于"地球村"之中,一损俱损,一荣俱荣,这就使得人类道德生活有了更多的共性。作为一种客观事实,全球伦理表现为:世界上有许多道德规范和行为准则,超越国家和意识形态的藩篱,被绝大多数人所认可、奉行;表现为当代人有许多价值观、道德观和审美观,超越民族和文化圈子,成为全球流行的时尚;表现为人们越来越习惯从全球的视野来确立他们的道德准则;表现某些违反人类基本道德准则的行为,会遭到全世界人民的谴责,等等。

但据此就认为全球伦理将迅速普及,一种全球公认的道德必然降临,那还是幻想。因为从总体上说,全球伦理目前还只是少数觉悟者设置的一种"应然"状态,是一种理想境界。人们对全球伦理的设想主要是从"应当"出发,从想当然出发,从作者自身的善良愿望出发。例如有人给全球伦理作了系统的设计:生成与继起的统一、代内伦理与代际伦理的统一、现实性与虚拟性的统一、规范性与引导性的统一,以及全球伦理的生态根据、经济根据、文化根据,等等①;有人从中国传统哲学中抽象出一些美好的思想,仿佛它就是全世界人的共识。② 实际上这只是一种鼓吹,一种愿望,一种道德的祈求。所有这些话语都可以翻译成一句通俗的祈使句:"实现全球伦理多好!"但它们不是事实、现实。事实与愿望当然可以关联起来,但一个伦理话题不能含糊地和随意地用"应当"取代"是"来说话。

第三,鼓吹和实践的两难,是说全球伦理需要人提倡、呼吁和鼓吹,但它实践起来又困难重重。

全球伦理主要还是一种学者的讨论,一种呼吁,全球伦理的宣讲者和倡导者也只能做到倡导和宣讲而已。他们的话语对世人,特别是具有

---

① 漆玲、赵欣:《建立全球伦理的可能性》,载《道德与文明》2000 年第 6 期。
② 参见汤一介:《寻求全球伦理的构想》,载《中国艺术报》2000 年 9 月 19 日。

实际影响力的国际"大腕"人物有多大制约性，很值得怀疑。因为一种伦理要得到实施，还得有强有力的约束——舆论的约束、社会压力的约束，以及主体自身把道德价值内化为内部人格的信念并指导主体行为，才能转化为自觉的道德行为。许多伦理往往在一文化、一宗教、一部落乃至一家族内部信奉，宗教组织、家族制度和文化氛围为它的实施提供了强有力的约束，但是全球伦理——由于它恰好是超越这些组织和氛围的——却缺少这样的约束力。如果一种学者的话语对人们没有实际的约束力和影响力，那岂不是纸上谈兵？目前虽然有不少人在努力为人类共同的生存需要建构普遍价值和底线伦理，但这种努力与世界上的个人和利益集团为一己私利所作的消解性工作相比，简直小巫见大巫。"全球伦理"的呼声是如此软弱，实施是如此之难，以至于我们常常觉得鼓吹全球伦理未免有些天真和书生气。

三

从一定意义上说，处于如此两难处境中的全球伦理是一个乌托邦——一个无法实现的道德理想主义乌托邦。现实社会，国家、民族和文化间的隔阂太深，相对主义的现实基础太牢固，要超越这种隔阂推行普遍价值和全球伦理，谈何容易！在这个功利主义、利己主义、权威主义横行的世界上，我们用什么力量去约束人们遵守全人类的基本道德规范！更何况，那些连基本生存也得不到保障的人们，怎么可能都勒紧裤腰带去履行全球伦理！既然如此，全球伦理就只好作为乌托邦存在于人们的憧憬中了。

但这个乌托邦又是美好的和必需的，它毕竟能给人类提供一个公共的道德"平台"。不同文化和国度里的人们可以通过这一平台交流、对话、呼吁、倡议，可以通过这个平台对敢于践踏人类基本道德准则的行为进行评论乃至鞭挞。这个乌托邦蕴涵着人类难得的"道德大同"的理想境界，我们从中看到了由人类的普遍良知所构成的相互理解、相互同情和相互声援。退一步说，即使这个乌托邦是永远无法实现的，它也是必要的。就像现实社会没有真正的公平，所以一代一代思想家鼓吹公平；现实社会没有真正的自由，所以一代一代觉悟者呼吁自由一样，现实社会没有真正的全球伦理，所以有不少宗教人士、哲学家、社会活动家就为之呼号，甚至冒生命危险为之奔走。正是这种呼号、奔走，人类道德的未来才充满希望。

可见，全球伦理的倡导也是在两难的处境中艰难地进行的：明知它是一种乌托邦，却要为之奔走呼号；明知民族和文化的藩篱是无法逾越的，却百折不挠地试图超越；明知世人必然奉行功利主义、利己主义，却要像圣徒一样为之奋斗、为之献身；明知大多数人是世俗的、短视的，甚至卑劣的，却要像布道者那样规劝、循循善诱。全球伦理的鼓吹者以自己的努力争取一个无法真正实现的目标，用中国儒家的话说，是"知其不可而为之"。这种行为是悲剧性的，这种伦理学的鼓吹者当属人类当代的圣徒、现代人类的普罗米修斯。

全球伦理两难局面决定了超越这一尴尬局面的过程必然是充满矛盾的过程，是既与借"普遍价值"之名行霸权主义之实的行为进行抗争，又与借"相对主义"之名行践踏人类底线伦理之实的行为进行抗争的过程，是在呼吁全人类共同价值与维护价值的多样性、维护边缘文化价值的权利这样的"二律背反"中保持动态平衡和必要张力的过程。

一方面，我们赞赏全球伦理，主张全球伦理，呼唤全球伦理。通过这种呼唤，使那些无视人类基本道德准则的人们有所收敛，有所警醒，有所敬畏，使他们的恶行受到更多人的谴责；使不同种族、文化和国家的人们有更多的理解、同情和爱，使人类的道德和良知有更多的认同，使更多的人树立起超种族、超国界的"道德大同"理念和境界，树立全球伦理和全人类共同价值的观念，自觉以世界公民、普遍价值主体的身份，去履行人类共同的道德准则。

价值与文化
——人类社会的双重密码

另一方面，我们确实要警惕在"全球伦理"口号下强势文化有意无意对弱势文化的侵蚀，警惕以"全人类价值"为幌子把自己的文化和价值强加于人的行为；要承认道德和价值的多元性和相对性，承认边缘文化具有独特的无法取代的价值，承认弱势文化和伦理平等的生存与发展权。

超越全球伦理两难处境的努力是一个漫长而曲折的历史过程。从现实的基础来说，它有赖于经济、科学技术、社会、文化等方面全球一体化的现实发展，以及由这一发展引起的不同国家、文化之间关系的调适。经济、技术等表层因素趋于一体化的事实，必然导致不同文化和价值等深层因素的变动。每一民族和文化都面临这样的挑战：按传统模式已经不适应全球化趋势，我们的文化和价值如何重新定位？如何看待与异文化和价值的关系？如何整合外来文化？而这是一个长期的在实践中摸索的过程，我们不可能事先给它规定好一切。

从道德主体的品质说，超越全球伦理两难处境，取决于人类主体在"世界史"的形成和发展中自身品质的发展。主体的品质不是固定的、僵死的，而是发展的。随着全球化的发展，以及全球性问题日益强烈地被人们意识到，全球伦理的意识会越来越深入人心，内化为人们的道德信念。不同民族和文化的主体经过长期的磨合，经过长期共同交往、共同生活和实践，人类也许越来越自觉地履行全人类共同的道德准则。

原载《中共济南市委党校学报》2002 年第 1 期

国际正义是否可能？
——由康德"普遍的世界公民"说开去
（2017）

一

哲学家们对正义的设计，大多以某种抽象的、理想化的语境为前提，亦即在逻辑和历史的起点处，把人们不平等的地位和身份不予考虑，把他们所处的阶级、社会和价值关系的具体性与复杂性抽象掉，以便得出在不受干扰的情况之下，正义原则怎样才能实现的结论。例如罗尔斯（John Rawls）就把他的正义原则安放在一种"无知之幕"（the veil of ignorance）下。所谓"无知之幕"，亦即将个人和他所处的社会关系这样一些特殊信息屏蔽掉，将人置身于一种不了解也无需了解社会等差的原始平等中，一种超越复杂的社会关系的"原初状态"（original position）。在这样的条件下，罗尔斯提出正义的两大原则：平等自由原则和差别原则。

正义原则的这种语境假设有何意义呢？显然，这种前提预设和理论抽象，是思维逻辑模型化、标准化之必需。几何学如果不把点的大小、线的粗细、面的厚薄抽象掉，就无法上升到几何学的层面；经济学如果不把每笔交易的具体内容抽象掉，就提炼不出经济规律来；同样，价值哲学如果不把后天的各种差异抽象掉，我们就无法把握正义得以确立的基本条件。所以，诸如"自然状态""天赋人权""无知之幕"，都是理论抽象、逻辑还原，它旨在确立正义原则赖以立足的基点。基点找准了，解决现实社会关系中错综复杂的问题，就有了"参考系"。有了抽象，具体就有了基础。

不过，使正义在不受干扰的情形下得以呈现的这种理想状态，只是实施正义的逻辑起点，是"应当如此"的抽象原则。从理论上讲，如何从抽象过渡到具体，由逻辑起点演绎出一套自洽的正义体系？从实践上说，如何将这种抽象原则落实到现实社会关系中？这恐怕是更重要也更困难的问题。至于国际正义，除了一般正义所要解决的由抽象上升到具体这个困难外，它还有自身的特殊性。它关涉的主要不是个体之间而是国家主体之间的正义问题，是国际社会里，国家、民族共同体之间是否可能以及如何建立公正、平等关系的问题。由此可见，国际正义是比统一共同体内部的正义问题更复杂的问题。它的困难在于，一个国家共同体内部的正义原则，能否被推广到不同的民族国家之间？在人类分割为不同国家共同体的条件下，我们可否找到一个普适性的原则，以实现国际正义？

在这个问题上，康德的思想比较有特点。他曾经详细论证了共同体内部从"野蛮的自由"到"普遍法治的公民社会"，从国家战争到"普遍的世界公民"社会的过程，探讨了实现"永久和平"的可能性，其中许多思想值得我们继续研讨，会给我们今天的谋求国际正义带来许多启发。故本文拟以康德"普遍的世界公民"说为主要话题，谈谈国际正义问题。

二

如果我们承认正义与人们之间的权利义务对等，那么也就会承认社会正义与社会秩序呈正相关性，亦即承认一个没有法治约束、人们的权利义务不对等的和没有秩序的社会，也是一个没有正义的社会；而一个人们拥有自由权力、这种自由又受公共秩序之约束的普遍法治的公民社会，也是有正义的社会。用这个标准看，确立国际正义的机制与确立普遍的法治、普遍的世界公民社会，呈正相关性。

尽管人类不同族群之间的价值关系是个古老的问题，但古代思想家似乎不讨论类似今日之国际正义问题——国家主体之间是否该有正义、如何实现正义？他们关注的是一个看似相关实则不同的问题：不同族群的成员之间是否可以享有同等的主体身份？我们是否应给予不同族群的人们以同等的关爱与同情？持肯定态度的思想家们大多是以自我为中心，建立同构式的普世主义。它假定存在某种内在的普遍性——善、理性、爱、人性、"道"或"理"等，并运用类似"移情"的情感扩展方式，或者"推己及人"的类比逻辑，超越族群和文化的藩篱；它将"人"的身份认同和爱的情感认同普遍化，承认所有的人都是人，对所有的人都施以爱和关怀。

这种逻辑试图以个体为基础，直接过渡到类的普遍性，因而它解决不了国家隔离、民族差异条件下的国际正义问题。它还隐含着一种文化霸权：我认同你、怜悯你，是以你认同我、接受我的文化与价值为前提的。

启蒙思想家的思路不同。他们追问：正义的历史和逻辑起点是什么？正义的价值关系、权利义务关系，是基于什么样的机制而历史地形成的？思想家们往往假定，人最初处于某种自然或原始状态，人们基于自发的自由和自保的本能而进行争斗，这种争斗恰恰是走向秩序和法治的驱动力。无序是有序之源——系统科学的思想 19 世纪以哲学独断论的形式早就存在了。例如康德就坚信：人类历史看似杂乱无章，实际上，"大自然"正是利用了这种看似野蛮和混乱的自由，在人们的对抗中产生合法秩序，并"建立起一个普遍法治的公

价值与文化
——人类社会的双重密码

民社会"。① 人类"从最低的野蛮状态努力上升到最高的成熟状态以及思维方式的内在完满性",上升到"幸福状态",这一切仿佛是大自然按最有效的原则精心安排的。②

康德假定人类有两种自发倾向:一种是融入社会、与他人共处的倾向;另一种是抗拒融合、趋于孤立的倾向——后者是人们维护自己的利益、安全和自由的原始和野蛮的方式,是对抗性的。有意思的是,康德不像古代哲学家那样谋求不同族群间的互爱和博爱,谋求世界"大同";恰恰相反,他认为那样的生活会让人懒惰,人会在和睦、安逸、互爱的田园诗般的生活中堕落为绵羊,人们的全部才智也埋没在胚胎里。"单独化"诚然会导致社会的对抗,但正是这种对抗,唤起人类全部能力,推动人的自然禀赋的发展,促进人类建立普遍法治的公民社会。每个成员有彻底的自由,这种自由又因界线的约束而有制度的保障,从而你的自由就与别人的自由共存共处。"大自然给予人类的最高任务就必须是外界法律之下的自由与不可抗拒的权力这两者能以最大可能的限度相结合在一起"的社会,也"就是一个完全正义的公民宪法"。彼此互相需要是人类最大的需要,人类不能长期在野蛮的自由状态下共处,就只能在公民的状态下,彼此超越对方而寻求社会秩序。"一切为人道增光的文化和艺术、最美好的社会秩序,就都是这种非社会性的结果。"③ 恶是历史发展的原动力,这些"竞相猜忌的虚荣心""贪得无厌的占有欲和统治欲",使得"人道之中的全部优越的自然禀赋"发展起来。④

康德的这个思想必然遇到一个强大的质疑:人类的贪欲以及由此引起的争斗,凭什么就一定走向普遍的法治,而不是在混战中走向毁灭?除非有一种无比强大的外在力量,或者有一位其公正、智慧和威望都臻

---

① 康德:《历史理性批判文集》,何兆武译,北京:商务印书馆2013年版,第8页。
② 康德:《历史理性批判文集》,何兆武译,北京:商务印书馆2013年版,第5页。
③ 康德:《历史理性批判文集》,何兆武译,北京:商务印书馆2013年版,第9页。
④ 康德:《历史理性批判文集》,何兆武译,北京:商务印书馆2013年版,第8页

于极致的家长引导大家，否则，各自伸张自己权利和自由的混战，怎么可能得出普遍的法治？康德承认，人世间没有这样伟大的家长，它只能靠我们自己。正因为这点，康德承认实现公民宪法的社会是最困难的事。我们不能完全做到，只能朝这个方向接近。康德给出了建立这样的社会的条件：需要一部建立在正确概念基础上的宪法、需要经历许多世事磨炼出来的伟大经验，以及善意。但具体如何才能做到，他并没有给我们满意的答案。

此外康德还认为，"建立一部完美的公民宪法这个问题，有赖于国家合法的外交关系"①，亦即一国内部能否建立公民宪法，与国际社会能否建立正义和秩序，直接相关。这点，我们后面再讨论。

回到现实，西方国家以及部分非西方国家，已经实现了康德所谓公民宪法下的法治社会，其历史过程似乎也符合康德的叙述：各势力和利益集团在对抗甚至战争中，达成协议，从而有了当代的民主和法治。不过，与此共存不等于因此之故。欧洲、北美产生普遍法治的公民社会，是否一定如康德所言，由于战争和冲突带来的？这是一个值得怀疑的问题。

第一，促成公民宪法和社会秩序的，真的是康德所说的那个原因吗？康德的这个说法，建立在对"大自然"自发力量的信念上，缺少有力的事实支撑和逻辑证明，缺少理论的中介过渡，以至于这样的"大自然"给人一种神秘感。换个角度，也有康德自己否定过的"独断论"色彩。我倒认为，真正促使西方国家走出野蛮抗争，形成公民宪法和普遍法治的，是资本的逻辑。发达的、理性的市场经济，是人类从野蛮的自由转向公民宪法社会的最重要的机制。因为它将契约精神普遍化，而契约精神承认人们之间的关系是平等互惠的关系，当然也是互相制约的关系。没有普遍的和理性化的契约精神，野蛮式的竞争如何进化为普遍宪

---

① 康德：《历史理性批判文集》，何兆武译，北京：商务印书馆2013年版，第11页。

法下的公民社会？

第二，貌似康德所谓因自保而战争，因战争而"普遍的世界公民"，这样的情形究竟是偶然、巧合，还是具有客观普遍性？这又是一个看似老生常谈实则始终没有解决的问题：无论是现代科技还是启蒙理性，无论是民主法治还是市场经济，都是西方人发明的，其他民族即使拥有，也是从西方传入的。同样情形，康的所谓由"单独性"、对抗，发展到"普遍法治的公民社会"，究竟是西方的特例，还是普遍必然的？非西方国家也必然如此，还是只能仿效，抑或仿效也不可能成功？假如这是"大自然"精心设计的，那么这种"大自然"究竟是什么？回到现实：美国等西方国家曾寄希望北非、中东和苏联许多国家，演变为民主国家，基本都不成功，这是否反映康德的理论站不住脚呢？

如果说一国内部的公民宪法都难以实现的话，那"普遍的世界公民"说就更无从谈起，国际正义岂不成为空话！

三

我们知道，一国内部的正义与各国之间的正义，面临完全不同的语境、规则和机制。在一国内部，实现正义要解决的是一国内部人们的权利义务问题，是国内阶级、阶层和个人间的价值关系问题。除非内乱，一国通常有统一的政府、制度和法律，相对容易寻求某种普适性的机制。如果动用法律、公共权力和政策措施实现社会正义，就容易得多。即使遇到问题，也可寄希望于改进国家的政治和法律制度，调整政策和措施，实现良法支配下的经济、社会和文化生活。不得已的情况下，革命也不失为一条路径。

不同国家之间有无实现普遍法治下的国际正义、秩序与和平之可能？这个问题的特殊困难在于，我们面对的是许多彼此隔离甚至对立的国家共同体，要处理的是国家和民族主体之间的价值关系问题。这些问题虽然最终落实到具体个人和利益集团头上，但就其直接现实性说，它发生于国家和民族之间，个人和利益集团之间的正义问题需经国家、民族之中介体现出来。问题是，不存在超出不同的国家、民族主体之上统一的政府、法律和其他公共权力体系，没有可以贯通和统一的价值取向和利益诉求，没有可以既互相配合又互相牵制的公共运作手段。不同民族国家主体的制度、法律、价值观和游戏规则不能同质化，甚至不能有效协商与沟通。国家和国家之间、民族和民族之间，本质上说是利益关系——或因相互利益而结合，或因各自的利益而相互争斗。帕麦斯顿首相的名言："没有永远的朋友，仅有永远的利益"，道出了问题的实质。

就国家层面讲，国内正义问题只关涉一个主体，国际社会中的正义问题则关涉众多主体；一国内部的正义问题主要是不同利益集团和个人之间的价值关系问题，国际正义主要是不同的国家和民族之间的关系，它要解决不同国家主体之间权利、义务的平等、公平和善的问题。一国内部是有组织的，但整个世界是无政府状态。故在现代文明国家，内部基本是尊重人权和人道主义，人们可以享有自由、尊严和平等的权利，但国家之间主要是利益的竞争——有人甚至不无夸张地称之为"丛林法则"。既然如此，国际正义就不能简单套用一国内部实现正义的模式，它需要寻求一种超越国家政治、疆域、民族主义之上的体现全人类性的原则或机制，找到不同民族国家主体之间可以通约的价值、利益和游戏规则。可是，人类真的能找到一条路径，将不同国家、民族打通吗？真的可以超越民族国家的藩篱与对立，确立普遍的正义法则吗？

康德对此似乎信心满满，相信"大自然是通过战争、通过极度紧张而永远不松弛的备战活动、通过每个国家因此之故哪怕是在和平时期也终于必定会在其内部深刻感受到的那种缺匮而在进行着起初并不会是完美的种种尝试，然而经过许多次的破坏、倾覆甚至于是其内部彻底的精疲力竭之后，却终于……脱离野蛮人的没有法律的状态而走向各民族的联盟"①。问题是，各国之间为自身利益而导致的对抗乃至战争，何以一定迫使他们确立各民族的联盟和普遍的世界秩序？

康德其实并没有提供一个有说服力的理由证明何以一定如此，他的理由倒类似中国古人的一种信念：置之死地而后生。也可以说是一种逆向推论：不如此人类就会面临什么样的灾难。在康德看来，一个国家共同体处于野蛮的不受约束的自由状态时，个人对个人之间的强迫必然进一步扩展为国家对国家间的强迫，引发战争。任何国家尤其是小国，除非靠联合的力量以及联合意志的合法决议，就无法保障自己的安全和权利。

野蛮式的自由所致的相互抗衡，耗尽他们的一切力量；常年维持战争的需要，人类的自然禀赋发展的趋势受到阻碍，由此产生的灾难却迫使我们去发掘一条平衡定律来处理各国由于它们的自由而产生的彼此之间的对抗，并迫使我们采用一种联合的力量来加强这条定律，从而导致一种保持国际公共安全的世界公民状态。即使野蛮人不情愿也不得不放弃野蛮的对抗，寻求新型的国际关系。理想的永久和平也许不现实，但人们会反复尝试，即使失败也会再接再厉。这种尝试之所以有可能成功，是因为公民宪法是共同体内部可能的最佳安排，外部则有共同的约定和立法。总之，"大自然"会利用人们之间的对抗和不合群，通过战争，通过极其紧张而永不松弛的备战活动，通过匮乏感，经过破坏、倾覆，甚至精疲力竭之后，而最终形成各民族的联盟。作为它的最高理想，就是"普遍的世界公民"和"永久和平"状态。

二战结束后出现的新的世界格局，似乎验证了康德的这个观点：雅尔塔体系大致稳定了战后格局，联合国作为全世界各种冲突和危机的最高协调机构诞生并有效运作，西方国家之间的联盟接近康德所谓"各民族的联盟"，非殖民化运动也使得国际正义大大向前进了一步。当然，

---

① 康德：《历史理性批判文集》，何兆武译，北京：商务印书馆2013年版，第12页。

这离真正的"普遍的世界公民"和"各民族联盟"还相当遥远,但人类的文明毕竟大大进步了。

尽管如此,我们仍然怀疑战后世界格局就是康德理论的验证。因为康德并未充分解释国家间因对抗而走向联盟的具体机制和因果必然性。战后的这种局面究竟是按康德理论发展出来的,还是一种偶然与巧合?康德的预言与战后格局的相似,究竟是二者之间存在本质必然联系,还是两件不相关的事碰巧赶到一起?还难说。不仅如此。康德的这个解释模型甚至可以视为殖民主义时代的经验总结,它还不可避免地带上了那个时代的烙印:战争所带来的秩序是强者支配的秩序,对整个世界来说,它是"使东方臣属于西方"的国际秩序,而不是真正的国际正义。

四

如果在康德理论的基础上继续往前走,我们应该深入哪些问题呢?显然我们应该弄清楚:究竟是什么样的内驱力推动各民族国家放弃"非社会化"的野蛮争斗,建立国家联盟?进而,这种联盟的普遍化真的能给人类带来国际正义吗?

各国关系如果真如康德所说,野蛮的自由引起战争及战备活动,导致各民族不联合起来就无法生存下去,亦即对抗的代价迫使人们改弦更张——如果只是这样的话,国家间形成的应该是类似我国春秋战国时期的合纵连横术,或者类似一战期间的协约国与同盟国,而不可能形成建立在普遍法律基础上的公民社会及全球性的和平联盟。

假如世界各国真的能建立广泛的联盟,形成"普遍的世界公民社会",其原动力不应像康德所说,诸多国家主体经由战争和冲突达成联盟,而是有某种在国家之外、之上的力量,为相互冲突的各方提供共同追求的东西,这种原动力只能来自市场经济,来自资本的扩张,来自商业价值的内驱力。只有市场的扩张、资本的逻辑,才能将等价交换和自

价值与文化
——人类社会的双重密码

由贸易的规则推及全世界,从而为在世界范围内确立自由与平等的公共规则提供可能。这个维度的发现应归功于马克思。

马克思很早就指出资产阶级游走于世界各地,开辟广阔市场,用"世界的历史"代替"民族的历史"的事实。按马克思理解,资本主义与全球化有本质的内在联系:资本主义的生产方式以使用价值与价值分离、具体劳动转化为社会劳动为特征,这样的价值转换需要一个前提,就是对外贸易和世界市场。从这个意义上说,资本主义的使命之一是"造成以全人类相互依赖为基础的普遍交往"①。"资产阶级社会的真实任务是建立世界市场(至少是一个轮廓)和以这种市场为基础的生产。"② 由于这种本质的内在联系,资本主义的发展必然表现为它将自己的生产方式不断向世界扩展。"从本质上说,就是推广以资本为基础的生产或与资本相适应的生产方式。创造**世界市场**的趋势已经直接地包含在资本的概念本身中。"③ 资本的这种本性和内驱力,突破古老、偏远、孤立的国家和地区的藩篱,为人类普遍交往提供了基础。马克思对共产主义的设想,也就是建立在这一世界图景中的。如果没有资本主义造成的世界统一性,也就没有共产主义理想——共产主义无疑是马克思预期的人类正义的真正实现。

继马克思之后,卡尔·考茨基提出了更大胆的假设:帝国主义时期的资本扩张,突破民族的局限,并出现贸易协定、关税同盟和多种形式的康采恩,形成日益广泛的国际联盟;帝国主义之间的战争也使他们不堪重负而寻求媾和。考茨基预言:帝国主义之后,代之而起的是"国家联盟"。他说:"扩大国内市场的最好和最有前途的办法不在于把民族国家扩展为多民族国家,而在于把各个具有同等权利的国家联合成国家联盟。大帝国的形式应该是国家联盟,不是多民族国家,也不是殖民国

---

① 《马克思恩格斯选集》(第1卷),北京:人民出版社1995年版,第773页。
② 《马克思恩格斯全集》(第29卷),北京:人民出版社1972年版,第348页。
③ 《马克思恩格斯全集》(第46卷·上),北京:人民出版社1979年版,第391页。

家;这种大帝国是资本主义赖以达到最后的、最高级形态所需要的,而无产阶级将在这种最后、最高级形态中夺得权力。"①

20世纪70年代左右开始形成的新的全球化,即以跨国公司和区域性组织为实体,以金融、信息、技术和标准为手段的全球化,为不同民族国家结成新的联盟准备了崭新条件。有人不无夸张地形容"全球化毁灭主权国家,连通世界版图,滥用已经建立起来的政治共同体,挑战社会契约,过早地提出无用的国际保障概念"②。当然这个估计过于乐观,但金融、信息和高科技引发的全球化,无疑使得国家间的屏障和壁垒又大大减少。

五

虽然如此,国际社会的一体化与国家之间的公平正义,毕竟是两个完全不同的问题。要实现国际正义,必须消除国家之间的隔阂、壁垒与分裂状态;但不能反过来说消除了隔阂、壁垒与分裂状态就一定能实现国际正义。分裂状态的消除是实现国际正义的必要条件但不是充分条件。例如当今,在环境、安全、信息、技术、金融等方面全球一体化日益加深的同时,不同民族和国家间的价值分歧与利益冲突并未减弱。塞缪尔·亨廷顿的说法在相当大的程度上还是无法否认的:冷战结束后,我们看到的不是福山(Francis Fukuyama)和奈保尔(Y. S. Naipaul)所说的普世文明的出现,而是"全球政治开始沿着文化线被重构"③,是不同文明间的冲突,表现为"区域政治是种族的政治,全球政治是文明的政治"④。

---

① 卡尔·考茨基:《民族国家、帝国主义和国家联盟》,何疆、王禹译,北京:商务印书馆1963年版,第77页。
② 王列、杨雪冬编译:《全球化与世界》,北京:中央编译出版社1998年版,第18页。
③ 塞缪尔·亨廷顿:《文明的冲突与世界秩序的重建》,周琪等译,北京:新华出版社1998年版,第3页。
④ 塞缪尔·亨廷顿:《文明的冲突与世界秩序的重建》,周琪等译,北京:新华出版社1998年版,第7页。

价值与文化
——人类社会的双重密码

理论上讲，西方认为是"普世文明"的内容，非西方也许会认为是西方文化霸权、后殖民主义、文化帝国主义；从现实看，今天的全球化并没有缩小国家间的差距，更没有消除国际的不正义，反而在一定程度上加大了这种不平等、不正义。主要原因在于：全球化使得发达国家能更好地操纵全球金融体系、技术标准及话语权，凭借它可以从发展中国家获得金融红利，攫取资源，并向后者转移污染及"夕阳产业"等，导致富国愈富、穷国愈穷的马太效应。由此可见，我们不能指望资本主义的全球市场自发地给人类带来国际正义。实现国际正义，还需要其他的手段，这种手段必须满足两个条件：

第一，它基于纯粹的道义。它不是为了某种直接功利的目的，而是以实现人类完美理想为目的。应该有一种力量，这种力量不是为权力或资本而生，而是为了和平、人权、自由、平等、文明等纯粹的道义而生。为了实现这些道义，这种力量不是站在本国的立场上与他国对立，而是站在道义立场上与各种非道义的势力对立。

第二，这种力量应该是超越利益共同体之上、之外的，它不属于任何民族国家、利益集团，而是世界性的。当然，我的意思不是说坚持这种主张的人们没有国籍，而是说他们不是某个国家的代言人，而是以国际社会活动家和理论家出现，是"普遍的世界公民"。这样的角色定位要求他们的行为纯粹以促进国际正义为目的。

其实，马克思主义原本是这种理想主义的典型：它主张消除"三大差别"，甚至消灭阶级和国家本身，使每一个人都能自由全面发展。如果是这样的话，国际正义当然也就实现了。问题是：一方面，资本的逻辑并没有完全按马克思预期的发展，作为一种历史形态，它远比马克思预期的要漫长和富有生命力，能否经由社会主义取代资本主义的路径实现国际正义，这个问题实际上并没有完全搞清楚；另一方面，20世纪出现的苏联模式，与马克思预期的社会主义，与资本主义、市场经济及工业文明究竟是何关系，似乎越来越模糊。但可以肯定的是，它与马克思许诺的共产主义并不一样,并没有显示出实现国际正义的迹象。

哈贝马斯试图阐发马克思的交往理论,来重建历史唯物主义。他著名的商谈(或对话)伦理,似乎给人类实现国际正义提供了一条思路:不是在暴力革命的废墟上重建,不是面对战争的毁灭性威胁而不得已结盟,也不是强者、战胜国主导下建立的安全体系和国际秩序,而是在公共交往中,各主体间在彼此交往互动,经由商谈、质疑、辩解、反驳,或者说经由博弈与对话,达成道德和价值的共识。对话伦理的前提是正视当今社会公共生活的多元化和公共交往的普遍化,承认自由个体间的多元性和交互主体关系,按照参与者都认可的规则,得出都承认的共识。哈贝马斯认为:"对话伦理学的原则涉及一个程序化也就是涉及讨论性地解决规范的有效性的要求。就此而言对话伦理学有理由被表述为形式的。对话伦理学并不说明内容上的取向,而是说明一种规定讨论实践的运作方法程序。实践上的讨论无疑不是用来产生合理的规范的操作程序而是用来检验建议和假定的规范有效性的操作程序。"①

承认通过"对话",即在承认个性、多元、自由的基础上通过实践、对话而达成妥协与共识,这种模式是否可以推广到国际领域?至少从当代现实看,尚无这种可能。困难在于,国家主体的主体间性是非平衡的,国家实力和地位是不平等的,我们似乎找不到一种道义的或者物质的力量来抹平国家间的差距;国家是最高的权威组织,我们也无法迫使相互冲突的国家主体服从某种统一的法则。假如这样,国际正义何在?言说国际正义有何意义?作为一种价值诉求,国际正义其实不是现实地实现,不是说某一天,国际正义,以及由"普遍的世界公民"确立的"永久和平"就会到来;而是说,作为国际关系中的一个维度、一种张力,我们用"国际正义"抗议非正义,用它作为一面镜子,映照国际非

---

① J. Habermas, *Moralbewusstsein und Kommunikatives Handeln*, Frankfurt am Main: Suhrkamp, 1983, p. 113. 转引自邱戈:《从对话伦理想象对话的德性》,载《浙江大学学报(人文社会科学版)》2011年第1期。

正义的丑陋与恶，并最大限度地唤醒人们追求正义的良知，唤起正义的力量来调整和改进现实，从而减轻甚至避免国家间的极端不公正现象。

原载闫孟伟主编：《多元文化背景下的正义与责任国际学术研讨会论文集》，天津：南开大学出版社2017年版

人的价值：根据与类型

（2001）

人的价值问题作为一个学术话题似乎"冷"了下来，但不等于没有讨论的必要了。原因在于：理论上，许多学理性的问题并未厘清。以往关于人的价值的讨论存在两大误区：一是注重人的手段价值，忽视了人的目的价值，借用解释物的价值的思路来解释人的价值，一个典型例子是，简单地说"人的价值在于奉献"；二是对人的价值做抽象的、形式化的分类，而不注重本质和内涵的分析，如普遍把人的价值分为社会价值和个人价值。这两个问题的共同根源都是没有挖掘人的价值的根据，即人的主体人格，以至于（正如赖金良教授批评的那样）讨论人的价值却不谈人的尊严和基本权利。实践上，人的价值、尊严和基本权利得不到应有的尊重，还有些人没有起码的尊严、安全和生活保障。这些现实问题与我们对人的价值缺乏充分的认知、还缺乏普遍的人道意识不无关系。鉴于此，理论工作者有义务宣讲人的价值。基于这一原因，本文试图对人的价值的含义、根据和分类等问题重新做一点探讨。

一、何谓"人的价值"？

时下，"人的价值"这一说法大致有两种理解：一是人应该享有怎样的价值,这实际上是说人之为人所具有的不同于物的可贵之处;二是一个人对他人和社会有怎样的效用?这实际上是说这个人能为社会、为他人提供什么好处。前者可以看作人的绝对价值,后者可以看作人的相对价值。我们先讨论前者的意义。

人的价值与物的价值是完全不同的:物("东西")的价值是其客观属性在满足主体需要时显现出来的功效和意义。人的价值则是指人不同于物的独特的地位、意义和可贵之处,是人的人格和主体性在自身那里显现出来的意义。简言之,人的价值是主体性对主体自身的意义。说"人的价值"时,我们所指的恰恰不是人的"物性""东西性"等向人显现的使用价值,而是人特有的人格、身份、主体性等向人显现的意义。这是因为:

第一,人是一个不同于自然物的主体,他有居于主格地位的人格身份——这种身份意味着一切价值都指向他,以他为目的和归宿。人为主,人之外的对象为客、为宾,这个基本格局是人的价值问题的前提。"人的价值"就是指这个居于主格地位的、有人格身份的主体有何价值,有何独特的可贵之处。

由于人处在价值关系的主格地位,所以他既是显现一切价值的基础,也是一切价值指向的目标。物的价值以满足人的需要为使命,以人为目的和归宿;物之所以有价值,乃是因为它满足了主体,在主体需要这面"镜子"上显现出"好"的特性。于是,人作为物的价值的目的、归宿和显现尺度,就有了不同于任何物的可贵之处、优胜之处。

第二,人的价值与物的价值之显现机制完全不同:物直接以自身的属性向主体显现价值;人不是以自己的某种"属性"来满足他人或社会的需要,不是直接以自身作为价值对象供人"消费",而是作为主体,作为社会和人类中的一员,为他人和社会设计价值,创造价值。他的活动、劳动等本质力量所物化的对象性,才是满足人的需要的对象。易言之,由于人有独特的、为任何"东西"所没有的人格、主体性,所以他能创造性地为他人、社会提供价值对象,并因此使自身具有任何"东西"没有的独特的意义、价值和可贵之处,而不是人本身降格为这种对象。

鉴于此,我们把人的价值初步界定为:人的主体人格在人自身那里显现出来的独特的意义和可贵性。从这个角度说,人的价值根据就在于他独特的主体性和人格身份,就是说,他是一个主体,在社会文化系统中,在人的类中,在作为物的价值的目的、归宿和显现尺度之角色方面,有自己的独特地位和人格,这种地位和人格有任何自然物所没有的价值。

二、人的价值不是什么?

以往理解"人的价值",比较流行的观点是强调人作为手段的价值而忽视人作为目的的价值,把人的价值理解为一个人对他人、对社会有何功用。例如把人当作"砖""螺丝钉",简单地说"人的价值在于奉献",实际是把人当作自然物去分析他的"使用价值",这是以理解物的价值的思路来理解人的价值:仿佛人自身直接以某种"属性"向他人、社会显现价值,这就把人降格到物的水平。我们反对这种理解。因为,人的价值之所以是"人"的价值而不是别的价值,就是因为人是有人格、尊严的主体,这恰恰是就人不同于物的本性来讲,恰恰就人不能降格为工具和手段而言。如果人被手段化、工具化,降格为简单的物,那他向社会展示的就不是真正的人的价值,而是人被异化和物化了的价值。

马克思主义创始人关于人的价值的思想,正是从批判把人工具化、手段化,把人降格为物的角度提出的。马克思抨击私有制(尤其是资本主义)贬低人的价值和尊严时写道:"对我来说,你是生产那在我看来是目的的物品的手段和工具,而你对我的物品也具有同样的关系。……

我们每个人实际上把自己**变成了**另一个人心目中的东西；你为了占有我的物品实际上把自己变成了手段、工具、**你的物品**的生产者。"① 异化劳动使工人成了非人，成了物，成了商品，成了资产阶级获取剩余价值的工具和手段。工人没有主体人格，丧失了人的尊严和价值。"物的世界的**增值**同人的世界的**贬值**成正比。劳动不仅生产商品，它还生产作为**商品**的劳动自身和工人。"② 甚至资本家也成了"活化的资本"，即积聚资本的工具，没有了人格。马克思还责备"国民经济学把工人只当作劳动的动物，当作仅仅有最必要的肉体需要的牲畜"③，"国民经济学家把工人变成没有感觉和没有需要的存在物"④。显然，马克思反对把人工具化、手段化，因为它否定了人的感性存在，无视人的价值和尊严，与人的自觉自由本质相违背。

三、作为手段价值的人的价值

当然，人的需要的满足，人的价值肯定，只能通过人自身来实现，人是自己价值对象的生产者。从这个意义上我们能否说人是工具、手段呢？同样不能。因为，人作为手段价值与物作为手段价值的意义、地位是完全不同的：物直接作为手段，并因作为手段而向人显现价值；人作为手段价值，实际上是人创造、生产和提供手段价值，而不是自身就手段化。就是说，人为社会生产价值对象时，他自身并不是手段，并不因此降格为"东西"，他的主体地位、身份和位格并不因此丧失。人不是作为手段，而是作为主体为社会创造价值。换句话说，人提供手段价值并不等于人应该手段化，相反，人的价值的实现是通过人并且为了人这

---

① 《马克思恩格斯全集》（第42卷），北京：人民出版社1979年版，第36页。
② 《马克思恩格斯全集》（第42卷），北京：人民出版社1979年版，第90页。
③ 《马克思恩格斯全集》（第42卷），北京：人民出版社1979年版，第57页。
④ 《马克思恩格斯全集》（第42卷），北京：人民出版社1979年版，第134页。

个事实说明，只有人才能为自己提供价值，只有一个积极能动的主体才能创造性地满足自己的需要。人为自己提供价值，正是人的主体性、能动性的表现，而不是被盲目必然作为工具、手段驱使的表现。所以，这个事实不仅不能证明人是工具、手段，相反，它正好进一步证明人的价值体现在它的合目的性的历史活动中，体现在它非自然、非工具、非手段的主体人格中。

从一般或本质上说，人的价值是指人作为实践主体性，有为社会、为他人创造价值的价值；现实生活中确实把人工具化、手段化，那种情形不是就"人的价值"本身而言，而是"人"在一定的社会历史关系中被否定。如果人被当作工具、手段、"东西"利用和役使，则他不是在为社会提供肯定人的价值，而是在为社会提供异己的关系和力量——己身的异化和他方的异化是一个问题的两个方面。

也许有人会说，权利和义务、手段和目的是辩证的两个方面，人享有价值，也需要为社会创造价值。如果人人不为手段，那价值从何而生？

这一说法暗含着这样一个前提：人只有降格为手段、工具、"东西"，才能创造价值，才能为社会提供价值。但是，这个前提是站不住脚的。因为：

第一，权利和义务、手段和目的既然是辩证的，那就是说，每个人在作为手段价值时不失去他作为目的价值的地位，他既要为社会提供价值，自身也享有价值；价值出自人，也指向价值。因此人提供价值、创造价值，并不失去他作为价值主体、价值所指向的目的之地位，相反，正因为所有人都是主体，才能为自己创造价值，也才能作为主体享有价值。

第二，权利和义务、手段和目的是相互的，人人都为社会提供手段价值，也都是价值对象指向的目标，而不是一部分人该为手段，另一部分人该为目的。这里是一个相互对待的平等关系，是互为手段互为目的的关系。确切地说，这里的"人"都是主体，人们之间的关系是"主体间"关系。论及人作为手段价值时，我们要把社会关系中这种主体间的关系，与一部分人役使另一部分人的主奴关系，严格区分开来。

第三，人作为手段价值是相对的，而作为目的价值才是绝对的。因为人之所以尽义务，之所以创造价值、提供价值，终究是为了人，为了自身、他人和社会生存和发展的需要。人提供手段价值最终是为了把人作为目的，人履行义务最终是为了使人获得权利。

四、人的相对价值

人提供手段价值最终是为了把人作为目的，人履行义务最终是为了使人获得权利，这种辩证关系说明，人只有在相互对待中才能获得价值的肯定，人的价值只有在彼此相对的关系中才是现实的，人的价值实现和价值完成都是在人们的相互关系中完成的。

一方面，作为自觉自由的主体，每个人通过自己的活动、劳动及其产品，为他人的主体性需要提供了现实的基础，使他人和社会有了满足其需要的价值之源，从而实现了对他人的价值肯定，使他人作为目的价值得以完成。从这个意义上说，人的价值表现为，每个人作为目的价值因他人提供的手段价值而有了现实性，他作为主体所具有的意义、地位和可贵性得到承认和实现。

另一方面，人因自己的成果被社会所承认和接受，因自己本质力量转化成了社会认可的价值，所以他真切地感到自己的人格、主体性和创造性被社会所接受和承认，因而具有一种主体的优胜感，他作为自觉自由创造主体的价值因此显现出来。从这个意义上说，人的价值表现为，人具有这样的独特意义和可贵之处：每个人都从他人能享受自己提供的价值中映衬出自己的主体性价值。

马克思主义创始人正是从这种相互关系中来看人的价值肯定的。例如马克思写道:"假定我们作为人进行生产。在这种情况下,我们每个人在自己的生产过程中就**双重地**肯定了自己和另一个人……在你享受或使用我的产品时,我**直接**享受到的是:既意识到我的劳动满足了**人的需要**,从而物化了**人的本质**,又创造了与另一个**人的本质**的需要相符合的物品……在我个人的生命表现中,我直接创造了你的生命表现,因而在我个人的活动中,我直接**证实**和**实现**了我的真正的本质,即我的**人的本质,我的社会的本质**。"①

总之,人的价值是人们之间相互的、双重的肯定关系:每个人都通过为社会提供手段价值来肯定他人的人格和主体性,并因对他人的价值肯定活动来映射出自身作为自由创造者的价值。就是说,人作为手段价值,实际上是人们作为主体,互相为肯定对方提供价值,并通过这种肯定来确证自己的主体价值。在这里,无论是作为目的价值被人所肯定,还是作为手段价值,通过肯定他人来映衬自身的价值,都是人的人格和主体性的体现。由于这种相对的和相互的关系都是人自身的事,所以本文开始对人的价值的初步界定,即人的价值是"人的主体人格在人自身那里显现出来的独特的意义和可贵性",也适应这里的情形。

五、人的价值的分类

我们讨论了人的价值问题的根据,还要进一步讨论它的种种情形,即它的分类。

流行的思路是从形式的角度分类,例如把人的价值分为人的社会价值和个人价值。这种思路的问题是:第一,没有把握人的价值的根据。人的价值分类应与它的内涵和根据一致;第二,具有抽象性,它反映不出人的价值的相对性、具体性和历史性,仿佛人的价值问题是一个

---

① 《马克思恩格斯全集》(第42卷),北京:人民出版社1979年版,第37页。

价值与文化
——人类社会的双重密码

"一"和"多"的符号集合问题,是超境况、超主体人格的差异的问题。本文认为,人的价值的分类应与人的价值的根据一致,即依据实践基础上的人格和人的主体性分类。笔者以此把人的价值分为:人的形上价值、实践价值和自觉自由价值。

1. 人的形上价值

人的形上价值即人之为人的类价值,这是对人区别于自然物所具有的最基本的人格和主体性的肯定。

人格、主体性是人的类本质和类特征。人是作为一个类而成为人的,就是说,不是这个人和那个人,而是整个类,凭借自己合目的性的历史活动,"在物种关系方面把人从其余的动物中提升出来"①。用马克思的话说:"正是在改造对象世界中,人才真正地证明自己是**类存在物**,这种生产是人的能动的类生活。"② 这种人是并且仅仅人才是的"类生活""类存在物",当然具有自己特有的类价值。这一价值就是一切人都有的、在作为人的类中有其位格的价值,它是人的理性、情感、人格、尊严等主体因素构成的基本价值。马克思主义创始人对资本主义、对异化劳动的否定中就包含了对其对立面的肯定:人被贬低为商品,贬低为物、手段、工具,贬低为牲畜,那就应该按人性、人的尺度复归人的价值。这里的人的价值显然是与物、工具、牲畜相对而言的,而与之相对的只能是任何人都有的类价值。

总之,人的形上价值即人的类价值、存在价值,它表征人在物种方面超出自然界特有的主体意义,因而是人最起码、最基本的价值。

人的形上价值要求:每一个人首先是人,他具有自然物所没有的理性、情感、人格、尊严及其他主体性,每一个人至少要被当作人看待。就每一个人来说,形上价值是由他在人的类中的位格决定的:每一个人

---

① 《马克思恩格斯选集》(第4卷),北京:人民出版社1995年版,第275页。
② 《马克思恩格斯全集》(第42卷),北京:人民出版社1979年版,第97页。

都是类中的一员，人作为人（而非物）是相同的，没有一个人作为人的位格比另一个人更高；或者说，没有一个人比别人更是人（而非物），因此，人的形上价值是相等的。

资产阶级学者鼓吹"在上帝面前人人平等"，或依据"自然法则"人的权利和价值相等，其实是讲的人的形上价值。只是他们不懂得人的价值的根据在于实践以及从实践中获得的主体性，不懂得人类的远祖通过实践使整个人类成为一个特殊的类，因而有了人的类价值。

但是，人的价值又是不平等的，这取决于人的实践价值和自觉自由价值。

2. 人的实践价值

人的实践价值即在相互肯定的关系中，人的实践活动所创造和显现的价值。人的价值从何而来？只能从实践中来。他的价值量如何规定？只能由自己的实践活动及其成果来决定。人通过自己的实践活动为社会创造价值时，也确立了自己在社会历史中的地位。

马克思说："在我个人的活动中，我直接**证实**和**实现**了我的真正的本质，即我的**人的本质**，我的**社会的本质**。"[①] 就是说，每个人通过自己的实践活动，让自己的价值目标现实化，让主观的东西客观化和物化，让自己本质力量对象化。人的实践活动外化着并且塑造着自己的本质力量——人的主体性和自觉能动性，人的内在世界的丰富性和完美性。同理，这一实践活动也展示并且创造着人的内在价值，显现人作为历史主体对社会有怎样的肯定意义。人没有先天的价值，他的价值是通过他的活动创造和显现出来的。我们的活动及其成果是衡量我们价值的砝码，映衬我们价值的一面镜子。人创造了价值，也通过价值对象反映出自身的价值：你创作了不朽的艺术作品，你就成为伟大的艺术家；你有重大

---

① 《马克思恩格斯全集》（第42卷），北京：人民出版社1979年版，第37页。

的科学发现，你就是伟大的科学家。我们平常说"人的价值在于奉献"，只有在这一意义上理解才是合理的。

3. 人的自觉自由价值

人的自觉自由价值，即人们在实践中，人对自身主体性体验的深度而形成的内在价值，他表征着一个人的人格所达到的境界。

人同实践对象的关系，也反过来影响人，塑造人的主体性。人们创造价值的实践活动，不仅显现着他自身的价值，确立他在社会关系中的地位，而且他自身也得到不同程度的改造、充实、发展和完善。劳动作为人的本质力量的自我实现过程，也再生产自身的主体性，创造和培养自身的素质、能力和境界，产生新的需要和新的价值目标，形成不同的人格层次。换句话说，人的实践活动不仅是一个外化的过程，又是一个内化的过程，即改造、深化、提升自己的人格层次、人生境界、自觉自由悟性的过程，正如马克思所说，在创造价值时，"生产者也改变着，炼出新的品质，通过生产而发展和改造着自身，造成新的力量和观念，造成新的交往方式，新的需要和语言。"[1]

人的这一内化过程是具体历史的，因人而异的，他离不开人的锻炼、修养和悟性。对生活、对价值、对人生的悲和喜体验不同，人就会有不同的人生境界和人格层次，有不同的自觉自由度。因此，虽然生活在同一环境中，从事同一劳动，但悟性不同，人的价值也就不同。列宁曾说："意识到自己的奴隶地位而与之斗争的奴隶，是革命家；不意识到自己的奴隶地位而过着浑浑噩噩的奴隶生活，是十足的奴隶；津津乐道地赞赏美妙的奴隶生活并对和善好心的主人感激不尽的奴隶是十足的奴才，是无耻之徒。"[2] 这三个不同层次的奴隶，其主体意识和内在价值显然不同。

---

[1] 《马克思恩格斯全集》（第46卷·上），北京：人民出版社1979年版，第494页。
[2] 《列宁全集》（第13卷），北京：人民出版社1959年版，第36页。

由此看来，人的自觉自由价值是人对立于自身人格的盲目必然性而具有的主体价值，这种价值的不同，表明一个人的人格层次、精神境界对他人和社会有不同程度的肯定意义。

总之，人的价值三方面的内容都从不同的侧面肯定人的主体性：从类和基础的角度肯定人的主体性，形成人的形上价值；从社会关系的角度肯定人的主体性，形成人的实践价值；从人格层次和人生境界肯定人的主体性，形成人的自觉自由价值。从形上价值到实践价值和自觉自由价值，是一个从抽象到具体、从一般到特殊、从外在性向内在性过渡的辩证过程。

原载《北京理工大学学报》（社会科学版），2001年第2期

人的价值问题:接着讲

(2019)

一、问题的提出

20世纪80年代至90年代上半叶,我国学术界和思想理论界曾对人的价值问题展开过热烈讨论,与这种讨论密切相关的还有关于价值、人道主义和异化问题的讨论。这些讨论促进了学术的发展和思想理论的深化,把尊重人的人格、尊严、基本权利等观念提了出来,但也留下一些遗憾。

遗憾之一是,对现实社会中否定人的价值的异己力量,未做出令人满意的、有理论力度的凝练、解析和批判,从而提出有针对性、对实践和生活有影响的哲学理论。我们知道,西方哲学中关于人文主义、人道主义、人的价值等思想的提出,有明确的针对性,早期主要是针对宗教和神权,后来主要针对商品、资本及其衍生物。对比我们的社会,否定人的权利、尊严和价值的因素究竟是什么?当时的相关讨论,对这类现实问题的反思,独立性、自觉性和深刻度都不尽如人意。较常见的现象是,满足于寻章摘句、抽象思辨,简单套用马克思主义经典作家对西方资本主义条件下物化现象的批判理论。学术成果的历史穿透力和现实针对性都不理想，也就没有能在后来的社会发展中，为维护人的权利、尊严和价值提供有力的思想理论资源。

遗憾之二是，关于人的价值的理论解释并不理想，在当代哲学史上没有留下值得一书的标志性成果。回顾80年代以来的哲学成就，可圈可点的不少，但有关"人的价值"问题的讨论似乎没留下值得一提的成果。当年这个问题的讨论从属于价值哲学的讨论，"人的价值"问题被当作诸多"什么的价值"中的一种，"人"被降格为芸芸众生中的一个"什么"；而价值哲学的讨论方式又受当时学术话语特有的语境影响，即需要突破苏联哲学教科书影响下的实体思维。要理解价值事实这一主体性事实，需要用"关系思维"或"关系—实践思维"置换"实体思维"。一时，约定俗成的"关系说"成为圈内的流行语。这一观点和思维方式，还被不少人不大准确地解释成"价值就是客体及其属性满足主体的需要"。

不过从逻辑与历史统一的角度说，这个起点是有问题的。按照问题本身的逻辑，研究径路应该是"人特有的存在与生活→意义的设计与创造→人的价值→价值"。就是说：人按照意义生活并在生活中创新意义，人特有的这种自觉自由的生存方式，一方面使世界有了"价值"和意义，另一方面也使人自身有了超越自在自然的特殊价值。于是就出现了一个问题：那个使得自在、混沌的世界成为有价值、有意义的世界的特殊主体——人，有何价值？易言之，使价值之成为现实价值的那个存在者的价值是什么？这才是人的价值的秘密所在。人的价值问题确立后，再确立其他价值问题，就顺畅了。

可是特殊历史条件下，由哲学思维转型带起的人的价值研究，走的是另一种路径："主客体关系→价值→人的价值"。这一研究进路符合特定历史语境中争取话语合法性的规律，它方便思维方式的转换，但不符合问题自身的建构逻辑。价值哲学演进的路径使得纠偏的考虑盖过了独立建构的反思，价值存在状态的分析重于价值发生机制的分析，形式的关切多于内容的检讨。在这一语境和解释框架下，人的价值不是价值哲学中的原发性问题，倒成了从属性问题。

当时的理论研究自身也存在明显问题。主要是：（1）大家在没有弄清楚"人的价值"应该指什么和不指什么之先，就大谈人的价值是什么和不是什么，在"所指"不清楚、不一致的情况下就试图确定"能指"的内涵与意义。（2）价值与人的价值是复杂的立式问题：人的价值可谓元价值、关于价值的价值。如果说人的价值是一阶的，则其他价值是二阶的。以往的讨论没有意识到这点，将它平面化、单质化，试图得出非此即彼的结论，以致争论的许多问题其实是假问题。（3）学界有一流行的问题：未区分人的价值的本质规定与肯定人的价值的具体方式，亦即把"人的价值是什么"的问题，与"人的价值如何实现"的问题混为一谈，并先假定后者，再反诘前者，这种讨论自然无法澄清问题。

在一种复杂的也可以说是尴尬的局面中，人的价值问题淡出学术圈，渐渐被人遗忘。今天重提这个话题，似乎是不合时宜。不过在笔者看来，学术的真问题，不在于它是否"热""时髦"，而在于它是否反映了现实生活的本质，揭示了历史实践中的问题，理论上是否有需要解决却尚未解决的困境，在于研究它对推进学术的整体进步是否有所裨益。人的价值问题就是这样的问题。

（1）人的价值问题有理论突破的可能性。人的价值指能创造价值的主体特有的价值，它实际上是一个复杂的立体式问题，也是一个从抽象到具体的递进式问题，人的价值问题是价值问题在逻辑上的自我缠绕，它集中体现价值中包含的逻辑上不同的"阶"。确立多阶的立体式思维，可使人的价值问题讨论深入下去；再以人的创造性生存方式为枢纽，通过"意义→设定和创造意义→设定和创造意义的主体自身的意义"这几个范畴间的辩证剖析，重构价值哲学的内在逻辑。如是，则人的价值问题有可能成为价值哲学的突破口。因为价值问题归根到底是对人生活有意义以及人如何有意义地生活的问题，而人的生活意义问题又是人自身创造、设定、享有的。于是，价值的创造、设定、享有者自身的价值问题，就成为最关键、也最复杂的价值问题。

（2）人的价值问题也是没有解决而又亟须解决的现实问题。近些年，人本身被遗忘，人们生活的意义被某种外在的、强制性的"他者"所左右，人的主体性似乎被某种物化的力量所制约，许多人被抛进了"弱势群体"队伍，他们的人格、尊严和基本权利受到的侵害，达到令人震惊的程度。

冯友兰先生在《新理学》中提出了对理学要"接着讲"之说，以区别于"照着讲"。鉴于上述诸原因，本文借用冯先生的说法，试图对80年代关于人的价值的讨论"接着讲"。

二、"所指"和意义

在讨论人的价值"是什么"之先，我们需弄准人的价值"指什么"，亦即语义学中的"所指"问题。这是什么意思呢？从语义学角度讲，"所指"是"能指"所指称的那个对象，亦即概念、范畴所称谓的那个人、事物、事情等。譬如说，我们谈论"书"这个概念时，它的所指是桌子上的那本书（而不是旁边的那支笔），这是所指。所指是确定意义的前提，但不是意义本身。意义是概念所指称的那个对象的本质特征、内在规定性："书"是记载文字、图像等信息的出版物，"笔"则是书写工具。

我们在给一个对象下定义，对它的本质、内涵、意义等，可以见仁见智，但这个范畴指什么，这点不能有歧义。否则，看似同一个概念，实际你说东我说西，讨论起来必然是鸡同鸭讲。事实上，由于概念与对象、"能指"和"所指"的分离，不同的人使用同一个概念时，并不一定指同一个对象。当人们面对同一个"能指"时，并不一定表示他们明白其"所指"应该是谁或者什么。假如给书下定义，即使你嘴里也在说

价值与文化
——人类社会的双重密码

"书",但张三指的是旁边那支笔,李四指的是练习本。每个人都在自己认定的"所指"上"摆事实讲道理",就是不检讨我对"所指"的认定有没有问题。即使张三对笔的解释没问题,李四对练习本的解释也对,但这个讨论有意义吗?可有些朋友在讨论问题时,偏偏不注意"所指"和"意义"的区分,把"我们讨论的对象指这个而不是那个"的问题,与"该对象的含义是这样而不是那样"的问题混同,用后者代替和遮蔽前者。在讨论的对象比较简单、清楚、不容易出错的情况下,问题也许不大;但如果对象比较复杂,歧义比较多,问题就出来了。

我们之所以提这个问题,是因为20世纪80年代至90年代初关于人的价值,这是个至关重要的问题。当时的讨论,"人的价值"实际有几种"所指"。

(1)对他人和社会的"有用性"。人的价值指一个(些)人对他人、对社会的作用、功效。或者说作为客体的人对作为主体的人实现他们的目的价值时,能发挥什么样的功能、起什么样的作用、有什么好处等。这个"所指"的侧重点是将一部分人工具化、手段化。问题是:如此理解人的价值,恰恰是贬低人的人格和主体性,否定人的自由、尊严与权利,把人降低到物、工具和动物的层次,那恰恰是对人的价值否定。我们讲人的价值,就是要反对把人沦为别人役使的工具和手段,反对把人的价值理解为一部分人为另一部分人提供"使用价值"。因为那是对人的价值的否定和亵渎。一个人的价值是指他高于万物、贵于万物、珍于万物之处,是指人以外的任何种都不可能有的主体性——创造性地肯定自己、发展自己、提升自己的生命存在——有何价值。

(2)人的商业价值。这种观点实际所指是,在物化商品经济关系中,一个(些)人从另一个(些)人那里能换得什么(交换价值)。通俗讲,就是这个(些)人"值多少钱"。具体表现为,这个人享受多高的待遇?拿多高的工资?等等。这里的"人的价值",是指人在市场关系中被物化成商品时所"值"的价值,是把人当物、当商品,而不是当人。这里的"所指",也不是"人的价值"的本质与内涵,不是"人"这个独特的类存在之珍贵性所在。

(3) 人的实际所得。这种"人的价值"实际所指,是特定主体从社会中得到了什么,如权力、地位、钱财、荣誉等。如此界定"人的价值",是把人的价值"是什么"的问题与现实社会"如何肯定人的价值"搞混了。如果这样,势必会推出些荒谬结论:你的权势地位越高,你越能享受,你从社会获取得越多,就越有价值!现实生活中,位高权重却尸位素餐、平庸猥琐(无价值)、邪恶丑陋(负价值)的人,多的是!所以,人的价值不能指人的实际所得,毋宁说恰恰相反:我们说人的价值,恰恰是要剥去各种世俗的外衣——权力、地位、身份、资本、虚荣等,还原一个人真正该有的价值——是伟大还是渺小,是值得世人尊重还是该受鄙夷等。

(4) 人的权利、尊严和人格。这种观点所指是,人之为人独有的,亦即人有别于万物的那种本质特征所具有的珍贵性。从这个角度定义人的价值,才是人的价值的本真问题。不过这个问题需要深入。

三、"人的价值"的缘起

从逻辑与历史统一的角度说,追问人的价值问题,不是先确定价值是什么,然后把人的价值设定为诸多价值中的一种,按定义物的价值的方式来定义人的价值;相反,人的价值的逻辑起点应该是人特有的实践生存方式,亦即人有意义的生活。人设定和创造价值,于是他就有了"能设定和创造价值"的价值。由于人的主体性和实践存在方式而引起的"能设定和创造价值"的价值,我们的现实生活中才出现各种具体的价值问题。

价值作为一种事实,是人特有的生存方式引起的,是就人自觉自由的实践存在方式而言。人的生存方式不同于任何自然物。人是自觉自由

价值与文化
——人类社会的双重密码

的生命存在,他意识到自己"高"于万物,"尊"于万物,"雅"于万物,这表现为人按照一定的标准和理想生活、做人:我是"人",我要活得"像人样",而不能"像禽兽""像草木"。于是人就创造"人"特有的生活样态,这个样态里蕴含了人们确认的"好"的标准和追求的"好"的理想。人按照一定的标准和理想,"化"自己和周遭的世界,使自己和对象世界变"好",好得"像人"应有的生活。这个过程就是文化。从这个意义上我们说"文化即人化"——人通过自觉自由的创造性劳动,使自己和周围的环境"向人而化""向文而化"。为此,人一方面"化"自己,完善和提升自己的生命质量;另一方面"化"对象世界,改变和完善周围的环境,使之适合人的理想。这种"向人而化""向文而化"的过程,既贯穿"好"的标准和尺度,又预期"好"的理想和憧憬。人们按照"人"的标准和理想设定、追求、创造"好"的生存方式,这是一个主体尺度与客体尺度统一、理想(应然)与现实(实然)统一、自由与必然统一的历史实践过程。通过这种动态统一,人类的文化与价值向更"好"的目标演进。这一主体客体化和客体主体化的双向深化过程,使得人和人的世界越来越"文",越来越"像人样",越来越真、善、美、自由等。

当人按照"人"的标准和理想创造"人"特有的生活方式和生存状态时,有一个问题就凸现出来:原本"自在"的世界、混沌的自然界,因为人特有的生存方式而有了好歹、善恶、美丑、雅俗之分,有了天然与人为、文明与野蛮之别,这些独特的内涵是"人"这个特殊的类存在物带来的,是人通过创造性劳动使这一切成其为所是的。既然如此,人这个独特的主体就有了其他任何自然物所没有的独特价值:能设定和创造价值的价值。那么,这个能自觉自由地生存、能设定和创造价值的主体,他自身有何价值?一种能使文化世界从混沌的自然界分离出来,成为有意义的"人的"世界的主体,自身有何独特的价值?这个问题,就是"人的价值"的本真含义。鉴于以上分析,我们可以把"人的价值"

定义为：人的价值是就是人这个能通过自觉自由的创造性实践使价值成其为所是的主体所具有的独特的意义和珍贵性。这个定义可以从以下几点解释：

（1）人的价值是针对人的人格、身份、主体性而言。人的价值不指其他，而是指人有自觉自由意识，能通过创造性的劳动，改变自然，包括自身的"自然"，使自己和周遭的世界"人化""文化"，使周遭的世界成为"对象"，也使自己成了"人"。人这个类的存在物就脱离了动物界，成为独特的类的存在，有了"人之为人"独特的内涵：我不是禽兽，不是草木，不是"东西"，而是"人"！人的这种人格、身份、主体性有完全不同于自然存在物的本质特征与意义，必然有完全不同于自然存在物的价值。

（2）人的价值的独特性在于，它是一种元价值，是能创造价值的价值。当我们说"人的价值"时，这里的"人"不是指作为某物的人、某件"东西"的人，而是指有人格、身份、尊严的主体；这里说的"人的价值"不是指某种物化了的人被人利用、享用、欣赏、高价处理等，而是因为人有自觉自由的主体性意识而有价值，因能创造价值而有价值。人以外的自然状态也许很"美"，运行机制也许很"巧妙"，生存方式也许很"智慧"，以致很多人认为自然界有目的，但那是自然界长期相互作用的结果，是天然的、本能的。人不同于自然界，人是按照意义生存，又在生存中开拓意义，二者互为因果。具体说：人意识到自己是"人"，人要活得"像人样"，于是人就按照"好的"标准生活并不断追求"更好"——这种"好"是广义的，包括幸福、美、善、文雅、智慧等。这种追求"好"的实践存在，贯穿着主体尺度与客体尺度的统一。这也就是马克思说的："人却懂得按照任何一个种的尺度来进行生产，并且懂得怎样处处把内在尺度运用到对象上去"①。这也意味着人的行为

---

① 《马克思恩格斯全集》（第42卷），北京：人民出版社1979年版，第97页。

不是本能的，而是习得的、自学习的，是创新与超越。由于人的这种生存方式，我们的世界不再只是混沌的自在的自然界，而是有超越自在世界之上、之外的文化与价值世界。

总之，人是自觉自由的主体，能设定和创造价值和意义，从自在的自然界中分离和创造出文化的、属人的世界。人的这种独特性，使得人有且唯有人才有的"人的价值"。

（3）人的价值说明人有"人"才有的珍贵性。世界上的人文现象、文化现象、价值与意义，是人造成的。能创造文化、文明和价值，这种能力和智慧本身就有独特的价值。正是从这个意义上，我们说人尊于万物、高于万物、优于万物，也就是说人有人的价值。这里有两点需要指出：

第一，说人为万物之尊、万物灵长，这不是价值量的大小问题，不是同质的价值排序问题。当我们说人的价值是最高价值时，不是把人摆在与万物同一个语境下，用同一个标准衡量，似乎人无条件地比物重要、"值钱"等。不是这个意思！否则我们就无法理解毁坏珍贵文物、猎杀濒危物种，为何还要判刑甚至判极刑，而不因人的价值尊于万物而豁免？反过来说，人毁坏珍贵文物、猎杀濒危物种而受罚的事，并不否定"人尊于万物""人为万物灵长"的价值观。为何？就是因为这是两种不同的价值：一是从抽象的、形而上的意义上讲人作为自觉自由的主体、作为创造价值的类存在物而言；另一是从具体的社会关系和公众利益角度而言。前者是绝对的，后者是相对的。

第二，说人尊于万物，与时下环境伦理学批判的"人类中心主义"无关。环境伦理学所谓"人类中心主义"，是一个不清晰、不严谨的概念，它把事实问题与价值问题混同，再以事实问题为"根据"反驳价值问题。从事实或存在的角度说，人在宇宙中渺小得不值一提，这是众所周知的事。我们说"人尊于万物，高于万物"，不是从这个意义上讲，而是说价值呈现的现实性问题。我们是人，我们不能摆脱人本身的视界和立场，绝对超然地看待和处理价值问题。我们设定和创造文化和价值时，只能用"人"的眼光；我们做评价和选择，也只能基于人的立场。对价值的重要性，我们不可避免地采取"由近及远，推己及物"的逻辑，将其"排序"，亦即：我们最该关注和尊重的是人的价值，然后是跟人类比较接近的其他种的价值，以此类推。

总之，人的价值在于人能够创造价值，能够使人自己和周围的世界"人化"。一方面，人使自己成为"人"，成为整个世界上唯一的独特的自觉自由的主体，成为特殊的类存在物；另一方面，使得自在的自然界分化出人文世界、文化世界，使世界有了好歹、美丑、善恶、雅俗、文野、尊卑等意义。因为以上原因，人就有了作为"人"的特殊价值。

四、人的价值的内涵与结构

人的价值问题的讨论，应遵循从抽象上升到具体的逻辑。先讨论人的价值的一般形态和基础问题，再回答具体语境和价值关系中不同性质的价值问题。

1. 人的形上价值

前文讲到人是自觉自由的、以创造性实践方式生存的主体，这个特质特征使得人具有任何自然物所没有的人格、身份和价值，我们把人的这种价值称为形上价值。"形上价值"这个词借用"形而上学"的某些含义，有抽象、一般、基础、根本等含义。人的形上价值是由"人之为人"的本质规定而确立的价值，是人的元价值、"底线"价值。

人的形上价值表明：每个人都是人，都享有作为高于万物、尊于万物、雅于万物的主体特有的人格与尊严，这是把人当作一个整体、一个类，讲人的价值。从进化的角度说，类猿人进化到人，是作为整体、作为类、作为一个物种进化来的。恩格斯说，人通过生产劳动，"在物种

价值与文化
——人类社会的双重密码

方面把人从其余的动物中提升出来"①。马克思则说:"正是在改造对象世界中,人才真正地证明自己是**类存在物**,这种生产是人的能动的类生活。"② 从这个意义上说,每个人都是人,都有"人之为人"该有的价值。

人的形上价值是底线价值,它关涉的不是上限,不是要求最大可能地肯定人的价值;它关涉的是下限,要求至少把人当人看待,用人道的、文明的方式对待人,不能剥夺人最起码的价值、尊严与权利。即使再邪恶、再浑蛋的人,也是人,也应该享有我们"人"这个类的"待遇"。例如,一个文明社会,要保障人最基本的生存,有起码的福利,不能让人因贫穷的原因饿死;人死后,我们常说"死者为大",向死者鞠躬、跪拜,这并不是说那个人突然变得了不起了,比其他人高贵了,而是说我们"人"中的一员永远消逝了!至少把人当人的极端例子:不能吃人,人不能买卖,不能对人施以过于残忍的酷刑等。连人的形上价值都不能尊重,说明这个社会太野蛮,太不人道。

人的形上价值是平等的。每个人都是人,都是"人"这个类中的一员,都有自己的人格与身份,没有谁作为"人"比其他人"更是人"。我们讲"人人生而平等""在法律面前人人平等""在上帝面前人人平等",是讲"人之为人"的形上价值平等,而不是每个人的一切方面都平等。实际生活中,人的价值是不平等的,否则就没有"伟人"和"庸人"之别,没有"正人君子"与"奸佞小人"之分,就没有"有的人活着,他已经死了;有的人死了,他还活着"的说法了。这些说法表明,人的价值是不平等的。如何理解人的价值的这种不平等?它们与人平等的形上价值是何关系?人的价值平等是指人的形上价值而言,是就人作为一个类而言;人的价值不平等,是指人的实践价值,是就每个人作为自觉自由的实践主体所达到的高度而言。

---

① 《马克思恩格斯集选》(第4卷),北京:人民出版社1995年版,第275页。
② 《马克思恩格斯全集》(第42卷),北京:人民出版社1979年版,第97页。

2. 人的实践价值

每个人作为自觉自由的主体，因创造价值而使自己有作为具体的"这个人"的价值，我们姑且称这种情形为人的实践价值。人的实践价值是由每个具体的人因自觉自由的实践生存活动及其效果所确立的价值。一个人自觉自由意识的高度、创造性实践及其成果的意义，决定了这个人的价值。对此我们需要做两点解释：

第一，前文所谓人因自觉自由的和创造性的实践存在而确立的类价值、形上价值，并不是抽象的，而是具体的，它是通过每个具体人的自觉自由的实践存在呈现出来的。没有具体的个人的实践和创造，就无所谓类的主体性和自觉自由人格，无所谓人的形上价值。人通过创造性劳动和自觉自由生存生成自己的形上价值，这是通过每个人的实践价值体现出来。而每个人因自身的自觉自由程度不同，创造性的实践活动及其效果不同，因而有不同的价值。

第二，人作为整体、作为类的形上价值，只是人的价值的基础、底线，是人相对于自然物而有的"人之为人"的价值部分，而不是它的全部。具体到每个人的价值，主要还应取决于这个人自己的自觉自由精神和实践创造能力及成果。如果说"人的价值是就是人这个能通过创造性实践使价值成其为所是的主体，所具有的独特的意义和珍贵性"，那么，具体到你这个人，你的创造性实践活动及其客观效果，究竟如何？

人的实践价值是经由每个人的主体性确证的。主体的综合品质，如由人的知识、技能、品德、性格等综合因素决定的本质力量，人的自觉自由意识所达到的高度，人的创造性实践的潜质与能力，以及上述诸因素的客观呈现——他的创造性活动外化和对象化，是显现人的实践价值的根据。一个人作为"人"，有其自觉自由本质，他凭借这种本质力量，创造性地改变自己和周围的世界，使之更"好"、更"文明"、更"像人的"。这种品质、潜质及其社会实践的现实化，决定了一个人的实践价值。人的内在品质及其在实践中的呈现，是衬托人的价值的一面镜子。易言之，人们对于生活感悟的深度、劳动成果的社会影响，人们对社会提供的价值资源等，是确证人的价值的尺度。你的主体意识越是高度自觉，你的社会成绩越是大，你就越有价值。从这个角度说，"人的价值在于奉献"这个说法也有一定道理——虽然它有歧义，容易导向错误结论。

需要指出的是：在这个意义上讲的人的价值，是指一个人实际价值是怎样的，而不是指这个人从特定的社会关系中获得怎样的价值肯定；指一个人在社会历史中的地位和意义"理应如此"，而不是指这个人的身份和地位，不是他拥有的资产或权力等。因为复杂的社会历史原因，很多对社会发展、人类文明起积极促进作用的人，很多造福大众的人，并不一定能得到相应的尊重与肯定，甚至存在相反的情形：保守势力占主导、社会价值关系不合理的情况下，那些真正对民族、人民和历史有贡献的人，反而会受到打压与迫害。可见人的价值是什么，与一个人如何得到价值肯定，是两码事。区分这点，对澄清理论问题、完善人的价值肯定机制，是必要的。过去讨论的某些问题，如"奉献与索取""社会价值与个人价值"等，基本上不是"人的价值是什么"的问题，而是"社会如何肯定人的价值"的问题[①]，我们不加区分地争论，给理论的讨论增加了不必要的困难。

五、实现人的价值的现实性问题

在讨论了人的价值是什么的种种情形之后，还需要深入一个相关问题：社会是如何肯定人的价值的？人的价值的实现过程中存在哪些问题？如何建立合理的价值关系、完善人的价值肯定机制？

---

① 这类提法用外在形式代替了范畴的本质分析，逻辑上有些乱。限于篇幅，恕不讨论。

1. 人的价值的肯定

人类创造价值,归根到底是为了肯定人,给人以价值资源;人类改变自己和周围的世界,生产劳动成果,完善社会关系,终究是为了人生活得更"好"。不过这是一般和抽象的意义上讲;现实中这个目标能否落实,如何落实,却是由复杂的社会历史条件决定的。人的价值的肯定或实现,主要是个客观的现实问题。直接看,它取决于一定的价值关系,而价值关系的基础是社会的经济、政治、法律、宗法和宗教等关系,这些关系依据市场、权力、血缘关系等标准,配置资源,给人以价值的肯定或否定。如此说来,人的价值的肯定和实现问题,不全然是价值哲学问题,它还是经济学、社会学、法学、政治学的问题。

历史上,由于宗教神权体系、血缘家族垄断、专制王权和官僚权力、资本的物化力量等因素的决定作用,社会形成了各种不平等、非正义的社会关系和价值关系,从而制约人们的价值肯定和实现方式。社会不能按一个人的实际价值来给予相应的荣誉、地位和利益,而是受制于身份、等级、权力和财产等非本质的因素。一个人的实际价值与他们在特定的社会关系中享有的权利、地位、资源等,存在程度不同的反差。这样的社会就是不合理的、非正义的社会。人们的历史实践,包括生产的发展、社会关系的变革等,就是要否定这种不合理状态,扬弃这种非正义阶段,向合理与正义发展。马克思主义的经济社会主张,是这方面的典型。

2. 目的与手段

对人的价值的肯定,既是为了人,以人为目的;也是通过人,以人为手段。

一方面,人设定和创造任何价值,终究是指向人的,是为了肯定人的价值与尊严,为了满足人们的物质生活和精神生活需要,为了人类社

价值与文化
——人类社会的双重密码

会的发展与提升，等等。价值的这一本质特征要求我们把人自身当作一切价值活动的目标，一切价值活动都是为了让人生活得更"好"。这方面的典型说法来自康德："你的行为，要把人性，不管是你身上的人性，还是任何别人身上的人性，永远当作目的看待，绝不仅仅当作手段使用。"①

不过，在现实社会中，要真的实现"人是目的不是手段"，几乎是不可能的。因为"肯定人的价值"的价值只能由人创造，这种客观普遍性决定了人无法逃避工具和手段的地位。正如列宁所说："世界不会满足人，人决心以自己的行动来改变世界。"②为社会提供价值资源，为价值关系的合理性而斗争，这都需要人的劳动、实践，甚至要付出生命的代价。既然如此，要求把人只当作目的而不能当作手段，事实上行不通。不仅如此，在历史与现实生活中，人们经常会遇到各种价值冲突，面临价值选择中的两难。例如危难当头，没有一部分人勇于担当甚至勇于牺牲，巨大的社会灾难就会降临。在这种情形下人就需要被当作手段。如果简单地说"人是目的，不是手段"，人们无条件地要求实现自我价值，不但不现实，也是有害的。

另一方面，由于任何价值与文化的创造只能出自人、通过人，没有人的付出，肯定人的价值的事也就无从谈起；没有一部分人的担当，人类就会有更大的苦难——这些事实似乎支撑了一种观点：人是手段。思想理论界的表述方式主要是"奉献"这个词——"人的价值在于奉献""无私奉献"，以及做"螺丝钉"等。

但是，单纯地把人当作手段，其理论缺陷和实践危害是显然的。谁该被谁当作手段？谁有权决定自己是目的而别人是手段？如果人是单纯的手段，岂不是一部分人成了另一部分人随意役使物品了？把人当作手段，岂不是把人当作随意利用和役使的工具？岂不是把人当作物、"东

---

① 《西方哲学原著选读》（下），北京：商务印书馆1999年版，第318页。
② 列宁：《哲学笔记》，北京：人民出版社1993年版，第183页。

西"，人的身份、人格和主体性岂不是全部被否定了？人被降到物、工具、牺牲品的地位，那恰恰是漠视人的价值、贬低人的价值、否定人的价值。历史上，人的生活本质常常被扭曲，某些异己的、敌视人的力量，例如神、官僚权力、资本成了目的，人自身沦为它们的手段。人沦为神的牺牲、政治牺牲品以及榨取剩余价值的工具等，这是把人当手段的典型形态，这也就是我们所谓"异化"和"物化"现象。异化和物化现象与人的本质相悖，与人的价值本性相悖。身处这样的社会，人就感觉到不是肯定自己，而是否定自己。劳动创造不是使自己更幸福、更有尊严，而是使自己更贫穷、更卑贱。针对这种情形，人们就通过社会革命、历史实践扬弃它，改变它。

如何理解这种似乎矛盾的问题？我们认为：人作为手段或工具的价值是相对的，而作为目的的价值是绝对的。这是什么意思呢？

人的价值肯定与实现，确实需要人提供价值资源、革新价值关系、推进价值观念；在复杂的社会历史与现实中，人类社会确实需要利他主义者，需要英雄主义和献身精神。在这个意义上说，社会确实需要人作为手段发挥作用，这些人也确实起了手段价值的作用。但是人作为手段价值终究是为了人。当人们在担当责任、承担风险、利他和献身时，他是在为他人、为社会甚至为全人类的自由、幸福、文明、进步做贡献，做牺牲。一部分人的付出就为他人、社会与人类的价值肯定提供现实基础。一部分人付出、牺牲，他之所以"值得"，是因为他们的行为给其他人提供了价值肯定的基础和条件。"我"作为手段付出了，但是作为我的同类的"你"得到了肯定，"你"的价值实现了。从"类"的意义讲，我的付出也是为了人——其他人。在人类完整的生存链条上，某些主体作为手段的价值终究转化为人作为目的的价值。

更重要的是：合理的、人道的利他行为，不是违背自由意志条件下的被迫、被欺蒙，不是自觉自由的主体意识丧失后的非本真行为，而是基于高度的主体自觉。他爱他的同类，爱他的族群，他意识到自己有责任也有能力承担责任和风险。这是一种极高的境界。当一个人站在这样的高度，以慈悲的胸怀面对大众的苦难时，以坚毅的意志应对生活的悲剧时，他已经不是在作为手段，而是在实现自己的目的——只有杰出人物意识到自己的崇高使命后才能确立的人生目的。

当我们把人的价值的元发性含义弄清楚后，再从人的实践存在方式、价值生活的各领域、复杂的价值关系和语境等问题中引出价值问题，价值问题的逻辑关系就顺了——那是笔者下一步的打算。

原载《价值论研究》2019 年第 1 期

从价值到文化价值
——文化价值的学科意义与现实意义
（2005）

无论是就理论意义（哲学学科意义）来说，还是就现实意义来说，文化价值都是一个重要的哲学范畴。奇怪的是，尽管学界大量地在使用这个词（或与之相近的词：人文价值），但这个范畴没有被系统和深入地探讨过。本文想对这一范畴做初步界定，并简要谈谈它的学科意义和现实意义。

一

文化价值这个概念的界定有两个困难：

第一，文化价值所指为何？或者说，这个概念指称的对象在哪里？我们可以从人们的审美活动和艺术创造中领略审美价值，可以从人们的道德行为和伦理关系中捕捉道德价值，可以从人们的宗教仪式、观念与行为中把握宗教价值；而说到文化价值，我们却有些茫然，它似乎无所不在，又虚无缥缈。80年代以来，文化哲学和价值哲学同时兴起，关于文化问题的讨论使"文化"这个概念泛化甚至混乱，关于价值的讨论似乎也陷入僵局，作为这两个问题的"合题"，"文化价值"就更不知该怎么说了。

价值与文化
——人类社会的双重密码

第二,人们在使用"文化价值"这个概念时,因角度不同而出现的歧义之大,是学术概念中少有的现象。学术界对这个概念的界定大体有以下几种含义:

(1) 文化性质的价值,即客体、对象在人们的文化生活方面所具有的意义和价值,与经济价值、政治价值等概念相对而言。这里的"文化"尤指精神文化,故文化价值也就相当于精神价值,与物质价值相对。

(2) 一个民族文化中所包含的价值系统,或者一种文化体系所体现的价值取向。每一种文化模式都存在特定的价值系统,它成为一种文化潜意识,决定文化整体定位的差异。例如本尼迪克特认为:"社会价值问题也被深深卷入了文化的不同模式的事实之中"①。不同的文化模式"沿着不同的道路前进,追求着不同的目的"②。余英时先生谈中国文化的价值,也有类似观点。③

(3) 文本的意义或含义。即通过诠释所得到的文本的含义、意义。这种用法主要见于解释学。

(4) 民族文化的功能系统。这种用法常见于人类文化学。例如布朗将文化或社会理解为诸关系结合的统一体。一种要素在整体中发挥作用,使整个文化保持一致,这就是文化要素的功能或文化价值。马林诺夫斯基用文化价值指称一种文化能经常地满足人的需要,包括文化需要和生理—心理需要的功能。

(5) 人为优化自己的生命存在所追求的意义。如李鹏程把文化价值理解为人关于自身和人类生命存在的意义,特别是人类文化活动中终极

---

① 露丝·本尼迪克特:《文化模式》,何锡章、黄欢译,北京:华夏出版社1987年版第190页。
② 露丝·本尼迪克特:《文化模式》,何锡章、黄欢译,北京:华夏出版社1987年版第173页。
③ 参见余英时:《从价值系统看中国文化的现代意义》,见《中国传统思想的现代诠释》,南京:江苏人民出版社1995年版。

目标和价值。① 庄思晦认为,"所谓文化价值,归根到底是对于人的全面发展所具有的意义。"②

(6) 文化产品的使用价值。一度流行"经济搭台,文化唱戏"的做法,宣传文化市场,把某些商品当作文化产品,把商品或文化产品的价值说成是文化价值。概念的这种使用不规范,可以忽略不计。

除了明确界定的情形外,还有:或者实际上在讨论文化价值,却并不使用这个概念;或者使用这个概念,却不加诠释,仿佛它是不言自明的。如关于全球化时代的价值冲突、关于科学与价值(人性、人文)的关系,实际上是文化价值的问题,但这些讨论一般不对文化价值这一概念做严格定义和必要阐释。

鉴于这种情形,笔者认为,对这个概念的挖掘应该更深入些。一个概念如果分歧较大,往往因为浮在表面,各执一端;一旦深入应有层次后,就会找到它们共同的基础,这些歧义就会在较为深刻的层次上统一起来。这样我们就能对这个概念做学术梳理,把握其学术积累过程和问题分析的传统。这种共同的基础,是哲学意义上的文化价值。对文化价值的讨论,必须深入到元理论层次,大致相当于我们上文所指的第五种情形。

二

文化价值是价值对象在规范和优化人的生命存在方面所具有的"好"的特质,是人在"文化"自己及其周围世界的历史中创造、追求和遵循的那种价值。

文化价值是就人的"文化"而言的价值,而文化的本质是"人化",即按照"人"的标准和理想改变人自身及其世界,使之美、善、雅、文

---

① 李鹏程:《当代文化哲学的沉思》,北京:人民出版社1994年版,第239—243页。
② 庄思晦:《文化价值与商品价值》,载《哲学研究》1994年第10期。

价值与文化
——人类社会的双重密码

明等。自然原本是自在的、混沌的、天然的、野生的,不具有属人性,不是文化的;文化则是改造这种野性、天然性,使之具有属人性,符合"人"的标准,趋向"人"的理想。所以,"文化"可以简略地界定为"人化"。①

荷兰哲学家皮尔森指出,我们今天对文化的理解已经发生了很大变化:第一,"文化被看作生活方式的表现"。人们面对自然环境、面对生死等问题,与以往人们看着的艺术、科学、宗教一样,都是文化不可缺少的一部分。第二,"'文化'这个术语与其说是名词,不如说是动词",它指各种活动和行为模式。作为传统,它"包含在人的活动的变化值中"。② 甚是。文化是指人按照"文""人"的标准展开的生活,是人使自己及其周围世界"向文而化""向人而化"的能动的历史活动。文化的其他含义则是它的转义。由于人的文化活动是一种中介活动(借助中介系统)、表现为成果形式,所以人们展开文化生活、进行文化创造时,也就把"文"和"人"的标准与理想物化到这些中介系统、活动成果中,器物、制度和精神成果之中也就寄寓了人们关于"人"的理念、理想和"样法",因此我们也说它们是文化。无论是美化还是文饰,只有就体现人的向往和追求而言才是文化;无论是符号、意义还是一民族生活的"样法"(梁漱溟语),着眼点都是"人"。

价值是一个对象相对于主体的理想性生存状态具有肯定(或否定)意义的特质。按本性说,人的生活趋向"好"。当某种对象纳入人的生活,其属性与这个"好"的趋向一致、顺应(或者相反),这种效应就体现为价值(或者负价值)。

在人追求的各种"好"中有一种根本的"好",那就是"人"的理想状态。相对于自然的、野蛮的、兽性状态来说,"人"的状态是美的、

---

① 参见李德顺等:《家园:文化建设论纲》,哈尔滨:黑龙江教育出版社2000年版,第1章第1、2节。
② 皮尔森:《文化战略》,刘利圭等译,北京:中国社会科学出版社1992年版,第2页。

善的、雅的、神圣的，总之是"好"的。人追求理想的人生，发展和完善自己的生命品质，趋向美、善、雅、幸福和神圣等，是人类生存中之基本张力。某个对象如果与这种张力、这个趋求的方向顺应，对它具有肯定意义，它就具有文化价值。总之，文化价值是一定的价值对象显现出的有益于人规范和优化自身的生命存在的特质。

文化价值兼有功能、意义和意向（布伦塔诺语）之意，但又不归结为其中的某一个概念。作为一种功能，文化价值对人的优化、规范化有益、有好处、有意义，能产生让人美善、文雅和文明的功效。作为一种意义，文化价值是我们生活中的理想性和超越性的内涵，这种内涵为人提供高于和优于流行的、世俗的和既定的生活品位与境界，展示"应当如此"的和"好"的生活理想。作为一种意向，文化价值表现为引导人、驱使人朝"文明""文化"的方向发展的张力或特点。

人的生命存在的展开，需要从两方面着手：规范与优化。文化价值是规范人的生命存在的价值，是对人按"人"的标准生活有价值。人有符合人的规范、按照"人"的标准生活的需要。这种需要包括：不满足自然的、动物式的、本能式的生活，不能让自己降格到禽兽似的，而要活得"像个人样"；不满足于蒙昧、野蛮的生活，不能把自己降低到与"野蛮人"同样的档次；不能像异民族、异教徒那样生活（在交往不发达的时代，人们比较注重这点），而要按照自己文化传统那样生活。人有做人的伦理规范、法律规范，有做人遵循的风俗习惯。我们因遵循这些规范而活得"像人样"。一种对象有助于人的规范化，则它具有文化价值。

文化价值是优化、提升人的生命存在的价值，是促进人"更是人"的价值。人成为"人"是一个过程，人的文明程度是相对而言的，人有一个不断优化、完善与提高的问题，表现为人不满足于世俗、市侩、平庸生活，而追求高品位、高境界的生活；表现为人设计和创造自由、理想状态。文化价值就表现为一种意义和境界，起着提升人格的建设性作

价值与文化
——人类社会的双重密码

用，借此使人进到更高层级、更文明的状态。

这里讲的是文化价值的本义，其他意义都是从这里引申出来的，是以它为基础的。例如：人们（一般以民族为单位）世代按照"人"的标准和理想生活，创造和推进民族文化传统。这时，他们关于"人"的价值理想也就渗透在民族生活和民族文化之中，成为这个民族文化深层的底蕴。就这个意义上说，文化价值是一种（民族）文化所包含、拥有的价值系统。

文化总以道德、宗教、科学、艺术等形式存在，因此文化价值不是在道德价值、审美价值、宗教价值、科学价值等之外的另一种价值，它实际上就是这些具体价值，只不过它从特定角度指称这些价值。道德价值、宗教价值等都有优化人的生命存在、符合人的理想生存样态的意义，所以这些价值从这个意义上说也是文化价值。

三

文化价值有什么样的理论意义或学科意义呢？我们的基本观点是：文化价值是价值的核心，文化价值研究是价值论研究的具体化和深化，也是哲学"价值论转向"的关键；文化价值的研究有助于给哲学正确定位。

大家知道，传统的西方哲学，即由柏拉图开创、由黑格尔推向顶峰和最后阶段的形而上学，有两个最重要的特点：本体论和拟科学。本体论以超验的实体为万有的最后依托和本真形态，以"形而上"和"形而下"分离为特征，以追求终极知识（真理）为目的。本体论理解的世界、存在不是人的对象世界，不是人生活于其中的现实世界，而是自在的、混沌的抽象世界；不是"为我而存在的"对象世界[1]，而是绝对地

---

[1] 《马克思恩格斯全集》（第3卷），北京：人民出版社1957年版，第34页。

外在于人的世界。拟科学则是以科学为哲学的范本，以为哲学是全部科学的统摄，是真理的最高抽象，哲学的终极使命是揭示全部规律，建构绝对和大全的知识（分析哲学虽然"拒斥形而上学"，但它认为只有符合科学规范的才是哲学，因此分析哲学仍是拟科学的）。拟科学的潜规则是"价值中立"，是人的不在场，是对"纯客观"的追求。

无论是本体论还是拟科学，都是首先确立抽象的、绝对的、与人无涉的自在世界，然后以它为基准引出人和人类社会，并给人定位，给人立法。哲学的立场、"观"世界的出发点不在人，而在那个先于人、优于人、外在于人的自然。这种哲学致思方式，内在精神是无视人的存在，无视人的生活，无视人生存的意义与价值，因而它不可能是真正的"智慧之学"。

鉴于本体论和拟科学哲学形态的困境，现代哲学开始了哲学形态的转向。哲学形态的转向，首先是"观"世界的立场和视角的改变：从人的视角"观"世界，以人的生存方式为中介把握存在，从"人"的立场出发解释事实的真理性。这种转变要求哲学以现实的人为中心、为目的，为人的生活提供价值和意义。服务于人的生活、提升人的生活质量、优化人的生命存在，是对象性存在以及解读这种存在所围绕的轴心；而服务于人的生活、提升人的生活质量、优化人的生命存在，就是价值特别是文化价值问题。也就是说，改造传统哲学、实现哲学形态的转变，与价值论研究的兴起，二者之间具有内在的联系。

但是，价值论研究如果不具体到、深入到文化价值研究，如果缺少人文立场和"人化"的自觉，哲学很难真正超越旧的哲学传统，真正实现哲学形态的转变。

例一，价值是一种人文现象、文化现象，价值只有在具体文化系统中才显现为价值。如果不懂得这点，就可能把价值现象泛化，认为价值可以与人无涉，自然（动植物甚至无生命的自然界）本身就有独立的价值和尊严；或者认为价值是自然界的基本现象——例如是熵的表征，等等。不仅存在绝对外在于人的"纯客观"价值，人还可以言说这样的价值。显然，这种观点依据的前提仍然是本体论和拟科学。

例二，价值论的视野是"人"的视野、文化视野，即从人"观"世界而不是从世界"观"人。当前价值论研究中的一个偏向是，仍然用本体论、用直观唯物主义的思维方式理解和研究价值问题，例如有的学者强调价值的客观性，就认为价值是与主体无涉的"纯客观"现象，是事物的固有质或属性；有的学者尽管也赞成价值的"关系说"，但他们不理解价值是在关系中显现的而不是关系本身，因此他们仍基于主客二分法理解价值：主体、客体各自独立存在，二者发生关系后便产生价值。

例三，正如有的学者所说，文化价值"这个概念的欠缺是造成许多价值研究陷入困境的主要原因"。例如"商品价值只是劳动产品内含的文化价值（物化劳动）在特殊经济环境（系统）中获得的特殊价值属性，并不是劳动产品所必然具有的价值属性"①。由于没有对价值的文化自觉，所以不少人把商品的使用价值或交换价值当作哲学一般价值，也就是说他们无视劳动产品的文化价值实质，而将它在特殊条件下的表现形式绝对化。

文化价值的学科意义体现在以下几个方面：

(1) 文化价值研究能给价值进行合理的定性和定位。

在诸价值中，文化价值具有本原性意义，是最基本的价值；反过来说，一切价值都具有文化价值的意义，只有把文化价值理解清楚了，研究其他价值才不致犯"自然主义谬误"。

价值不是自然现象，不是纯客观的现象，而是文化现象。人以实践的方式展开自己的生命存在，向自由全面状态发展，向"人"的理想目标升华，一切价值只有放到这个大背景中理解才是合理的。主体基于"人""文"的标准和理想改变外部世界的自然和自身的自然，完善自己

---

① 杨曾宪：《价值学研究中的方法论问题》，载《贵州师范大学学报（社会科学版）》1998年第4期。

的品质、生存状态和外围环境,这便有了某个对象与这种目标、意向是否顺应的问题,也就是价值问题。再说,价值不是预成的某种实体或属性,价值是在现实生活境遇中、在一定的文化系统中显现的。离开了人的发展和完善过程说"价值本身",是没有意义的。

我们生活中的各种价值都与文化价值相关,我们在一定意义上可以把它们视为文化价值的具体形式。例如宗教给人提供做人的规范和价值依凭、指出了人追求的目标(虽然是虚幻的)而具有文化价值;道德因建构伦理关系和伦理秩序、价值标准和行为准则等"人"的规范,因建构善的理想而具有文化价值;审美活动通过创造理想境界、把审美对象潜存的对象性升华为美,又通过欣赏美来使主体的内在品质提高、升华,因此也具有文化价值;科学扩展人的理性能力,扩展了关于自身及外部世界的知识,从而提高人的主体性和自由,因而有文化价值;功利价值肯定人的生命存在,为人的文化发展提供基础,从这个意义上说它也是一种文化价值。恰如"人不仅仅是自然存在物,而且是**人的**自然存在物"① 一样,功利价值不仅仅是满足人的生理需要,也是满足人的文化需要。既然如此,对上述价值的研究,必须有文化价值的视角和自觉。

(2)文化价值能确立价值研究甚至整个哲学研究的"人学"宗旨。

文化是"人化",文化价值是对象对规范和优化人的生命存在具有的价值,趋向标准的、理想状态的人,就是文化价值的核心和实质性问题。这个核心和实质不但是文化价值,而且是全部价值论乃至全部哲学研究环绕的轴心。

哲学是从人的生存根基发出的惊异、追思和创意,是人面对陌生的自然(包括自身的自然)状态时,要求克服这种陌生性、自在性的性灵张力,哲学的这种"感觉"最好是从人的本原性生存中寻找,从文化价

---

① 《马克思恩格斯全集》(第42卷),北京:人民出版社1979年版,第160页。

值中寻找。只有牢牢抓住人趋向自由、趋向真善美、趋向理想的"人"这个根本,哲学才不至于偏离它的初衷。

哲学需要"纯客观"的思考,需要"价值中立",这是肯定的。但是哲学不应该忘记:"纯客观"的立场和"价值中立"姿态,只是相对的和抽象的,它终究摆脱不了人这个轴心,即使中立和客观,也是具体历史主体所追求的中立与客观,而具体历史主体总是有立场和姿态的;再者,要求"纯客观"的立场和"价值中立"姿态,其实是为了更准确地把握对象的尺度,以便成功地把自己的内在尺度与对象的尺度结合,更好地利用价值、创造价值。哲学忘记这个宗旨,就是直观的唯物主义,就会变得"敌视人"。

文化价值的视角让哲学回到人,回到人以能动的实践变革现实、创造文化的永恒运动中,回到人不断否定和扬弃世界的自在性、臻于自觉和自由的无限过程,回到人追求真善美的无限努力。哲学如果回到这个原点,就不会遗忘人、遗忘生活、遗忘作为人的生存智慧的初衷;哲学如果回到这个原点,也不难解决真与善、事实与价值、价值中立与价值立场等矛盾了。

(3) 文化价值研究凸显实践和生活这样一个"一元论"平台。

本体论和拟科学的出发点,或者是抽象的自然界,或者是相互分离的主体和客体(虽然二者有一个"谁决定谁"的问题,但思维模式相同),它们的共同问题是实体式思维,即预设实体性的存在,再考虑它们的相互作用。文化价值的前提是行为("向文而化"的历史生活)、是过程。文化价值的视角是人"化"自己及其世界的视野,人的生活实践是唯一现实的枢纽、平台,人把自身及其世界置于这个枢纽和平台上加以"人化"。从文化价值的视野出发理解存在,就不是以主客体分裂为前提,而是立足于这样的前提:主体在深化自己的过程中深化世界的对象性(外部世界的"人化")、在深化世界的对象性过程中深化自己的主体性(自身的"人化"),这是一个相互作用、双向深化的动态过程。这里不是主、客二分,而是人的生活和实践的"一元论";不是两个分离的世界相互作用,而是人和世界都在同一平台(生活、实践)上交会、显现、双向深化。在这个过程中,人始终处于主体地位。

四

从现实性说,由于科学、技术和经济的发展,以及人类生活出现的各种困境,文化价值因此比以往任何时候都更加突出地摆在我们面前。当代人面临的最大问题之一就是文化价值的冲突、困惑和危机。这些冲突、困惑和危机包括:

(1) 科学技术对人性和"人"的理念的挑战。例如器官移植、安乐死、基因重组引出的道德、人性和价值问题;智能机器人对人的智慧的挑战等。人的器官可以任意置换吗?人可以合法和合道德地"处死"垂危病人吗?牺牲一个"潜在的人"(干细胞)来医治其他人是道德的吗?人类将可以随意"设计和制造"生命吗?机器也可以跟人一样拥有"灵明之性"从而为万物之灵吗?科学技术越来越触及人最深层、最"神秘"之处,使传统的人性观、"人"的理念和"人"的意义发生了危机。

(2) 现代化引发的价值冲突、困惑和危机。具体说:

——"发展""强盛"理念的负面影响。"发展""强盛"是当今世界最盛行的话语,GDP 或 GNP 增长、综合国力竞争,是各国政府和人民生存的基本动因和使命。这当然也是需要的。但是,当我们把焦点放在物质经济和技术指标增长上时,却偏离了人本身的尊严、幸福和生活意义;物化的和高速度的生存方式,使现代人的人格扭曲;在资本崇拜、信息崇拜、技术崇拜中,人的本质和价值失落。

——现代化对传统的冲击和解构,留下文化价值的空白。我们在追逐时尚的同时,却丢失了历史长期积累和蕴含着的许多珍贵遗产;商品

价值与文化
——人类社会的双重密码

化和市场化越来越深刻地打破原有的宁静、和谐、质朴与纯真，我们越来越浅薄和势利，越来越浮躁和焦虑，越来越索然无味；在努力实现现代化的同时，我们不可避免地与传统断裂，并形成了价值空场，找不到文化的根基和家园，成了精神的放逐者。

——现代化和科学技术引发的全球性问题，如核战争威胁、地球资源枯竭和生态环境破坏。这些问题危及人类生存的基础，危及人作为一个类能否继续存在，由此引发深刻的人性和价值问题。

——人类的科学、技术、经济惊人地发展了，但人类的道德并没有相应的提升。生存竞争，弱肉强食，强权即公理，这些生物界的游戏规则在世界范围内流行；物欲、性欲、攻击性等反文化、反人道现象流行。在某些场合，人实际上是以技术化的形式扩展动物的本能，特别是攻击本能。

（3）全球化时代的价值冲突与整合问题。现代化和全球化使文化传统和宗教信仰迥然不同的人们不得不挤在一个"地球村"，不同文化和价值之间的关系就比以往任何时候都突出。主流文化对边缘文化的挤压、对少数民族文化传统的吞噬，不同文明和价值之间的冲突，是今日世界最令人揪心又无可奈何的局面。人类能找到一种"全球伦理"或"全人类价值"吗？谁有权力决定这种价值？不同文化特别是边缘文化如何获得平等的生存和发展权？现代化导致弱势民族逐渐认同强势文化，世界文化逐渐趋同，这也是不祥之兆；如果少数族裔的文化价值失传、毁灭，将是人类共同的损失。人类有可能、有必要拯救这些文化价值吗？

这些问题看似风马牛不相及，但它们都涉及"人"最深层的意义，涉及人作为一个类，他的存在和本质，涉及文化价值问题。这个时代的一切变化太快，以致我们还来不及品味和琢磨新事物的意义，来不及建构新事物的解释系统；技术、信息等引起的变化太深刻、太彻底，以致我们难以用原有的价值体系吸纳、整合、诠释新的事物；这个世界的文化和价值冲突与交融太剧烈,以致我们缺少多元文化和价值交往、对话、协调与整合的方式与途径。于是我们感到,今日人类生活的各方面都越来越被"人"以外的东西(非人的东西,至少不是"人"本真的东西)所支配。何以为人?人依据和追求的意义何在?这些问题正是文化价值之所以要作为一个学术话题提出来加以讨论的现实原因。

原载《学术月刊》2005年第7期

文化价值：一种关系的诠释

（1998）

一、对实体主义诠释的检讨

文化价值通常有两种意义，一是指某种文化特质对人的生存和发展所具有的功能或意义；二是指一定的价值对象对促进人的"人化"、文明化或充分社会化所具有的功能或意义。本文在前一种意义上使用"文化价值"一词。

以往关于文化价值的讨论基于一种实体主义的诠释，其特点是把文化看作某种单纯的实体，文化的价值则是实体的固有属性。一定文化特质的价值是什么、是好是坏、价值量多大，是该文化特质本身固有的。这种诠释暗含着三个错误前提：（1）文化价值与主体无涉。一种文化特质有何价值，价值是优是劣，价值量大小如何，只是客体本身的事，价值是纯客观的，与消费、享用文化的主体因素或主体品质无关。（2）文化的价值是单一的、原子式的。由于文化的价值不是在复杂的价值关系中显现的，故一种文化特质只有一种或少数几种价值。（3）文化价值是绝对的和超时空的。由于价值的文化特质是天然的，所以，无论在什么条件下，该文化特质的价值不变。

实体主义的诠释理论是包含矛盾的，实践中不具有可操作性。它至少会遇到以下困难：

（1）"纯客观"的困难。文化价值是文化对人、对具体历史主体的价值，它与主体的关涉性使得人们无法把主体因素从价值中排除掉。例如我们对文化做选择时总希望吸取其正价值，摒弃其负价值。对传统文化，我们要取其精华去其糟粕，批判继承；对外国文化，要吸收其先进的合理的，抵制其腐朽反动的。作为一种原则，这当然没错，但文化价值判断和选择的实际操作却并不那么简单。原因之一在于：某种文化特质是优是劣，是精华是糟粕，是先进合理的还是腐朽反动的，这种评价和选择本身就是一种主体性活动，即从事文化活动的主体的认识、评价和实践活动。文化和价值的选择是具体历史主体的具体历史选择，评价和选择的主体不是独立于具体文化价值之外的绝对旁观者，而是受一定价值观支配的人。主体自身即包含着一定的价值结构和文化模式。于是，评价和选择文化价值时，主体的文化品格和价值观念就不可避免地介入进来了。

（2）价值分析的困难。实体主义的诠释认为文化固有某种价值——或精华或糟粕，或合理或不合理；但事实上，文化的正负价值是两种相对而言的特性或倾向，而不是两件可分离的实物。易言之，文化不是优与劣、好与坏的混合，把好的优的分离出来加以吸收，坏的劣的一扔，便一劳永逸了。文化价值的正负两极是不可分割的。马克思曾经针对蒲鲁东对资本主义经济关系要"保存好的方面，消除坏的方面"之幻想，说："两个相互矛盾方面的共存、斗争以及融合成一个新范畴，就是辩证运动。谁要是给自己提出消除坏的方面的问题，就是立即切断了辩证运动。"[①] 这一论述对我们认识文化的价值很有指导意义。

（3）"原子论"的困难。文化价值并不像实体主义的理解：一些特

---

① 《马克思恩格斯选集》（第1卷），北京：人民出版社1995年版，第143、144页。

质固有"优"的属性,一些特质固有"劣"的属性,与它所在的文化背景无关。恰恰相反,文化价值是复杂的整体效应,离不开文化特质所处的整体背景和关系,离不开我们如何使用这种文化。

鉴于此,笔者反对对文化价值做实体主义的解释,反对把文化价值想象成文化固有的属性;而主张对它做关系的诠释,即从主客体的动态关系中考察文化价值。我们认为,文化价值是主客体多种因素形成的特定关系的显现。就是说,复杂的主体因素与复杂的客体因素组成复杂的关系,文化价值作为这种关系的效应显现出来。本文把"显现"理解为:诸多潜在因素在特定的境况、条件和时空中展开,以一定的方式结合为现实实存,文化的价值也就作为整体的效应生成、出现。

二、文化价值与主体的相关性

大家知道,马克思主义创始人反对旧唯物主义直观地、客体地理解世界,而主张从主体的和实践的角度理解世界,世界、事实是以人的实践为中介的对象性世界。这种视角也适用于考察价值。我们需要从主体的角度理解文化价值,把主体当作文化价值必要的缘起因、显现项。这个观点包括两层含义:

(1)作为一定的文化特质对主体(社会、群体或个体)所具有的意义、功效等,文化价值是通过主体显现出来的。一方面,文化的价值是文化对人的价值,是就文化对人的需要和追求、生存与发展而言的价值,离开了主体就无所谓文化价值;另一方面,人是以实践主体的身份挑起、激起和惹起文化价值的,主体自身的品质、结构等既是搜索、发现和创造文化价值的主动方,也是文化价值得以实现、得以现实化的必要"项"。文化价值体现着主体性特征,表达作为文化创造者的人自身的状态、品质、结构等。文化价值的现实化离不开主体因素的参与,主体的品质从一个方面决定文化的价值,同一文化特质因主体素质不同而价值迥异。西方人把红色理解为残暴、凶险，中国人则把它理解为吉祥、幸福。中国人从火药中看到做鞭炮驱鬼神的价值，西方人看到它征服世界的价值。

（2）文化价值与主体对文化的评价和选择相关，主体性特征在文化的评价和选择中起着重要作用。文化的价值，特别是满足人高级需要的价值，并不像食物充饥、衣服御寒的功能一样自然而然，它的价值往往取决于人如何设定。这种设定使得一定文化特质在特定的境况中实际起着被设定的那种作用，发挥被设定的功能和价值。主体如何设定，它实际就有怎样的价值。例如龙被设定为中华民族的图腾或远祖，那么龙的形象实际上就有维系民族认同感、增强民族凝聚力的价值。事实上，人们常常是把一种文化特质放到既定的认知和评价中去认定它有无价值、有怎样的价值以及价值量大小的。

那么，具体说，有哪些主体因素参与文化价值的凸显？其机制如何？笔者认为至少有以下因素：

（1）主体的价值观决定不同的价值定势和趋向，从而使一定的文化特质在价值观不同的主体面前显现不同的价值。

价值观是人们在价值生活中形成的一种深层和稳定的心理结构，它支配我们按特定的方式和导向整理价值生活的经验事实，按特定的立场和标准做评价和选择。价值观通过支配我们的价值意向、评价和选择，来影响文化的实际价值。就是说，一种文化特质对于具体主体的价值是以该主体先在的价值体系为背景凸显出来的。价值观是一种先入为主的定势或趋向，它支配人们认定和设定、发展和创造该文化的价值；价值观是一种模式、一种框架，我们必须依靠它对外部对象进行建构、整合和再创造。面对一种文化特质，人们总自觉不自觉地根据既定的价值准则来阐释、设定、发现、利用和重塑它的价值。反过来说，文化价值不是"自在"的，而是通过由价值观念支配的判断、评价和欲求而显现的，是既定价值观念建构、组合、加工、创造的结果。文化特质只有在

价值与文化
——人类社会的双重密码

主体既定的价值系统中并顺应该价值系统，才显现出现实的价值。正像我们的感官是感觉世界得以显现的必要条件一样，主体的价值观念也是文化价值成为现实的必要条件。价值观不同，建构文化价值的主体特征不同，文化的价值也就不同。基督徒按照基督教的价值观去认定某一文化的价值，无神论者按无神论的价值观去认定某一文化的价值，马克思主义者按马克思主义的价值观去认定某一文化的价值，如此等等。

（2）主体的人格结构支配主体对文化的认知、阐释和解读，从而左右文化的意义和价值的发现、发挥、凸显。

从心理学的角度讲，人格结构指由理智、情感、欲望等心理要素组成的自我，这一自我也是显现文化价值必要的参数。严格说，没有"纯客观"的文化价值。一定的文化特质作为"文本"，只有通过主体的认知、解读、阐释和发现，才能显现它的意义和价值。当人们对文化文本做阐释的时候，他（她）的兴趣、情感、欲望、思维模式等就成了显现文化意义和价值的显现项。所以，主体的背景知识、心理定势、认知方式等人格结构也是整合、建构价值事实必要的主体因素。人与文化的关系是一种对象性关系，人的本质力量的深化程度决定主体人格的具体历史性，进而决定价值建构内容和方式的具体历史性。这种具体历史性决定同一文化特质（假如这是可能的话）在不同主体那里显现不同价值。拿认知来说：以往的知识、经验和逻辑形成主体特定的认知系统，人们自觉不自觉地用它对一定文化特质进行认知、解释、评价和再创造。认知系统不同，主客体的对象性关系就不同，显现的文化价值也就不同。对于没有音乐素养的人来说，音乐之美就不存在；对于没有考古学知识的人来说，原始人打制的石器与山沟里随便一块石头没什么差别。

（3）主体的行为模式作为既定的操作系统，使文化价值的选择和创造在既定的框架中进行，进而使文化产生不同的功能、价值。

文化的"源"是社会实践，生活和实践是文化更重要、更真实的"文本"，也只有在现实的活动中，我们才能发现最本真的文化价值。这意味着，不存在先验的和自在的文化价值；文化价值是人们在生活、实践中，由相关要素、相关事件、相关情境，自然地呈现出来的。借用维特根斯坦的一种理解：我们知道，维特根斯坦后期提出"语言的意义在于使用"的命题。就是说，意义并不是某个词、某种发音先天具有的，而是人们彼此交流时，彼此能理解和沟通，这就有了意义。好比金钱，人们都接受它，用它交换，它就有价值一样。所以，"想象一种语言就意味着想象一种生活形式"①。这对我们认识文化价值很有启发：抽象地说某文化特质"本来的"价值是没有意义的；文化特质只有融入生活，被人们实际地做、实际地操作，才有具体的价值。操作、做又是按一定的行为模式进行的，所以行为模式是显现文化价值的必要中介，文化价值不可避免地受行为模式的建构。人们发现、利用和创造文化的价值，不能不按预定的操作系统或实施方法进行。于是，这一系统和方法就成了人们整合文化特质，使得我们的生活和生活中的事件有特定的文化内涵、意义和价值。人们的价值设定、价值选择、价值创造、价值观念的物化、价值理想的实现，都是通过具体的行为方式进行的。反过来，对于任何文化特质来说，其价值都是经过特定的行为主体再创造而呈现出来的。无论是传统文化抑或外来文化，人们都要经过自己的行为加以吸收、改造和推进，使之再生，以转化为当下的文化价值。

三、文化价值与客体的相关性

作为价值对象的文化存在，其特点是：（1）它不是孤立的实体或原子，不是抽象的文化要素之堆积，而是众多因素密切联系、相互作用组成的有机整体或错综复杂的系统，每一单个的文化特质只有在整体中才是现实的，才有意义，才显现其价值；（2）它不仅是文明成果即一些既

---

① 维特根斯坦：《哲学研究》，汤潮、范光棣译，北京：生活·读书·新知三联书店1992年版，第15页。

价值与文化
——人类社会的双重密码

成的事实、完成的产品、静态的结果,更重要的,它是不断展开着的实践,不断进行着的历史,是生生不息的人类生活本身。用荷兰哲学家皮尔森(C. A. von Peursen)的话说,"文化不是名词,而是动词,是按照一定的意图对自然或自然物进行转化的人类活动的总和。"① 所以,文化价值是在整体关联和时间演进中展开、生成、显现的,整体性、复杂性和历史性是文化价值之所以称其为"这种"价值的基本前提。

理论界有一个共识,即价值的"关系说",它认为价值是客体的属性对满足主体需要的肯定关系。笔者想在此基础上进一步指出:这种关系不仅指主客体关系,价值客体(价值对象、文化特质)自身也是有关系的,是多种因素的显现效应。作为价值对象的文化特质,不是作为孤立的原子与主体发生关系而显现其功能和价值,而是作为复合物与主体发生关系的。任何文化特质都不是孤立的存在物,而是许多要素的综合,并与它所处的特定境况错综复杂地联系在一起。某一文化要素是否有价值,有怎样的价值,不是单纯就它自身而言,而是就它在整个文化背景中的效应而言。我们不能离开特定的文化背景和文化要素之间的相互关系,孤立地讨论某文化特质有何价值、功能、意义;只有将文化特质放到具体的境况中,与周遭的一切关联起来,文化价值才是现实的。

作为文化价值显现项的客观因素主要包括:

(1)文化时间。文化是一种历史的存在,一定文化特质潜在的内涵通过发展着的文化境况(以及主体性特征)折射出来,因而有不同的价值。文化的丰富内涵不是一成不变的,而是在历史的过程中逐步展开和演变的。每一具体文化特质会因它所在的历史坐标和时间维度的不同而显现不同价值。例如一件青铜器皿,在古代的使用者手中的价值就不同于在今天的收藏家手中的价值。易言之,文化没有永恒不变的价值,只有具体历史的价值。文化价值内在地贯穿着时间之矢,具有历史维度上

---

① 皮尔森:《文化战略》,刘利圭等译,北京:中国社会科学出版社1996年版,第1页。

的方向性。文化的生命和价值在于运动。在活生生的历史运动和历史创造中,文化不断展开它的潜在价值、意义,获得新的生命。历史上曾经起过建设性作用的文化特质,今天可能变成包袱;历史上是一种价值,今天却是另一种价值;历史上没有的或被湮没的价值,今天可能被发现、发掘,如此等等。

(2) 文化空间。文化是不同民族、不同地域、不同文化圈的文化。在不同地域生存、繁衍着的文化共同体(最典型的是民族),创造了各自不同的语言文字、风俗习惯、宗教观念、制度体系和生活方式。这些文化存在蕴含着不同的价值关系和价值结构,包含着使文化特质显现不同价值的整体结构,从而造成文化价值的显现机制在空间上的差异。文化空间对价值的影响有二:

第一,每一文化特质因其在文化空间中的位格不同而显现不同的价值。文化没有普遍的、放之四海而皆同的价值;相反,它的价值是受空间"函数"影响的"变量"。文化特质置身于特定的民族、地域和文化圈中,与该文化圈的境况、价值体系和整体结构融为一体,其价值才凸现出来。一文化特质的意义、价值和功能,是该特质在它的背景文化中的显现效应,是不同文化圈的具体境况整合的结果。即使同一文化特质,在不同的文化圈中也会显现不同的价值:一句骂人的土话,在本乡本土给人的是粗俗感,海外游子听了可能会产生一种亲切的乡情。

第二,不同系统的文化价值是相对的。文化以地域、民族、文化圈等空间状态存在,不同文化圈有各自不同的文化发展向度和价值趋向,它们各自展开和发掘了无数可能的、逻辑上"应当"的价值维度中的某些维度的价值,就像人各自选择了不同的成长道路一样。不同维度的价值各有其合理性,特别是在自身的文化境况中,它有其他价值代替不了的优越性;不同民族文化的功能各有优劣短长,不同类型的文化有各自不同的强项和弱项,擅长之处和不擅长之处。我们承认文化进化,承认文化价值量的增长。但文化进化不是直线式的,价值增长不是积累式的。各民族文化，包括那些较落后、较原始的文化，那些进化程度较低的文化，都有它独特的、为其他文化所没有的价值。这说明，文化价值的差异既是量的，也是质的。

（3）文化要素的整体结构。文化不仅在时空坐标上展开着，而且自身也是错综复杂的因素以一定的方式组成的整体。现实的文化是全部要素的总和。作为整体的文化不仅指诸要素本身，还指它们的构成方式。按成分说，文化要素的整体结构是社会的经济、政治、宗教、道德、语言等内容的结合方式；按地位说，它标示各要素在文化体系中的地位及相互关系。我们可以在思维的抽象中谈某一文化特质，但不要忘记只有将其置身于整个文化系统，它才是现实的。

这样看来，文化价值并不是某一孤立的文化特质固有的价值，不是单个文化元素固有的属性，而是在它所处的社会文化生活的整体结构中并通过整体结构而显现和生成的，是一种整体效应。社会文化生活的具体性是文化元素、文化特质显现为具体价值的基本条件。同一文化元素或文化特质，在不同的文化整体中会显现不同的价值。社会文化生活是复杂和丰富的，文化的整体结构也是复杂和多元的，因此，文化价值的现实显现，必然是个复杂现象、复杂过程。理论上讲，由于社会文化生活的多样性和整体结构的复杂性，一定的文化特质也就有无数价值和潜价值。

四、文化价值的关系诠释

作为价值对象的文化存在为满足人的社会文化发展需要提供了客观可能性，而这种可能的现实化又取决于主体的结构和品质，作为价值主体的人是文化价值生成和显现的必要条件。显然，这两方无论哪一方都不能单独地构成文化价值，只有双方作为动态的统一体时文化价值才是现实的。事实上，主客体因素也很难截然分开。进一层，由于主客体双方均由多重因素构成，所以文化价值是多变量的整体效应，是众多因素以错综复杂的方式排列组合的结果，这便是文化价值的关系诠释。它包含以下结论：

（1）文化价值是主客体丰富而复杂的要素按排列组合机制生成的，内涵无比复杂的主体与内涵无比复杂的客体按照不同的模式和可能性相互作用，形成立体式交叉关系或网络式对应关系。结果，文化价值成了诸多因素共同作用的结果，主客体双方中任何一种因素的差异和变化，都会使文化特质显现完全不同的价值。

（2）文化价值是一种系统质，是主客体关系的整体效应。这里的主体不仅指个体，更指社会群体；这个客体不仅指具体和个别的文化特质，更指整个社会文化、民族文化等。每一文化特质，即使微不足道的特质，其意义和价值都与整个文化体系错综复杂地联系在一起，触一发而动全身。例如我们要理解不同民族文化，主要不是理解某一文化特质本身的意义和价值，而是要理解它在整个文化背景中的价值，理解该民族由神话、宗教、历史、伦理、民族心理等组成的文化系统所赋予它的意义。

（3）文化价值的关系诠释必然包含潜文化、潜价值的结论。以上分析表明，文化价值的生成要受诸多可能因素的影响，这些因素作为逻辑的可能存在着，但不一定作为现实的事实存在。这使得一定的文化特质有显现多种价值的可能性。例如《孙子兵法》，不仅包含用兵打仗、治国安邦的价值，还可用于经营管理，或许还潜藏着其他我们尚未想到的价值。文化不只是有事实上的价值，还有丰富的潜在价值。文化的价值以互补的方式存在着，任何一现实的文化境况都只显现了这些潜在价值的某些方面或部分。

（4）从实体到关系，从存在到演化，是当代科学、文化发展的大趋势，文化价值的关系诠释暗合了这个趋势。我们应该从对文化价值的存在论的阐释过渡到现象学的阐释，从实体主义的阐释过渡到功能主义的阐释。文化价值既不是文化客体的某种固有属性,也不是单质主客体交叉的共生物,而是在主客体多重因素的动态关系中显现的。这是说,它是一种共生效应,它只存在于特定的复合式关系中。试图用还原的方法分析出它的最终的、坚实的基础是徒劳的。

五、关系诠释的意义

对文化价值做关系的诠释,可以改变我们过去简单化的、实体主义的和客体角度的理解方式,从而建立起一种全新的价值观念,这有助于理论的深化和实践的操作。

(1)评价和取舍文化价值时,我们不能离开主体孤立地考察文化对象(客体),不能抽象地讨论某一文化特质本身是优是劣,或哪些方面优哪些方面劣,而应该同时(有时甚至是主要)考察主体方,考察主体的结构、品质、特点。例如传统文化的批判继承问题,撇开对主体的考察是无法说清楚的。除了考察客体即传统文化的要素之外,我们还应该考察这种文化所适用的对象:这种文化对什么样的主体而言?主体的品质使得人会怎样理解、把握和履行这种传统?文化建设中,主客体的建设是不可分割的。我们不能只看到客体的方面,强调器物文明应如何,制度文明应如何,精神文明应如何,还要充分思考:人本身的素质如何改造和建设。事实上,人的现代化是现代化中最重要也最困难的一环,我们的文化建设要花大力搞人的"建设"。人的品质、素质上去了,同样的文化也会显现更优良的价值。

(2)文化价值是时间的"函数",因此发掘和发现文化的价值必须有历史的眼光,必须放弃凝固的、静态的价值观,把文化放到流转变化的历史长河中去考察。文化遗产的当代价值取决于当代人的主体素质、社会实践和当代文化境况。从一定意义上说,传统文化的当代意义是当代文化对传统文化再诠释、再创造的结果。传统文化没有固定的价值,它在当代显现为何种价值，取决于当代主客体的互动关系。文化价值的推陈出新，关键靠当代人的社会实践。

（3）文化价值的关系诠释意味着，在做跨文化比较时，不存在绝对的评价标准和绝对"参考系"，就像运动系统不存在绝对参考系一样。无论是西方中心论还是中国中心论，都是人们文化视野狭隘性的表现。当然，承认文化价值的相对性，并不等于相对主义，承认没有绝对的评价标准、绝对的参考系，不等于承认它们毫无可比性，毫无通约的可能性。正如运动系统互为参考系一样，文化价值也互为参考系。文化价值的合理性是在多元文化的比较、鉴别中通过调适、校正而不断追求的。通过不同文化间相互的比较、鉴别，人们方能发现哪些价值更优、更合理。合理性追求的过程是开放的文化系统的自组织过程，是多元文化交流、冲突、融合和调适的过程。

（4）文化价值的关系诠释意味着，文化的价值是在无比复杂的关系中显现的，因此，文化价值的选择不仅要考虑文化特质本身的价值，更要考虑特质面对不同的整体背景时可能显现的价值，要研究整体背景对文化因素的影响和重塑机制；选择、创造文化价值，应该整体地、全方位地进行，而不能孤立地、片面地追求某一个侧面。不同文化的冲突、交流与融汇，关键要理顺不同整体结构之间的关系。中西文化的关系不应再纠缠于哪些合理、该学习，哪些不合理、该拒绝，也不应重复中西体用的思路，而应致力于整体的调适与顺应。整体关系理顺了，价值的选择就是自然而然的事。西学东渐以来中西文化矛盾至今仍未很好解决，关键是两种结构还未经调适而达到顺应；文化的批判继承、文化功能、价值的发挥与发掘，不仅针对个别要素和特质，更要改善、更新影响其价值的整个文化背景。文化的革新是整体的、系统的。

（5）文化价值是主客体多重因素的显现，因此它是一种复杂性、随机性现象。这就启发我们：第一，应该承认潜文化和潜价值，就是说，每一种文化特质都有许多潜在的、未显现、未被发掘的价值，一定文化的价值问题是一个常青问题,它需要并且可以反复发掘。我们应从多角度、多层面开发文化的潜在价值。第二,摒弃文化和价值中的一元论和机械决定论,从实体主义和直线论中解放出来,承认文化价值的多样性,容纳和发掘多向度的文化价值。文化价值的关系的诠释要求多元价值观、文化价值的相对主义和对不同文化价值的宽容态度。要求我们承认每一种文化维度和价值取向都有其合理性,并且正因为文化和价值的多样性才使人类文化生机勃勃,而不是单一、枯萎、退化。

原载《北京理工大学学报》1998年第1期

社会主义法治文化视野中的法的价值

（2019）

我国自80年代倡导"以事实为根据，以法律为准绳""依法办事"，到十八届四中全会提出"全面推进依法治国"，无论是立法、执法还是制度建设，都日趋完备。按照历史和逻辑的发展，下一步我国法治建设重点应转向"内涵式"升华，即在将"法制"上升为"法治"的基础上再上升为"法治文化"。而社会主义法治文化必然要求在深刻研究法的价值基础上，按社会主义法治的理想价值去建设。易言之，从社会主义法治文化的角度研究法的价值，是我国法治建设必然面临的理论任务。

不过"法的价值"并不是个清楚明白、不言自明的问题，它指称的对象以及它的内涵与结构，都需要系统地研究。

一、法的价值的"所指"与"所是"

分析法学把法视为纯粹的科学问题，主张价值中立，拒斥政治、道德与价值。如果我们面对的是令人满意的良法，无需对法本身进行价值批判，只需在既定框架内按科学程序办事；如果是为了强调法的客观公正，避免法律受私利和主观性左右，从这个意义上讲法律排斥价值，是

价值与文化
——人类社会的双重密码

有道理的。但超出这个范围，法具有明显的价值特征。法律不只是法律文书和法律制度，还是蕴含在其中的价值体系。何谓"合法"何谓"非法"，为什么？人们拥有什么样的权利和义务？每个人的权利义务是平等的吗？为什么是这样的而不是那样的权利义务？人们应遵守哪些法律规范，为什么？如何实现社会的正义与秩序？法律是引导社会趋向公平、正义、民主、自由，还是趋向相反方向？何谓"良法"何谓"恶法"？法的整体设计是否存在阶级、等级和族群的立场偏向？这些都是法的价值问题。由此可见，一个社会要建构良法，要把法当作文化来建设，就需要对法的价值进行批判性思考。

不过法的价值是个有歧义的话题。就概念而言，有法的价值、法律价值、司法的价值等。本文用"法的价值"而不用其他概念，是想把法当作一种社会文化现象，从总体和根本上进行反思，而不限于法典、法律、法规，或者司法实践中具体的功能性价值。易言之，本文用"法的价值"这个概念，意在突出法的价值的整体视野与哲学反思层面。

不过要深入本质，从理论上讲清楚法的价值，似乎没那么简单。这里既涉及法的价值指什么（"所指"），也涉及法的价值是什么（"所是"）；既涉及法的价值的主体，也涉及法的价值的语境和具体历史性。"法的价值"指什么的问题，回答的是"法的价值"这个范畴（"能指"）指称的对象；"法的价值"是什么的问题，回答的是这对象的本质规定性。只有先明确"法的价值"指什么，才好回答"法的价值"是什么。不过当我们说"法的价值"时，这个概念实际上指称几种不同的情形——虽然它们之间有密切关联。

（1）作为社会功能的法的价值

"法的价值"所指之一是指法律的社会功能。它被国家权力系统用来确认特定的法律关系和法律秩序，解决相关的法律问题，落实主流社会主张和认可的价值关系，贯彻主流社会所需要和追求的某些法的目的价值。从这个角度说，法的价值是一定的国家权力体系和主流社会以法律为手段而实现的社会调节、管理和统治功能。例如让既有的阶级和等级秩序得到保障，建立在既有经济社会关系基础上的权利义务关系得以维系，保证主流社会所追求和认可的目的价值都得到实现。在这里，"法的价值"就是主流社会以法律为手段，实现他们所认可和追求的目的价值。这个意义上的"法的价值"有别于法的其他价值，例如它不是指权利的合法性根据、法律的社会基础、法治文化的最高目的；也不是指主体之间特别是私法主体之间的价值关系，如当事人之间的债务关系、合同法中的权利义务关系等。它是指国家主体或其他共同体运用法律实现国家和其他共同体的目的价值。时下学界论及"法的价值"或"法律价值"，大多是指法的社会功能：法起什么作用，甚至指政府用法能做什么。

我们不否认从这个角度界定法的价值有它的意义，作为法治文化的核心内容所讲的"法的价值"，当然涉及这层意思，但它不是重点。

（2）作为主体间权利义务关系的法的价值

"法的价值"所指之二是指人们（尤其是私法的当事人）之间权利义务关系所体现的价值关系。法以国家意志的形式，规定了特定时代、特定社会中不同主体的权利和义务，包括人格权、财产权、生命权等。这些权利和义务关系，以财产关系、劳务关系、债务关系、身份和等级关系等结构和秩序而存在。它们除了通过公共管理、风俗习惯和个人信用等构成的规则，自然而然地得到保障外，也依靠法律来加以维系。这个意义上讲的"法的价值"，是指国家法律制定"合法性"标准、相应的法律规范等，对法律主体之间的权利义务关系进行认定、判决和执行，以使人们之间的权利义务关系保持在主流社会所认可的秩序内。例如张文显对法律的界定"法律是由国家制定或认可并依靠国家强制力保证实施的，反映由特定社会物质条件所决定的统治阶级意志，以权利和义务为内容，以确认、保护和发展对统治阶级有利的社会关系和社会秩序为目的的行为规范体系"① 就包含这个意思。这个意义上讲的"法的价值",是将既有法律体系中的价值预设具体化,将主体间的尤其是私人间的权利义务关系加以落实。这个"所指"不涉及对既有权利义务关系赖以建立的价值基础之反思,例如确认这些权利义务关系的根据是什么?这种根据包含什么样的社会文化矛盾?

我们不否认从这个角度界定法的价值有它的意义,但作为法治文化的核心内容所讲的"法的价值",重点也不在这里。

(3) 作为法律体系之哲学基础的法的价值

"法的价值"所指之三是指特定法律体系所依据、贯穿和追求的根本价值,亦即该法律体系的哲学价值基础。每一法律体系所具有的功能价值和规范价值是相对表层的和具体的;这些表层和具体价值建立在更深层的前提和基础上,有更一般的价值原则和价值导向支配该法律体系制定这样的而不是那样的规范,让法律发挥这样的而不是那样的功能。当然,法哲学也需要对这些前提和基础进行反思。这些作为前提和基础的价值原则就是我们说的作为法律体系之哲学基础的法的价值。例如中国传统法律的很多规范,建立在"尊尊亲亲"的宗法伦理之上,而后者又以中国传统哲学对"人伦"的假设为前提。同理,西方现代法律对权利义务的规定,至少形式上建立在"天赋人权"的基础上。

哲学层面的法的价值主要关涉如下诸问题:特定的法律体系所认可和追求的正义、秩序及其他目的价值是什么?它建立在何种利益关系和价值根据上?它试图把社会文化向哪个方向引导?以特定的文化价值为内核的法律体系,在人类社会复杂多样的文化中有何特殊的地位和意义?它在人类历史发展的长河中处于什么样的地位?这些问题是法的价值的最高问题,是将法视为一种文化现象,从哲学高度对它作价值的追问。

---

① 张文显:《法理学》,北京:高等教育出版社、北京大学出版社2011年版,第47页。

上述关于法的价值的三种"所指",有它们各自的侧重点,也有它们各自的意义和合理性。不过本文从社会主义法治文化的角度谈法的价值,主要是以第三种"所指"为对象,是从法哲学的层面谈的价值问题。这是因为:一方面,功能性价值与规范性价值是法的价值的具体形态,它们自觉不自觉地以哲学层面的价值为基础和导向。另一方面,要把法治建设成一种文化形态和文明状态,就不是在既有的框架下和具体事务上做文章,而要有批判和超越的向度。如果仅在既定的法律框架里把具体的功能价值和规范价值凸显出来,那是部门法学的任务,而不是法治文化的任务。法治文化是要对既定法律和它依据的价值进行反思,并推动它"向文而化",就应从前提和元理论的角度反思法的价值问题。

二、法的价值的哲学审视

从法治文化的角度审视法的价值,应立足于哲学的层面。哲学是通过批判、反思来推进知识与价值之超越的智慧;法哲学是通过对法的具体问题进行批判与反思,以促成法学理论之深化、法律价值层级之提升的智慧。从法哲学的角度审视法的价值,需着眼于整体和根本,重在对法的前提和基础进行反思。这样理解的法的价值,不排除我们上文所说的前两种"所指",但侧重点在第三种"所指"上。易言之,我们把哲学层次上的法的价值当作这个概念的基本形态,而把法的规范价值、功能价值等,视为哲学层次的价值的具体呈现。鉴于此,我们把法的价值界定为:法的价值是一定的法律体系以合法性规范为手段干预社会生活,从而对具体历史主体现实地或潜在地显现的功能、意义和效果,特别是就提升历史主体的文明程度来说的那种功能、意义和效果。对这个定义需做几点解释:

首先,这里的法律体系,是一个国家或社会的全部法的总称,包括法律文本、法律制度设施、司法程序、执法行为,以及它们依据的法理基础等。法律体系以"合法""非法"为基本的评价标准，确立社会的法律规范、权利义务关系，并通过这套体系达到管控社会、维系主流社会认可的价值秩序之目的。于是，这套法律体系就成为对人们有肯定或否定意义的价值客体，它或者对涉案主体产生直接的价值效应；即使不是直接涉案主体，也间接受整个法律体系的影响。

其次，法的价值也像其他价值一样，是法律这个客体对相关个人或法人的主体性产生肯定或否定的意义与效果。这里的肯定或否定是对主体性"好"或"不好"的概括，例如肯定主体的权益、维护主体的尊严等。这些意义、效果通过法律规范、人们的权利义务、法律的社会功能等体现出来。一个社会从宪法到各部门法，都以不同方式确立了诸多法律规范，它们规定了人们的权利义务关系和其他价值关系。各种规范和权利义务关系，会对不同主体产生不同的价值效应：有利还是有害、肯定或者否定、有这种意义或者有其他意义等。在这个意义上说，法的价值就是指法律体系及其实施过程，对个人或群体所显现出相应的功能、意义和效果，这些功能、意义和效果表现为肯定或否定主体的权利、尊严、价值、合目的性生存方式等。这种肯定或否定的结果是，法的价值转化为经济价值、社会价值、人格价值、道德价值、精神价值等。这些价值不只是具体的和经验层面的，它还会产生综合及长远效应，汇成整个社会鲜明的价值导向。这是因为，具体层面的法对主体产生肯定或否定效果，人们为趋利避害，为他们所欲求的价值，就会调整自己的行为，认同法律的导向。这样，法律就像无形的指挥棒，影响人们的善恶观、正义观、权利观、平等观、自由观等，在公共生活中产生价值效应，对社会总体的价值起导向作用。从未来发展趋势看法的价值，就向哲学层面过渡了。

最后，具体层面的法的价值与哲学层面的法的价值不是各自独立的二元结构，而是"道不离器"的关系，二者"须臾不离"。从哲学层面审视法的价值，需要从实然和应然两个角度展开。

对法的价值做哲学的追问,一方面要对法律体系中实际存在的价值事实进行总体和根本反思:该法律体系建立在何种价值基础上?这个价值基础的基础又是什么?法哲学和法理学的许多争论,实际上是在这个层次上展开:法究竟是纯粹理性、纯粹的科学,是价值中立,还是有价值立场和倾向?如果说法有价值基础,法的价值根据是来自现实生活还是普遍的、永恒的法则?是来自上帝跟人的立约,抑或人们自身之间的契约?法的价值原则是普遍和超验的吗?某一具体的法律体系依据之最高价值根据是什么?是平等、正义、自由还是别的?它们真的是不偏不倚、客观公正的吗?是不是在正义、平等的外表下掩盖事实上的非正义、不平等?最后,虚伪的"正义、平等"口号下掩盖的非正义、不平等,如何才能克服?是回归某种永恒法则还是改变社会?例如马克思分析资产阶级的法时就指出:"正像你们的法不过是被奉为法律的你们这个阶级的意志一样,而这种意志的内容是由你们这个阶级的物质生活条件决定的。"[①] 资产阶级的法不过是统治阶级利益关系的反映,这些就是特定法律的价值基础。

对法的价值做哲学的追问,还包括超越现有法的价值,重建更高形态的法的价值。因此,法哲学要探索一定法律体系和法律传统中基本价值的演化规律和发展趋势。法律体系和法律传统都不是静止的、僵死的,而是发展演化的。这种发展有社会物质生活演变的基础,同时法的价值本身也会发展和演变。在法律生活中,因为主客体的多元互动,法律会审视、调整和完善自己的目的价值,使法的价值更适应人的普遍的主体性。康德探讨如何实现世界永久和平;黑格尔把理性的普遍性和自由的完善作为法哲学的最高目的;马克思把人的自由全面发展作为最高目的价值,这些都可看作这些伟大思想家所希冀的法哲学的目的价值。启蒙运动以来的法,追求一些基本的目的价值,主要是自由、平等、人

[①] 《马克思恩格斯选集》(第1卷),北京:人民出版社1995年版,第289页。

权、正义、秩序等价值问题，都在以不同的路径超越现实的不公正，追求完美的法律和价值。鉴于此我们同意卓泽渊教授的看法："如果法根本就不具有可以实现秩序、自由、平等、人权、正义和促进人的全面发展等价值的属性基础，法将不可能具有相应的价值。"①

法的价值的哲学思考，除了本质规定性的分析外，还应澄明它的具体特性，也就是法的价值的辩证本性。它包括以下几方面：

1. 法的价值的主体性

从哲学一般说，价值是一种主体性事实，价值范畴"代表着客体主体化过程的性质和程度，即客体的存在、属性和合乎规律的变化与主体尺度相一致、相符合或相接近的性质和程度。"它意味着"任何价值现象的特点，都依主体的特点而形成，并主要表现出来自主体一方的规定性"②。同理，法的价值也表征法律事实对人的主体性的顺应状况：它取决于一定的法律事实是肯定了还是否定了人的主体性，是这样还是那样地肯定或否定人的主体性；同一法律事实因不同主体而有不同的价值。人们具体的主体性成为显现法的价值的尺度，这个特点就是法的价值主体性。鉴于此，"法的价值"还可以表述为：法律事实对人们的具体主体性所显现的特定价值，是法律事实对既有主体性的影响和改变。其中，具体历史主体是关键。法的价值之所以是如此这般的价值，主要取决于主体的具体规定性。特定生存状态中的主体会提出特定的法律以及它的特定价值关系；人们的主体规定性不同，法律事实对他们就呈现为不同的价值。

主体是个复杂、多层次的概念与事实，包括个人、大小不等的共同体、民族、国家乃至整个人类社会。凡与特定法律事实直接间接相关的

---

① 卓泽渊：《法的价值论》，北京：法律出版社1999年版，第11页。
② 李德顺：《价值论：一种主体性的研究》，北京：中国人民大学出版社2013年版，第53、57页。

人们都可在不同意义上成为法的价值中的主体。既然主体是复杂的、多元的，而法的价值又因主体而异，则我们分析问题要有主体思维，要具体分析特定价值关系中各种相关主体的地位和意义。这样，"法的价值"完整的表述应该是：特定的法律事实对某人（主体）有何种价值。由于这个原因，法治文化反思法的价值时就需要跳出个别主体的立场，从共同体的立场考虑问题。例如：一件涉及公众利益的案件，就既不能只保障甲方权益，也不能只保障乙方权益，而要着眼于全社会的整体和长远利益。以维护和增进人民权益和自由为根本目的的良法，其主体应是一个国家的全体国民。再如一件诉讼案，原告和被告是案由与标的中两个矛盾的主体，法官是第三方主体。不过，法官并不是独立主体，而是国家法律的执行者、国家主体的代理人。原告和被告都争取自己权益最大化是正常的，但作为国家主体之代表的法官应在他们各方之上，以社会的公共价值为目的价值，以事实为根据，以法律为准绳，实现社会的公平正义。总之，司法机关是国家主体的代表，应忠于国家主体；国家主体应代表全体国民，相对于具体的个别主体而言，应处在一种超然的位置上。

法律主体的复杂性必然导致法的价值的相对性和多元性。法的价值研究，就需要研究法律事实对不同主体各自的价值，研究多元价值之间的关系，并从这种相对性中把握统一性与超越性，把握法的价值的层级性、深刻性和公共性。

2. 彰显法的价值的具体语境和现实条件

法和法的价值都不是抽象的和既定的，而是在相应的社会状态和历史条件中"成为"价值的。我们说一定的法律事实对相关主体有"好""坏"等意义和效果时，是一般地讲；但是法的价值不是抽象的和自足的，而是在具体历史语境中、在特定条件下显现出来的，需要以具体的社会关系和历史条件为中介。按马克思主义的理解，法律主要受各个时代的经济关系制约，所以法的价值要借助经济关系和其他物质生活关系显现出来。此外，法律和法的价值还受宗教、风俗、传统和民族心理等因素影响，正因为这样的原因，不同民族、文化和宗教环境下，法律对"合法性"的裁定、对法律规范、对权利义务的约定，差别极大。法律事实所具有的法的价值如何、对主体的意义如何，会因社会制度、政治经济关系、民族文化等的差异而不同。

正因为如此，辩证法需要具体地考察法的价值所在的具体语境和社会条件。法的价值也应该研究如下问题：法的价值如何经由社会结构、文化模式及历史运动而呈现？

3. 法的价值的历史发展和演变

人类的法律和法文化，是历史地发展和演化的。从宗教法到世俗法，从专制王权的法到民主社会的法，从古代法到现代法，从封建的、资本主义的法到社会主义的法，这是法律形态演化的大致面貌。随着社会形态和法的历史形态的演变，法治文化和法的价值自身也在演变。法的价值的历史性要求我们要用历史的眼光理解法的价值问题，把它放到历史语境中，与当时的时代条件和其他历史因素联系起来分析，而不要用抽象和永恒的观点看问题。法的价值的历史性要求我们把法和法的价值理解为发展和流变的。从大趋势看，社会历史与法治文明是由"依附状态"向"独立自由"状态过渡，人类的法越来越趋向于以人民大众为法治的主体；趋向于民主、平等、自由、正义等价值原则；趋向尊重和保障人的人格、尊严和基本权利。作为历史唯物主义者，我们应该顺应这个历史趋势。

法和法的价值的社会历史性要求我们应在历史文化的具体语境中反思法的价值：法的价值演变的规律性是什么？它有基本的发展方向和历史目的吗？我们如何促进人类的法由不文明走向文明、由不公正走向公正、由不自由走向自由？

三、法的价值的文化意义

我们从哲学一般的层面讨论了法的价值,还需进一步将其上升到文明和文化发展着的社会历史语境中研究。我们界定法的价值时曾指出,法的价值包含"就提升历史主体的文明程度来说那种功能、意义和效果",这意味着哲学层面的法的价值包含了文化视野中法的价值。讨论法的价值的文化意义,可以说是上述角度的具体化和深化,是把法哲学的价值问题放到文化和文明的视野中进一步具体分析。

文化即"人化"——人按"人"和"文"的理想"化"自己和周遭的世界,使之文明、文雅,符合"人之为人"应该如斯的理想状态。人的这类活动及其成果,就是文化。文化范畴无疑会关涉人们生活中的物质、精神、制度、生活方式等形态,但文化不是指这些形态本身,而是指凝结和渗透在其中的关于"人""文"的价值理想,这是文化的本义。文化的其他含义是这个原初含义的衍生和具体化。

文化是具体的、历史的,不同的民族、社会"向文而化"的程度有高下之分,"向人而化"有充分不充分之别。人们把"人化"程度充分、发展演化程度高的文化视为文明,把"人化"不充分、发展演化程度低的文化视为蒙昧、野蛮。也就是说,文明是与蒙昧、野蛮相对的范畴,指文化发展的较高级形态。

法是一种文化和文明形态。这有几层含义:首先,法也是文化。因为"人之为人"的重要标志之一,是人能用法律这种方式规范权利义务关系、解决矛盾和冲突;文明形成的标志之一是某个社会有了国家、法律和执行法律的机构。法是什么样的法,也从一个侧面体现了这个社会所理解的"人""文化"应该是什么样的,亦即体现了具体历史条件下人们对"人"和"文化"的理解。其次,一个社会的"人化""文化"程度越高,越文明,就越会以理性、人道、文明的方式确立社会规范,

价值与文化
——人类社会的双重密码

公正和理性地解决社会问题；一个社会能以理性、人道的方式规定人们的权利义务和行为规范，这样的法就是法治文化、法治文明。法治成为文化和文明，是人们依法、用法、敬法、用法治思维思考和解决问题，达到"从心所欲不逾矩"的程度。最后，法本身就是一个文化的有机组成部分，各个文化和文明少不了它的法律体系。

不同民族有不同的文化模式，支配这个文化模式的内核是人们的价值意识。文化是基于一定的价值根据和价值导向而存在、运行和发展的。法治文化和法的价值之间的关系也是如此，法的价值也是法治文化的内核，它为一定的法治文化提供价值根据和目标导向，从而使法治文化显现为特定的性质与样态。鉴于此，上述法的价值问题，还应具体到法治文化的语境中进一步讨论。法的价值在法治文化中主要有以下功能：

（1）法的价值是规定法律体系中关于"人应如何"的那种价值

从文化角度看，任何法律在制定规范、确认权利义务关系、设定法的目的价值时，都自觉不自觉地有关于人"应如何"的假定。法治文化之为文化，是指人按人"理应如此"的标准与理想组成社会、确认权利义务关系、制定公共规则与规范、处理人际关系和群己关系等，这类行为与事实构成了人们的法律生活。诚然，阶级社会里，法律本质上是经济关系和其他社会关系的反映，是人们权力和利益关系的表现，但这种关系也体现了具体历史条件下的"人"——当时的人"是如此"，或被当时的主流社会理解为人和人的社会"理应如此"。我们透过特定的法律，就看到了当时特定的"人"，以及当时的主流社会对"人"与"人类社会"的理解。蕴含在特定法律里面的那个"人"，体现该法律对人道价值的确认，法的价值就指导和支配人们按这种关于"人道"的设定来立法和司法。例如我国宗法封建社会，人们认为"君君臣臣父父子子""三纲五常"才合乎"人道"，《易传·系辞上》也说："天尊地卑，乾坤定矣。卑高以陈，贵贱位矣。"这是借"天道"来确定人世、人伦

"应该如此",进而规定法律"尊尊亲亲"的价值原则。西方启蒙思想家认为人"生而自由""生而平等",享有"自然权利"或"天赋人权"。这种价值观虽然主要见于自然法学派,但也深深影响现代西方的各种法律。马克思把自由设定为人的本质,马克思主义的使命是把人从资本主义生产方式的奴役下解放出来,使人能自由全面发展。据此,社会主义的法律也应该按这种"人"的理想设计和建设自己的法律体系。

法律体系中关于"人理应如此",解决的最常见的问题是对人权的理解。人有哪些权利?人的权利根据何在?人的权利是否平等?个人的权利如何转化为公共权力?不同的法律体系对此有不同的看法。不过总的说,随着法治文明的进步,现代法大多倾向于承认普遍的和平等的人权——虽然具体解释差距较大。

(2) 法的价值是保障如何落实"人应当如何"的那种价值

法治文化不仅贯穿着人、社会"理应如此"的价值标准和理想,它还要借助价值原则、规范体系以及相应的法律措施,保障这些理想和标准得以落实。文化视野中的法的价值,不但从哲学层面界定人和社会的应有之义,还需要探讨这些"理论值"何以才是现实的?探讨法治文化中理想的价值根据如何转化为现实的价值事实?什么样的行为规范和价值准则能将人和人的社会"理应如是"的理想付诸实践?或者模仿黑格尔的说法:将人"理应如此"的价值理念转化为事实、行为中的"定在",其中介性价值是什么?

广义说,法律体系中的任何环节如法律规范、权利义务约定、司法和执法过程,都是在落实"人理应如此"中所蕴含的法治文化价值。不过集中和典型地体现这种价值的,是自由、平等、正义、人道等价值范畴。这些价值范畴是法律体系、法治文化关于人"理应如此"之类预设的延伸和具体化。例如,一种法律体系的基础是"人生而自由"的原则,每个人都有平等的自由权利;外在的异己的束缚是人类社会不合理的存在形态,因而应该避免乃至克服。这个原则还是抽象的,还要通过

价值与文化
——人类社会的双重密码

一系列法律规范、权利义务约定加以落实；通过法律的制度设计，防止对人的自由权利的无端侵害；对侵犯人的自由权利做相应的惩罚等。可见，平等、正义、民主、人权等价值范畴，充当从法治文化关于"人"的预设，到具体落实的中介性的价值范畴。人们按照自由、平等、民主、人权等价值范畴制定法律、践行法律、完善法律，违背这些价值原则的行为被认定为"违法"或"犯罪"，从而采取必要的强制措施。于是，"人之为人理应如此"的文化理念，就转化为现实的法的价值，法的价值实现了普遍理念与现实实践的统一。

（3）法的价值是将"人应当如何"的问题不断推向更高文明状态的那种价值

人类的法律和法治文化是具体历史的，是随着社会整体发展而不断发展的。贯穿在法律体系中的价值，也必然不断发展、演变和完善，不断由非人道向人道进步、由专制暴政向民主文明演化。

我们知道，法的历史非常悠久。古巴比伦有《汉谟拉比法典》，古印度有《摩奴法典》，中国的法可以上溯到《禹刑》。这些法从一定意义上说也是当时的文化，也有贯穿其中的价值。只不过这种法文化是人类文明早期的落后形态，这种法的价值是为专制主义服务的，它不是现代文明法和现代的法的价值。人类社会的法律在不断发展演变。演变的大趋势是不断地去掉狭隘、蒙昧、野蛮的因素，趋于开放、文明、理性、进步；不断摆脱专制、独裁和暴政，获得更多的民主、自由和人民性。按照黑格尔的理解：法的历史发展，是理性精神由自在到自由的发展。"东方各国只知道一个人是自由的，希腊和罗马世界只知道一部分人是自由的，至于我们知道一切人们（人类之为人类）绝对是自由的。"① 黑格尔的观点有其偏见，我们不能完全同意，但他看到法的发展演变、法的价值不断地趋于自由，这是非常深刻的。

---

① 黑格尔：《历史哲学》，王造时译，上海：世纪出版集团2006年版，第17页。

法治文化的发展和法的价值目标的更新，一方面是社会存在、社会的生产和生活方式发展的结果。物质生活条件的演变，让人们更独立、更自由、更懂得尊重人的权利与尊严。另一方面，人们也不断地批判和反省现存的法律、法理、法治文化和法的价值，并在此基础上探索和建构新的理论，提出更加理想的法的目的价值。于是，具体历史形态的法及其法的价值，都只是人类漫长的法治文化史中的一个片段、阶段，是人类的自由精神由"自在"到"自为"发展史上的一环，是人们的权利义务由不平等向平等发展史上的一环，是人类社会交往规则特别是公共规则，从野蛮、非理性，向文明和理性发展史上的一环。法的价值终究有一种指向性：指向自由、文明、民主和仁爱。

四、社会主义法治文化中的法的价值

社会主义法治文化是法治文化的高级阶段，也是这个问题的进一步具体化。社会主义法治文化中的法的价值是社会主义法治文化的内核，它作为某种导向、"意向"（布伦坦诺语）、定势，代表着社会主义法治文化是"如此这般"的法治文化。易言之，社会主义法治文化是从文化、"人化"的角度看社会主义法治，是着眼于渗透在社会主义法治中符合社会主义条件下人"理应如此"的内涵。也就是说，这种法治文化是社会主义性质的——主要是马克思、恩格斯预言和主张的社会主义，它以法治文化的方式，集中体现马克思、恩格斯关于未来社会主义条件下人们的主体间关系应该如何、权利义务关系是怎样的。反过来说，社会主义法治是指从文化和文明的角度看法治。根据我们前面所谓"文化即人化"的道理，研究社会主义法治文化应该从马克思主义和社会主义传统中揣摩和透析"人理应如此"的理想，应该回到马克思主义经典作家关于人的本质和价值的思想，应该回归马克思、恩格斯关于共产主义条件下人的存在状态的构想。

价值与文化
——人类社会的双重密码

在马克思看来,商品拜物教流行的社会,人处于"以物的依赖性为基础的人的独立性"①状态,处于被颠倒的对抗性状态,那还只是"人类社会的史前史时期"②,并不是真正人的状态。必须通过生产发展和交往的普遍化,通过社会革命,实现人本身的解放,完成"人的本质的复归"。恩格斯则说,未来社会有计划地组织生产,那时才真正"在社会方面把人从其余的动物中提升出来"③;"人在一定意义上才最终地脱离了动物界,从动物的生存条件进入真正人的生存条件"④。共产主义社会,人不再像私有制条件下,被狭隘的和异己的物质条件制约,按生存竞争的"丛林原则"交往,而是进入"人应该如是"的状态。

那么,真正的人的状态究竟该是怎样的呢?就是马克思主义创始人常说的"自由人的联合体"或人"自由全面发展"的状态。马克思理想中人的自由状态是:"建立在个人全面发展和他们共同的社会生产能力成为他们的社会财富这一基础上的自由个性。"⑤未来是"以每个人的全面而自由的发展为基本原则的社会形式"⑥。在《共产党宣言》中,马克思恩格斯描述未来:"每个人的自由发展是一切人的自由发展的条件"⑦。恩格斯也说:"随着社会生产的无政府状态的消失,国家的政治权威也将消失。人终于成为自己的社会结合的主人,从而也就成为自然界的主人,成为自身的主人——自由的人。"⑧这些引证足以证明,在马克思主义创始人心目中,真正的人的状态就是自由地结合、自由地发展,就是"人的解放"。据此我们认为:社会主义法治文化应该按照马克思主义经典作家关于"人"的这个理想而"化"。

---

① 《马克思恩格斯全集》(第46卷·上),北京:人民出版社1979年版,第104页。
② 《马克思恩格斯选集》(第2卷),北京:人民出版社1995年版,第33页。
③ 《马克思恩格斯选集》(第4卷),北京:人民出版社1995年版,第275页。
④ 《马克思恩格斯选集》(第3卷),北京:人民出版社1995年版,第757页。
⑤ 《马克思恩格斯全集》(第46卷·上),北京:人民出版社1979年版,第104页。
⑥ 《马克思恩格斯全集》(第23卷),北京:人民出版社1972年版,第649页。
⑦ 《马克思恩格斯选集》(第1卷),北京:人民出版社1995年版,第294页。
⑧ 《马克思恩格斯选集》(第3卷),北京:人民出版社1995年版,第760页。

我们今天要"依法治国",要推进法治文化建设,这个法治文化不是其他性质的法治文化,而是社会主义法治文化。支撑这个文化的法的价值,也应该是自由。从马克思主义创始人的相关理论可以推知:自由价值是社会主义法治文化中的最高价值。社会主义法治文化中的自由价值,可以看作是从法的价值之角度对"社会主义时代的人理应如此"做出回应。落实到法律行为中,社会主义法治文化中的价值,应以追求和促进每个人的自由全面地发展为旨趣,以利于整个社会成为自由人的联合体为旨趣。

如果说以自由人的联合体、人的自由全面发展为价值目标,是社会主义法治文化中关于人道预设和社会文化导向的价值的话,则以"共有、共创、共享"为基础的平等、公平,就是社会主义法治文化中的规范价值。

我们知道,社会主义诞生于16世纪的欧洲。从莫尔、康帕内拉开始,社会主义的价值诉求大体可以归结为公平、平等的价值观。这种价值观的具体内容包括人人共同劳动,共同占有社会财富,共享劳动成果,亦即"共创、共有、共享"的社会交往方式。马克思主义创始人批判了他们的空想性质,但吸收了他们的基本精神。科学社会主义价值观,大致也可用"平等"来概括,大体也可归结为全民"共创、共有、共享"的交往方式和法律关系。上面引文"他们共同的社会生产能力成为他们的社会财富这一基础"等,就是这个意思。不同的是:马克思、恩格斯主张的社会主义,不是天才人物的脑子里想出来的,而是经济和社会发展的必然结果。通过政治经济学批判和社会主义革命的实践,寻找一条达到"平等"及"共有、共创、共享"理想道路。

社会主义的这些价值诉求在中国文化传统中找到了绝佳契合点。儒家思想中的"大同""天下为公"等"天下主义"思想,墨家"兼爱""尚同"的思想,底层平民中"等贵贱均贫富""有饭同吃,有衣同穿""耕者有其田"的思想,也可以归结为"共有、共创、共享"基础上的

价值与文化
——人类社会的双重密码

平等、公平。中国文化传统中的这些价值观，与来自欧洲的社会主义思潮高度契合。正是这些契合才引起整个民族的共鸣，这是20世纪中国人民选择马克思主义和社会主义的重要原因之一。这种契合对中国特色社会主义法治文化建设和法的价值建设，亦具有重要意义。把平等、公平的价值观，"共有、共创、共享"的价值观，当作社会主义法治文化中的法的价值，会对社会主义法治文化产生很大影响，包括进一步强化"法律面前人人平等"的法律原则，以"商谈伦理""公共治理"方式逐步置换垂直管理的司法路径，促成人们之间的权利义务平等，保障公共资源公平合理分配、社会的物质财富和精神财富尽可能为全体公民享有为目标，等等。这也使得社会主义法治有更广泛的民主性和人民性。

  总之，从法的功能、规范、权利义务关系等具体价值，到哲学层面上的价值；从哲学一般到社会主义法治文化，这是法的价值问题从经验到理性、从抽象到具体的逻辑递进。通过对这一逻辑进路的分析可知：人民大众在理性和规范的条件下肯定自己的权益和价值，并实现个性独立自由，是社会主义法治文化视野中的最高目的价值。这是因为：社会主义法治文化不只是法治，还是文化。法治文化意味着，人民大众只有普遍的和自觉的法治行为，自己的权利和价值方能得到更好的肯定。当人们的权益和价值从法治生活中得到肯定时，也就更自觉地尊重与创新法治生活，以致将法"内化于心外化于行"，"从心所欲不逾矩"。这就是我们憧憬的社会主义法治文化。这样的价值目标不是主观随意的，它的理论之根深深地扎在马克思主义和社会主义传统中，深深地扎根在马克思恩格斯的人学理论之中。

  与王萌合作，原载《马克思主义与法律学刊》第4卷。

环境伦理的三层境界

（2007）

环境伦理学兴起，扭转了现代化和工业化以来流行的自然观、环境价值观，为人的自然生存方式提供了全新的视野，注入了全新的思想。但是我们也应该看到，环境伦理学的讨论一开始就陷入"人类中心论"和"非人类中心论"的两极对立中，争论的双方都有一些理论前提没有解析通透，而将不同逻辑层面上的问题置于同一层面上，试图得出非此即彼的结论。本文试图分析二者共同的前提性错误，并给出一种超越两极对立的解释方式。

一、无立场的环境伦理是可能的吗？

"非人类中心主义"就是试图提供这样一种视角：不属于人和地球上的任何物种，因而与他/它们都没有利害关系，这种绝对旁观者眼中的道德关系和价值事实如何。既然如此，这种伦理观必须回应的反诘是：环境伦理学能否彻底跳出人的立场？无立场的环境伦理观是否可能？

价值与文化
——人类社会的双重密码

1. 一种普遍宇宙伦理是否可能?

有的学者认为：人类的道德关系有两次大的拓展，一次是把道德从种族内部拓展到全人类，另一次是由人类拓展到自然，人类道德也就逐步超越种族歧视、物种歧视的狭隘性①。这一说法在事实上根据不足难以成立②，在理论上也面临许多困难。

（1）人是主体，主体间存在一种特殊的社会文化现象，即道德。假如把伦理泛化为超社会文化的宇宙现象，那么，环境伦理是谁之伦理？道德主体是谁？

一种解释是：人跟万物一样是平等的道德主体。例如有的学者言："凡有目的性和能动性的存在者都是主体，目的性加能动性就是主体性。"③ 这段文字被不少学者引用来证明自然物可以作为道德主体与人发生平等道德关系。这种将天然进化得来的本能型"目的性、能动性"，甚至是生命体的机能，与通过学习、探索和创造得来的目的性、能动性等同，笔者不敢苟同。否则，人、动物、植物，甚至任何物质都是主体④，彼此彼此——这显然是不严肃的。真正的主体，其自觉自由的文化品质是不能抽掉的。此外，主体还有一层内涵：主格地位。人以探索

---

① 众所周知，这个观点最初是由美国学者莱奥波尔德提出的。后来，中国不少学者也重复了类似观点，如刘湘溶：《浅论生态伦理学的学科性质》，载《道德与文明》2003 年第 5 期；《生态伦理学的价值观》，载《湖南师范大学社会科学学报》2004 年第 5 期；李培超：《自然的伦理尊严》，南昌：江西人民出版社 2001 年版，第 7 页。

② 远古文明中普遍流行万物有灵论、图腾崇拜观念；佛教之"众生平等"观，道家之"天地与我并生，而万物与我为一"说，儒家之"民胞物与"论，早已把道德"由人类拓展到自然"了。

③ 卢风：《应用伦理学》，北京：中央编译出版社 2004 年版，第 118 页。另，余谋昌先生区分人的目的性、动物和植物的目的性、无机自然界的目的性，以为这样既保留了自然的目的性，又不至于将人与自然混同。笔者以为，这个区分方法并没有将人、动植物甚至无机物的本质差别说清楚。

④ 余谋昌先生区分不同主体：在地球进化的前生物阶段，物质是主体；在地球进化的生物阶段，生物是主体；在地球进化的人类阶段，人是主体；但这一说法问题很多，因篇幅所限不能展开。

和创造的方式对待外部世界,将周围事物对象化,自己也成了优于万物、高于万物的"人",每一个体在这个超自然的类中,有自己的身份和地位、价值和尊严。

另一种可能的答案是:环境伦理无需主体。但是,没有道德主体的道德是什么样的道德?它与超道德的自然现象如何区分?没有道德主体,也就没有权利义务关系的承担者,如何发生道德关系?为什么道德在人际间是两个主体的事,在环境那里却无需主体?其实,这种例外只能说明,自然物本不是作为道德关系中的一方与我们发生关系,是我们实际充当自然物的道德代理却不自知。

(2) 人与自然物在多大范围内存在道德关系?如何划定道德关系的界限?

非人类中心主义把社会文化现象与自然现象还原为同质的系列,从量的规定性上寻找道德共同体的界限,例如能否体验快乐与痛苦(辛格),是否拥有感觉、记忆或情感(雷根),或者依据"物种的福利",极端的形式还把道德扩展到包括植物、水和土壤,乃至全部自然界,仿佛它是宇宙中存在的一种跟引力差不多的自然现象!在笔者看来,这些争论的前提错了,问题自然是假问题。

道德只能是人文现象,道德关系只能是人们间的关系,原因不是像某些人抨击的那样,维护人的道德特权,而是因为:第一,自然界本身无所谓伦理道德,狼吃羊、羊吃草,跟草木吸收养料、空气风化石头一样,是超道德的自然现象。人类出现后,世界上才有不同于自然的社会文化现象,道德即是其中之一。第二,我们是人,我们只可能为人"立法"(人际伦理)和从人的立场"立法"(环境伦理),不可能绝对地超越人的立场为整个宇宙"立法"。用道德眼光看待自然现象其实是拟人化的结果。

2. 存在自然的内在价值吗?

罗尔斯顿强调"大自然所承载的价值"是"内在价值","这些新

价值与文化
——人类社会的双重密码

价值是附在自发的自然价值之上的,而后者是某种非体验性的价值"①。我国学者余谋昌先生从生命和自然界的目的性、主体性、主动性、"价值能力"以及生命和自然界的智慧等几个方面反复论证自然的内在价值。② 还有些学者强调某些现象和状态——例如"鱼跃鸢飞",生态繁荣,万物和谐,自身即好,即有价值,不是对任何"体验者"有价值。

"内在价值"是一种含糊的说法,它包含几种可能的理解:

(1) 某些自然状态无需相对于任何主体(无论是人或者物)而言,或曰价值是自足的。这种"无主体价值说"包含两个错误:第一,把事实与价值混为一谈。事实(属性、状态)也许是自足的,但价值总是对谁/什么产生了价值。如果根本无所谓主体、毫无价值立场,价值问题也就不存在了;一旦我们作价值判断,也就说明有价值立场,进而有价值主体暗含其中。第二,把无功利的审美价值误解为无主体的价值。论者实际指主体不是为着某种功利,而是以自由和超然的心态欣赏自然,体验自然美。这不是无主体,而是主体处于超然心态,像庄子描绘的那样,沉醉于"天乐"和"大美"的体验中,进到"与道同一"的"天地境界"。

(2) 某些自然状态不是相对于任何特定的主体,而是相对于整个自然界而言有价值。例如一头角马可能被一群狮子捕食,但整个草原却因此生机勃勃,天地"厚德载物"的本性也体现出来,这种功能即价值。这种价值真的与人无涉吗?假如真的是,那我们就不能说森林、草原比荒漠更有价值,也就无需讲环境伦理。假如真的绝对与人无涉,则荒漠也好森林也罢,同为自然现象,何必"厚此薄彼"?一旦你做了特定倾向的价值判断,那就偷偷地以人的主体性为价值标准了(人按照由近及

---

① 霍尔姆斯·罗尔斯顿:《环境伦理学》,杨通进译,北京:中国社会科学出版社2000年版,第37页。
② 余谋昌:《自然内在价值的哲学论证》,载《伦理学研究》2004年第4期;《"自然价值"与21世纪》,载《上海师范大学学报(哲学社会科学版)》2003年第1期;《自然价值的进化》,载《南京林业大学学报(人文社会科学版)》2002年第3期;等等。

远、推己及物的原则判断价值)。

(3) 某些自然状态不是相对于人,而是相对于特定的自然物有价值。例如鱼对鱼鹰有价值、青草对于小羊有价值。这里看似与人无涉,但如果我们像庄子那样诘问:你不是鱼鹰怎么知道鱼的价值?你不是小羊怎么知道青草的价值?你或者无法回答,或者设身处地设想自己是鱼鹰和小羊,体验鱼和青草在自己身上产生了什么价值——仍然是我们自己暗中充当该物种的代理人。

综上,非人类中心主义有两个致命弱点:

(1) 严格意义上的非人类中心主义,内在地包含反人类的结论。正如有的学者所言:环境道德境界和原则是现实的,关键是看它如何解决人类利益和自然利益的冲突。如果某种道德境界只体现在人与自然的利益一致之处,这种观点其实并未超越人类中心主义;当人类利益与非人类的自然的利益冲突时,要坚持人的利益(至少是"基本利益"),就不可能是非人类中心主义;要坚持非人类中心主义,就不同程度地牺牲人类利益①。人类利益舍弃越多,道德境界就越高,按这种逻辑推论的结果就是:环境伦理的最高境界就是毁灭人类②。

(2) 从方法论和理论前提上说,非人类中心主义不懂得价值和伦理是人文现象,是人的一种生活和生存方式,以为宇宙深处隐藏着伦理和价值的绝对参考系,以为人可以是世界之外的绝对的旁观者,我们既可言说环境价值而又丝毫不打上人的烙印。但这本身就是"人话"、人的立场。

二、人类立场是绝对的吗?

"人类中心主义"这个概念被用得很乱。为讨论方便,我们要做适

---

① 黄爱宝:《也谈环境伦理的道德境界》,载《科学技术与辩证法》2003年月第20卷第1期。

② 转引自徐嵩龄主编:《环境伦理学进展:批评与阐释》,北京:社会科学文献出版社1999年版,第35页。

当界定：(1) 作为价值立场和取向。在环境生活中，人不可能不坚持自己的价值和利益，不可能不以自己为中心，人类主体性（人的需要、利益、潜能等）是环境伦理的价值尺度和目标。(2) 作为视角或方法论前提。我们不可能脱离人的立场抽象地谈环境伦理和自然价值。你说环境价值有"属人性"也好，说它是与任何主体无涉的"内在价值"也好，只要你"说"，就在说"人话"了，人的立场就在其中了。(3) 作为思维方式。谈环境价值，"需要使用价值思维"①。这种思维以不断生成、发展、完善的主体性为轴心，建构价值事实。它不是着眼于自足的既定的质，而是着眼于关系（对待）、生成和过程。并且，主体的观测、描述、解释等，是价值事实显现的必要参数。

"人类中心主义"的立场和视角是值得肯定的，但仅有这个立场和视角又是不够的。如果说非人类中心主义必须回应的问题是，人类不可能真正超出自己的价值立场；那么，人类中心主义必须回应的问题则是：人类立场是绝对不可超越的吗？如果人类跟其他物种一样只知道以自己为中心，人类何以能作为"万物灵长"？

(1) 典型的人类中心论者把环境伦理的问题归结为自然资源分配的公正问题。环境伦理的问题阈被限定于："特定主体利益与他人利益、前代利益与后代利益之间的矛盾和冲突"②，或者"当代人与后代人在自然资源上的公正分配问题"③等。

环境资源配置的正义与善，诚然是环境伦理学的重要问题，但仅限于资源分配的公正问题，这只看到了环境的资源价值、功利价值，把环境价值等同于利益问题，环境的其他价值就被漠视和放逐。这不但使环

---

① 李德顺：《从人类中心到环境价值》，载《哲学研究》1998年第2期。需要指出的是，环境价值是指事物和行为在满足人的自然环境需要方面的各种价值，它远不止经济价值或功利价值。
② 汪信砚：《环境伦理何以可能》，载《哲学动态》2004年第11期。
③ 甘绍平：《应用伦理学前沿问题研究》，南昌：江西人民出版社2002年版，第143、162页。

境伦理学贫乏和干瘪，甚至没有存在的必要——因为传统的规范伦理学已经在研究利益问题、公正问题。其实，自然除了作为资源对人具有功利价值、经济价值外，还有宗教价值、道德价值、审美价值、文化价值等；人们除了需要与环境交换物质资源外，还需要从环境那里获得各种精神资源。

仅仅看到自然的经济价值、功利价值，恰恰是现代化和工业文明以来，环境伦理观和自然生活方式的主要问题。环境伦理学的使命就是要超越传统的观念，重新反思人们的环境（自然）理念和环境（自然）生活方式，从伦理和价值的角度重新反思人与自然（宇宙）的关系。如果我们不改变"环境价值＝经济（功利）价值"的观念，全面地看待自然的价值；如果我们不超越自己，"推己及物"地关爱其他生灵、充当宇宙的代言人，我们就不可能超越工业文明以来的环境价值观，也不可能真正可持续发展。

（2）仅有人类立场而没有超人类立场，这意味着将人类低到普通一物的水平。自然中的各种生灵，为着自身的生存和繁衍，本能地以自我为中心。狮子必然奉行"狮子中心主义"，山羊必然奉行"山羊中心主义"，蝴蝶必然奉行"蝴蝶中心主义"……如果人也如此，只懂得奉行"人类中心主义"，人类跟其他生灵就没有本质的区别，都是基于自然本能生存和繁衍的一个类，那么，人作为自觉自由的类的特殊性又如何体现？没有超越性维度和立场，是人类中心主义的致命弱点。

三、诠释人与自然伦理关系的三个层次

"人类中心主义"和"非人类中心主义"都有其合理性，又有共同的问题：把不同层次、视角的差异归结为观点的差异，将不同逻辑层次上的问题置于同一平面上，试图得出非此即彼的结论。消解二者对立的关键是，分析话语和视角的不同逻辑层次，给出使不同观点和各层次问

题都能在其中合理定位的谱系,以便超越"人类中心主义"和"非人类中心主义"①。

笔者以如何处理"即人类立场又超人类立场"的态度为根据,将环境伦理学区分为以下三个层次:朴素的人类中心论、无立场的众生平等论、即人类立场又超人类立场的众生和谐论。

1. 朴素的人类中心论

人自发地以自己为中心,将伦理道德限定在人的范围内,按照自己的利益和价值诉求决定人在自然中的生存方式,以人的主体性尤其是物质需要为标准,判断自然物的价值,并决定取舍。这一观念满足于人生存的现实性,承认自己作为一个族群,利用自然资源包括其他物种的合理性,承认环境价值是基于人的立场的价值。

朴素人类中心论的最大特点是:自发地从自身的立场和视角、需要和欲望出发,仿佛人只是芸芸众生里普通一族,跟其他物种、生命相比,我们没有什么特殊性。我们以其他物种、以自然资源为消耗对象,就像狮子捕食斑马、牛羊咀嚼青草一样。这种道德境界,用庄子的话说,就是"以物观之,自贵而相贱"的境界。它不懂得超越自身的立场,站在万物的角度换位思考,推想其他自然物也有与人类似的"价值诉求";没有"我是万物灵长,因而对自然负有守护责任"之类的意识;不懂得彻底跳出人和特定物种的立场,以"万象等观"的姿态观照万物。

---

① 我国环境伦理学界已有人意识到人类中心和非人类中心两极对立的局限,因而主张"超越"人类中心和非人类中心两极对立,并区分了人类中心境界、动物权利境界、生物平等境界和生态整体境界。(杨通进:《超越人类中心论:走向一种开放的环境伦理》,载《道德与文明》1998年第2期。亦见《争论中的环境伦理学:问题与焦点》,载《哲学动态》2005年第1期)。在笔者看来,这个尝试是不成功的。因为:(1)论者还没有关于不同视角和逻辑层次的自觉,其思想仍是非反思的;(2)论者所说的动物福利境界、生物平等境界和生态整体境界,其实同属非人类中心主义的境界。

2. 无立场的众生平等论

人试图彻底超越自我之立场,"推己及物",为其他自然物着想;思考自己对自然、对其他生命的责任,或者以袖手旁观的姿态冷观众生宇宙。这时,(1) 通过类推和换位思考,"推己及物",人觉得其他生命乃至自然中的任一要素,都有自己的权利、价值和尊严,都应该得到尊重和保护。(2) 任何物种都没有高于其他物种的特权,人与其他物类别无二致,都是芸芸众生,没有某种自然法规定人的价值高于动物或植物,人也不应该赋予自己道德特权。(3) 从宇宙的角度说,万物顺其自然,整个生态系统构成生机勃勃的和谐整体,这是自然的最高价值。

无立场的众生平等论最大特点是忘我:假定自己绝对地超出人的立场,跳出人自身的窠臼,从宇宙"本身"的角度看问题,"纯客观"地观照这个世界,像上帝一样,从这个世界之外冷观万物之间的伦理和价值关系①。这种道德境界,相当于庄子所谓"以道观之,物无贵贱"的境界。

这层境界的全部观点建立在这样一个预设上:人自身可以绝对地不在场,就像上帝不在世界中一样;宇宙间存在与任何物种(尤其是人类)绝对无涉的价值,就像经典物理学中的绝对时空和以太一样。实际上,这样的预设是不成立的。我们是人,任何价值都不可能真正摆脱人的立场,任何伦理都不可能真正超越人文范围。

3. 即人类立场又超人类立场的众生和谐论

笔者主张,作为前两种境界之"合题"的第三层境界,即人类立场又超人类立场的众生和谐论。"即"者,在其中也;"超"者,在其外也。人作为这个世界上的一个"类",有双重身份。

---

① "从维持生物存在的角度看","从局外者(例如公正的外星来客)的立场看"(刘湘溶、李培超:《论自然权利——关于生态伦理学的一个理论支点》,载《求索》1997年第4期)。

价值与文化
——人类社会的双重密码

一方面，我们承认，在环境伦理生活方面，人类不可能真正摆脱人的立场，自然价值和环境伦理中，必然贯穿人的标准和尺度。这里有两层意思：（1）任何环境伦理和自然价值问题必然透过人的世界观和价值观，这是无法摆脱的前提。那些所谓与人绝对无涉的伦理和价值问题，其实是人的问题——由人的生存危机引起，以人为参照系，按人的方式思考和提出的问题。（2）人是自然存在物，作为万物中的一族，他必然以自己的生存和发展为最终目的，利用自然资源从本性上说不是不道德的，就像其他物种也以别的生命和自然资源为食一样。人保护自然资源，严惩猎杀珍稀动物、毁坏珍稀植物的人，最终也是为了人；当人的利益受到其他物种严重威胁时，人必然站在自己的价值立场上对待其他生命；即使人毫无功利地悠哉游哉地欣赏"鸢飞鱼跃"的情景，那种价值也是自然相对于人的审美价值。

另一方面，人是这个世界上唯一有自觉自由意识与能力的类，这种特殊性使人既立足于自身的价值立场，又超越这种立场，从某种意义上作为万物的监护人、宇宙的代言人。从这个角度说，（1）我们可以而且应该在一定程度上打破物种间的界限，与万物沟通。我们可以进到其他物种的"心灵"，"知鱼之乐"，当"马语者"，感受其他生灵的欢乐与痛苦；（2）我们可以"推己及物"，比照人与人讲道德的方式跟其他生命讲道德，以尊重人的价值的心态尊重其他生命的价值，以关爱人的方式去关爱其他生命，以帮助人的心态去帮助其他生命；（3）我们可以将自己的道德和爱心博施万物，充当宇宙生命的监护人，维护生态的整体平衡，维护整个生命圈的和谐、健康与繁荣；可以"与天地同流"，至于宇宙无上境界。

这一境界的最大特点是不失人类立场，又不拘泥人类立场。由于前者，它没有非人类中心主义的迂阔和不切实际；由于后者，它跳出了自发人类中心论的狭隘与原始。

四、环境伦理学的根本问题

我们主张即人类立场又超人类立场的环境伦理原则，这个原则要求我们在这两种看似相反的价值立场之间寻求适当张力和动态平衡。

在现实的环境生活中，我们总遇到这样的矛盾：人类的价值立场不可能超越，但又必须超越；我们既是一群"自私"的自我，又是宇宙间唯一能超越自我，甚至"舍己为物"的类；我们是以消耗自然资源为条件生存和发展的普通生命，又是具有自觉自由意识从而能主动承担保护自然万物天职的特殊的类。从"即人类立场"说，人作为一个类，要生存和繁衍，必然"自私"，必然"以我为中心"。人的自然观、价值观、思维方式与行为方式，不可避免地是"人"的。从"超人类立场"来讲，不是说人与万物一体，没有本质区别，没有高低贵贱之分，而是说，正因为人高于万物，所以人有责任守护生命和环境，并且只有人才能承担这个责任。我们赞美自然本身的价值，我们用悲天悯人的心态对待众生，不是别的，是因为我们是自然的守护人。在自然中，人好比一个公职人员：既有个人利益，又必须秉公办事，不能滥用公器公权。这样的伦理原则是在一系列矛盾中展开的。

（1）人的权利、价值与自然的"权利"和"价值"之矛盾。环境伦理的理想状态是人与自然的和谐发展，人与其他生命共生共荣。但这种共赢的局面只是多种可能中的一种，人与环境的冲突是常见的情形，环境伦理不可避免地会遇到两难选择：要么为了人的权利和价值而牺牲其他物种的"权利"和"价值"；要么为了物种繁荣、生态平衡舍弃人的某些利益与价值。

（2）整体环境的价值与特定物种之价值的矛盾。环境伦理以维系自然的整体平衡和繁荣为主，它不是也不可能尊重每一物种、每一个体的价值，相反，它常常还要牺牲某些个体甚至群体。数量关系的权衡与物种权利的尊重可能是冲突的。

（3）人类"种族假象"与物种天性之间的矛盾。我们对物种、对自然的关爱方式是以我们的知识和价值观为前提的，但这些知识和价值观难免有错误，即使出于善良动机保护自然资源，我们也难免因无知和成见而做出有悖天性的事。尽管如此，我们还是要做。

也许有人说，超人类立场其实也是人的立场：人悲天悯人，做自然的守护人，最终仍然是为了人——人格完善和精神升华的需要、为宇宙万物之尊的心理需要，等等。不错，这是在更高层次上的逻辑回复，是我们在环境生活中永远也摆不脱的怪圈。

原载《自然辩证法研究》2007年第6期

科学的价值缺位与回归

（2005）

众所周知，科学是由关于客体的知识体系、产生知识的活动、科学方法等内容按一定层次和方式构成的动态系统。科学是一种理性形式，它遵守特定的规范（库恩所谓"范式"），服从逻辑规则；尊重客观事实，以观察、实验得到的事实和数据为根据。技术是运用科学知识进行改造和创造的手段与方法的总和，包括各种工序、方法、技艺及其他中介系统。价值是客体（价值对象）对人的生存、发展、完善所具有的肯定（价值）或否定性（负价值）特质。价值关涉的是人生存的意义定位与支撑，它通过人的意义、目的、理想、"好"等表现出来。我们通常说的功利、善、美、优雅、神圣、崇高等，都是价值。

大体来说，科学是关于世界、事物"是什么""怎么样""如何做"的问题，价值则是"怎么好""怎么值得""应如何"的问题。哲学上区分事实与价值、"是"与"应当"，虽然过于机械，但能在一定程度上说明问题。

20世纪下半叶以来，科学技术与价值的关系问题备受关注。因为当代科学和技术每每引起极大的道德困惑和价值危机，并且其趋势有增无减。这自然促使人们回过头来反思：科学技术怎么啦？文化价值怎么啦？科学与人性（事实与价值、"是"与"应当"）能否统一，如何统

价值与文化
——人类社会的双重密码

一? 本文试图对这个问题的学术史做简单的梳理,顺便谈谈笔者的一点看法。

人们认识世界和改造世界的活动是在事实与价值的互动中完成的:认识世界以获得关于世界的真知,获得真知则是为了有效地利用和改造世界,从而让人更好地生存和发展。在实践和生活的本真状态,不存在事实与价值分离的问题。近代科学的诞生,不单纯是事实认知的结果,它与西方文化传统中的人文价值理想有关。在古希腊人看来,人是理性的,恰好自然也有内在的理性结构("逻各斯");按照基督教的观念,上帝的完美和谐也体现在他的造物中,人生存的价值根据在上帝那里,而寻找和证明这一根据正是早期科学的主要目的(哥白尼、牛顿等人进行科学研究的重要目的就是证明上帝造物的完美和谐)。

但是,科学最终没有铺就"通往上帝之路",而是揭开了罩在自然上的神秘面纱,把自然化约为经验事实、实验数据,上帝的智慧也化约为公式、定律和逻辑规则。科学排斥信仰,排斥奥古斯丁所谓"天启"知识。这一过程即所谓科学的"祛魅"。科学"祛魅"的过程,也是基督教所代表的价值、意义退场的过程。所以,科学与价值分离,原本是科学走出宗教、理性战胜信仰的结果。

科学与价值的分离,导火线是大卫·休谟(David Hume)提出的一个看似不起眼的问题。在《人性论》中,休谟说,"在我所遇到的每一道德学体系中,我一向注意到,作者在一个时期中是照平常的推理方式进行的,确定了上帝的存在,或是对人事作了一番议论;可是突然之间,我却大吃一惊地发现,我所遇到的不再是命题中通常的'是'与'不是'等联系词,而是没有一个命题不是由一个'应该'或一个'不应该'联系起来的"[①]。言外之意,由事实("是")只能推论出关于事实("是")的结论,推不出关于价值("应当")的结论;后者只能由

[①] 休谟:《人性论》(下),关文运译,北京:商务印书馆1980年版,第509页。

价值（"应当"）本身推出。这就在两者之间划了一条鸿沟。

"休谟问题"在哲学界产生了巨大的冲击波，因为它动摇了科学与价值两大领域的基石，引出一系列难题——事实与价值、"是"与"应当"、"能够"与"应该"、认知与评价、信念与推理，等等。如何解决这个问题？在近代哲学史上，康德具有调和色彩的做法最有影响。康德把科学或认识（求真的问题）归为"纯粹理性"，把艺术、道德和宗教（美、善问题）归结为"实践理性"。两种理性的性质是完全不同的。在纯粹理性领域，关于自由、上帝和不朽这类"先天综合判断"（它们关涉信仰和价值）是没有意义的，但在实践理性领域却是必需的。鉴于此，康德的办法是限定纯粹理性，给信仰留地盘。这个办法看似成功地将两个领域做了定位，但事实与价值的鸿沟却因此扩大，这为以后科学排斥价值开了先河。

科学认识与价值信念确实是两个性质完全不同的问题，前者指向客体，服从事实，后者指向主体，依据人的立场和态度，将二者混为一谈会造成思维的混乱，因此休谟问题的意义是毋庸置疑的。但是人的生活实践却是流动的整体，认识事物并依据这种认识更好地生存，在现实生活中不是两个问题，而是一个问题的两方面；它们之间不存在鸿沟，而是自然过渡的。解决这个问题不能完全依靠理论辨析，而是诉诸实践。

科学只追问事实是什么的问题，而不论它对人的意义，不问人们的价值立场和态度；科学的品质是服从客观事实、服从逻辑，不服从人们的主观好恶、人们对意义的期待。从一定意义上说，科学要求价值中立，甚至是排斥价值。

"价值中立"最早由马克斯·韦伯（Max Weber）从社会学的角度提出。不过韦伯所谓"价值中立"，并不像后来的实证主义者宣称的那样，科学认识完全独立于价值和排斥价值；相反，他认为科学研究中，价值立场是不可避免的。韦伯区分"科学外的价值立场"与"科学内的价值立场"。所谓科学外的价值立场，是指研究者的信仰、世界观和阶级倾向，以及人们的研究所要达到的目的。人们要"认识所意欲的东西本身的意义""使用必需的手段"，以及为追求所意欲的目的所"付出的代价"。评价这些价值的有效性"的确不是经验科学的课题"①。

所谓科学内的价值立场，则是指研究者进入科学领域后所遵循的科学原则和科学规范。韦伯讲"价值中立"，实际是要求研究者摒弃科学外的价值立场。为什么呢？原因有二：一是科学职能使然。科学研究是描述客观事实，即建立关于事物的数字和逻辑的原理或文化状况的内在结构，而不是回答文化价值问题；是确立事实，而不是提规范性建议；或者说，科学不是信仰。二是因为，科学外的价值立场是主观生成的，它无法保障科学结论的客观性。因此，韦伯主张，社会科学研究应当严格区分"哪些陈述是纯粹从逻辑推演而来的或者对纯粹经验事实的说明，哪些陈述是实际是价值判断"②。"首先承认事实，即便恰恰是令人不堪的事实，然后把关于它们的规定和自己的价值态度区别开来"；"使自己服从职责，因而首先抑制不必要地表示自己个人的兴趣和其他兴趣的冲动"③。"承担任务者应当克制自己，排除并非严格地从属于职责的东西，而最需排除的便是他自己的爱和恨。"④ "研究者和描述者应当无条件地把经验事实的规定（包括他所确定的经验的人的'有价值取向的'行为，而经验的人是他所研究的）与他的实际是价值评判态度，亦即在判断中这些事实（包括经验的人的可能被造成为研究对象的'价值评判'）令人愉快或令人不愉快的意义上的'鉴定'态度区分开来"。⑤

---

① 马克斯·韦伯：《社会科学方法论》，韩水法、莫茜译，北京：商务印书馆2013年版，第5页。
② 马克斯·韦伯：《社会科学方法论》，韩水法、莫茜译，北京：商务印书馆2013年版，第152页。
③ 马克斯·韦伯：《社会科学方法论》，韩水法、莫茜译，北京：商务印书馆2013年版，第155—156页。
④ 马克斯·韦伯：《社会科学方法论》，韩水法、莫茜译，北京：商务印书馆2013年版，第156页。
⑤ 马克斯·韦伯：《社会科学方法论》，韩水法、莫茜译，北京：商务印书馆2013年版，第162页。

韦伯认为，实用政治与对政治的科学分析完全是两回事，预言家和鼓动家不属于讲台。一旦科学家把自己的价值判断带进教室，就终止了对事实的全面理解。他甚至认为，科学只关注自己的工作，或怎样完成自己的工作，而对为什么从事这项工作，或这项工作是否有存在的必要，科学并不关心。

科学内价值立场则是研究者对经验事实进行调整时所依据的实践价值。这里涉及韦伯对科学研究的理解：科学研究不是简单地再现规律，而是研究者"在想象中调整经验现实"的过程，这调整过程就少不了价值的作用。经验现实与价值在科学允许范围内的这种关联，他称之为价值关联（Wertbeziehung）。价值关联是对决定着经验研究对象的选择和加工的专门科学的兴趣所作的哲学说明。我们的行为是目的与手段的统一，它要达到一定的价值效果，也受"阶级利益""世界观"等的影响。韦伯还认为："所涉及的问题愈'一般'……问题的文化意义愈广泛，通过经验认识获知一个明确的答案就愈不容易，个人信仰的最高公理和价值观念在其中发挥的作用就愈大。"[①] 尽管如此，韦伯还是强调，科学研究应该将价值解释严格限定在科学许可的范围内。

原则上说韦伯的观点没错。科学研究应尊重事实，采取超然的价值立场；但是，"价值中立"仅仅在"尊重客观，不受主观好恶左右"这点上有意义，超出这个范围，科学活动不可能完全中立。科研课题的确立和选择、成果的评价和应用，都有价值渗透其间。这里的价值是客观的、公共的价值，是作为科学活动必需的价值，而不是出于个人或小集团的任意性。但韦伯的说法有一个困难：现实的操作中如何区分"科学外的价值立场"与"科学内的价值立场"。实际上，二者之间并没有严格界限，这种模糊性是我们无法消解事实与价值之矛盾的重要原因之一。

[①] 马克斯·韦伯：《社会科学方法论》，韩水法、莫茜译，北京：商务印书馆2013年版，第8页。

价值与文化
——人类社会的双重密码

价值被彻底放逐，是实证主义和分析哲学兴起后的事。

逻辑实证主义以科学作为知识的范本，他们全部的兴趣都在探讨科学命题之所以为真的前提。命题首先得有意义，其次才谈得上真假。一个命题要有意义，必须具备两个条件：符合语言和逻辑规则，以及与它所描述的事态的存在或不存在相一致。这两者又密切关联。石里克说："陈述一个句子的意义，就等于陈述使用这个句子的规则。这也就是陈述证实（或否证）这个句子的方式。一个命题的意义，就是证实它的方法。"① 卡尔纳普说："当且仅当一个语句是可证实的时，它才是有意义的，而它的意义即是它的实证方法。"② 逻辑实证主义试图用这套标准建构全部知识大厦。在逻辑实证主义者看来，现代科学理论是一个规范的命题系统。"一切真的命题的总和就是整个自然科学（或者一切自然科学的总和）。"③

实证主义者进一步规定了有意义的命题和词的范型。只有两类命题有意义：分析命题与综合命题。分析命题是重言式，如数学和逻辑命题，它的特点是严格遵循逻辑规则，并且只涉及形式，与内容无关。分析命题是必然的和普遍的；综合命题是陈述事实的命题，它可以化约为"记录者 N 在地点 O、时间 T 观察到对象 X"这样的物理命题。综合命题不是普遍必然的，它们是否真实，须通过经验证明。与之相适应，逻辑实证主义严格区分观察语言（LB）和理论语言（LT），前者标示可观察对象、过程、属性、关系等，后者主要是逻辑常词和数学常词。

真正的科学应该拒绝价值判断。为什么呢？因为价值陈述并没有描述任何事情，只是情感表达，如果我们不将它排除，就会引起混乱。例如卡尔·纳普就说，伦理学命题不是真正的命题，没有认识论意义。例

---

① 石里克：《意义和证实》，见洪谦主编：《论逻辑经验主义》（上），北京：商务印书馆 2010 年版，第 39 页。

② 卡尔纳普：《可检验性和意义》，见洪谦主编：《论逻辑经验主义》（上），北京：商务印书馆 2010 年版，第 70 页。

③ 维特根斯坦：《逻辑哲学论》，郭英译，北京：商务印书馆 1985 年版，第 44 页。

如"杀人是错误的"这个伦理学命题，就其文法形式看似乎是一个可真可假的陈述句，实际上却是一个伪装的命令句（"不要杀人！"），而命令句是无所谓真假对错的。人们之所以需要伦理学，是因为伦理学命题能够表达浓厚的情感和愿望，而不是因为它有认识论意义。艾耶尔也表达了类似观点。他说："就价值陈述是有意义的陈述而言，价值陈述是一些通常的'科学的'陈述；就它们不是科学的陈述来说，则价值陈述就不是在实际上有意义的陈述，而只是既不真又不假的情感表达。"[①]

逻辑实证主义研究语词之间的逻辑结构（规则、定义等），而不涉及语词的意义。他们主张用"科学的逻辑"代替传统的认识论，把科学的逻辑看作元科学。这种元科学不考虑文化价值因素。

实证主义和分析哲学在科学的严谨化、规范化方面的贡献是不可否认的，但它彻底的经验还原和逻辑（语义）还原之主张，只能是一种理论的乌托邦，实际上不可能。它把科学奉为至尊，并把价值彻底逐出科学的做法，深深影响了同时代的科学技术，导致操作主义和工具理性主义流行、科学技术异化。

实证主义和操作主义科学观的主流化，使得科学越来越非人性化，科学的兴盛与价值的失落、迷茫形成鲜明对照。科学和理性解构了宗教价值，但与人们期待的相反，科学自身并没有给人们新的价值支撑，却导致前所未有的价值危机。科学排斥价值，导致了人的生存状态严重的物化、异化，这又引发了人文主义者对科学主义激烈的批评。杜克海姆（E. Durkheim）、斯宾格勒（Oswald Spengler）、席美尔（Georg Simmel）、雅斯贝尔斯（Karl Jaspers）等都开始了这种批判。不过，鲜明和系统的批判始于海德格尔。

海德格尔哲学的宗旨是追思"是"（"在"，Sein）。人以 Dasein 的状态"解蔽"而"让……出场"，技术正好是这种"解蔽"的形式。在

---

① 艾耶尔：《语言、真理与逻辑》，尹大贻译，上海：上海译文出版社1982年版，第116页。

价值与文化
——人类社会的双重密码

《论人道主义的信》中，海德格尔考证：技术（technology）这个词不仅从名称上可以回溯到希腊的 technē，而且是从作为 alētheuein（解蔽）的一种方式的 technē，即作为让诸"是者"显示出来的一种方式而历史地和本质地演化过来的。与我们通常把技术理解为制造、操作和对工具的使用不同，海德格尔认为，技术作为解蔽，根本说是为了展露天道、天命（Geschick）。

古希腊时代，物、我一体，组成"天、地、人、神之四重整体"。但现代人不再关注物与世界的整体关联，而把物从四重整体中抽象出来，存在者现在和它的世界分离，存在者不再是一种神圣的难解之谜，客体即存在者尽失它内在的奥秘，一览无余，成为主体的附属物。

人在把世界客体化的时候，自己也被技术所异化，也因此沉沦。这是因为，人被"算计"（rechnend）的动机所左右。我们的时代多的是算计，少的是沉思。我们权衡利弊，在多种可能性中选择一种发展前景好同时更为廉价的可能性。我们被算计性之思唆使而不停地投机，这样，现代技术又成了一种"挑战"或"逼索"（Herausfordern）。这一次展现的目的是下一次的展现，展现就成了一个身不由己的过程，一种"座架"（Gestellen）。海德格尔理解的"座架"，实际上是技术支配和掌控的一种无形的制度和框架，是一种支配人逼索自然的异己力量，它使得包括外部对象和人本身在内的整个世界，都成为技术性的"持存"。

在科学乐观主义流行的时代，海德格尔敏锐地看到了技术给人类生存带来的根本性危机，为人和世界双重的失真表示担忧。在西方文化传统中，海德格尔的技术观具有独特的个性：他不是把人奉为至上的主体，而是放归到天、地、人、神的整体系列中；在东方文化饱受科学理性主义蔑视的时代，海德格尔却把"天道"（中国文化的观念）作为至高的把握目标；技术并没有为人的自由解放提供手段，恰恰相反，作为"座架"的技术断绝了其他文化展示的可能性，这反而遮蔽了天道本身；而且，人也成了技术系统中的环节和手段，也就是说人的本质和价值也被遮蔽。现代技术使得人连根拔起，失去了精神家园，成为无家可归的漂泊者。鉴于此，海德格尔呼吁：人是天道的守护者，人应听取、响应、追随天道，用沉思的方式走进天道，用艺术的方式追求诗性的栖居。

法兰克福学派把对科学技术的批判上升到对启蒙和现代化的批判，撼动了资本主义兴起以来的主流信念——科学、理性、发展、现代化等。在他们看来，科学技术的实质是"工具理性主义"。什么是工具理性主义？综观法兰克福学派的描述和批判，它实际上归结为三方面：第一，科学理性不关心事物是什么，只过问如何起作用，把理性的构成要素看作器具或手段，人们凭借它达到自己的目的；第二，把世界抽象化和形式化，把自然定量化；第三，严格区分事实和价值，并且在科学理性中彻底排斥价值；只关心做，而不关心是否应该做。

霍克海默和阿多尔诺在《启蒙的辩证法》中说，启蒙精神追求一种对自然加以统治的知识形式，它抛弃了诸如实质、因果性、属性一类形而上学范畴，把世界仅仅归结为量的方面；它追求抽象的范畴体系，要求思维或理性的抽象普遍性；形式逻辑和数学成为技术理性的方法论基础，借助数学和逻辑分析，自然被量化和形式化。现实与先天目的、真与善、科学与伦理等被分割和对立。

霍克海默严厉指责实证主义的如下观点：将价值与科学严格区分当作现代思想的最重要的成果；经验科学是排除人性和人类共同利益的东西，只有自然规律的探索才是合理的，价值是主观的，人道主义、宗教、道德等不过是不切实际的理想。"按照逻辑经验主义的观点，我们不应谈论主体。"[①] 但是，把科学理解成脱离主观价值因素的东西，主张经验事实的"中立性"，纯粹是一种幻想。实际上，对事实的接受、选择、描述和综合不能没有主观的偏向，概念的使用也不可能不涉及主体的旨趣乃至整个人类实践。实证主义关于纯粹事实中立的幻觉之错误根

---

① 霍克海默：《批判理论》，张小兵译，重庆：重庆出版社1989年版，第150页。

价值与文化
——人类社会的双重密码

源在于它割裂了主体与客体、理论与实践、价值与事实的关系,排除了理论研究中的主观性和价值等因素。

马尔库塞也批评说,"自然的定量化,导致根据数学结构来阐释自然,把现实同一切内在目的分割开来,从而把真与善、科学与伦理学分割开来……于是,逻各斯与爱欲之间不稳定的本体论联系被打破,科学的合理性呈现为本质上的中立。"① 这个世界不是人生活于其中的价值世界,价值是客观现实之外的主观的东西。

与科学技术进步论和乐观主义相反,法兰克福学派对科学技术持极端的批判立场。其主要观点是:第一,科学理性由于追求整体性、同一性和抽象普遍性,因此,启蒙精神像任何体系一样是极权主义的,它把思想和数学混淆,把数学程序变成思维程序,理性或思想变成物或工具;它教导人顺从整体、服从权威,甚至成为法西斯主义的群众基础。第二,科学技术的发展意味着统治人的力量的发展,用马尔库塞的话说:"趋于更有效地统治自然的科学方法,开始通过对自然的统治来为人对人更有效地统治提供纯概念和工具。"② 科学技术所形成的物化现象,把人们整合到资本主义秩序中去,人们通过对"虚假需求"的满足而自愿地顺从奴役状态,失去了独立的价值判断和批判意识,失去了独立的自我,成为"单向度的人"。第三,由于科学理性排斥价值,所以它不可能使人性得以改善和提高,这种条件下科学技术的发展只能是人性恶的发展,科学技术发展过程就是"把战争武器从弹弓引向百万吨级的原子弹"的过程。

法兰克福学派揭示了启蒙理性与工具理性和操作主义之间的内在关联,把科学的价值缺位与整个现代化联系起来,这个批判是惊世骇俗、振聋发聩的。科学技术所代表的启蒙理性排斥价值,过于形式化、抽象化、同质化,的确是导致现代社会价值危机的原因之一。不过,法兰克福

---

① 马尔库塞:《单向度的人》,张峰、吕世平译,重庆:重庆出版社1988年版,第124页。
② 马尔库塞:《单向度的人》,张峰、吕世平译,重庆:重庆出版社1988年版,第134页。

学派看不到科学理性中包含的人文价值，无视科学技术解放人和发展人的功能，就不能为科学与价值的统一寻找出路。另外，法西斯主义、奥斯维辛事件的真正根源是帝国主义、殖民主义、社会达尔文主义①，是人类的攻击本能，法兰克福学派把它归结为哲学同一性观念，未免牵强附会。

后现代主义者批评科学理性的基础主义和本质主义，它追求科学的基础、真理、客观性、确定性和系统性，习惯宏大叙事，这导致了专制主义和对个体、多样性的压抑。现代社会使得知识与权力结合，成为我们时代特有的霸权话语和统治力量。

米歇尔·福柯以批判现代性（启蒙、科学、理性）为目标来批判科学技术的价值。与现代理论把知识（科学）看作中立的、客观的（实证主义）或解放的（马克思）相反，福柯强调指出，知识与权力结合，已经形成新的统治形式。福柯声称，古典时期（1600—1800年）开启了一种对人类强有力的统治形式，这种形式到现代时期（1800—1950年）达到登峰造极的地步。这种知识权力是分散的、不确定的、形态多样的、无主体的和生产性的。与致力于威胁、压迫和摧毁式的法权不同，这种权力使用的是规范和政治技术，来塑造人的躯体和灵魂。在知识权力下，人不是一个受压迫的存在物，而是一个在"科学—规戒机制"（scientific-disciplinary mechanisms）之母体中被积极地构筑的存在物，一个"通过一整套的力量与躯体技术被精心组织起来的"道德的、法律的、心理的、医学的、性的存在物。

另一位法国哲学家让·鲍德里亚批评道：20世纪下半叶，发达国家开始了"从冶金术（metallurgic）社会向符号制造术（demiurgic）社会的过渡"，在信息社会或后工业社会，科学技术的价值缺位导致人的生存意义的新的危机，这引起了西方思想界的不安，后现代主义是这种不安的表现。鲍德里亚声称，由生产、工业资本主义以及符号的政治经济

---

① 作为一个流派、一种思潮，社会达尔文主义虽然不存在了；但它的精神实质在西方社会的"游戏规则"中并没有消失。

价值与文化
——人类社会的双重密码

学所支配的时代性纪元已经结束,与之相适应,一种由"类像"和新技术、文化所构成的后现代性纪元业已降临。后现代社会是由计算机、信息处理、媒体、自动控制系统以及按照"类像符码和模型"而形成的"类像社会"。电子媒体、信息技术和符号体系瓦解了真实与非真实之间的界限,并迅速繁衍出一套由图像和被操纵的"能指"构成的抽象环境。在类像社会里,各种广告向人们轮番轰炸,各种媒体提供的物像,为组织大众消费提供了技术基础。电影、电视明星与广告结合,制造了消费时尚的明星效应。人们自动地认同了消费社会物的奴役状态。在类像社会里,真实与虚拟之间变得模糊不清。模型和符码构造着经验,并销蚀了模型与真实之间的差别,人们对从前的真实的体验以及真实的基础也告消失。

综观现代史,科学的价值承载历程大体可以描述为科学的价值缺位与回归的过程:科学的成熟和理性化,伴随着对宗教神圣价值的否定。科学技术在"祛魅"的同时,又演变为工具理性主义,以至于出现科学主义和人文主义的分野。经过人文主义、浪漫主义的激烈批评以及科学自身的反省,科学自身也开始容纳价值,出现科学主义和人文主义重新合流的趋势。

实际上,马克思主义实践观、"两个尺度"说,以及真理与价值统一的思想等,已经包含着科学与价值统一的观念。由于有许多学者专门讨论过这些问题,我们这里就省略了。

明确主张科学与价值融合的,是实用主义。实用主义以"成功""有效"作为真与善、科学与价值的交合点。简言之,当我们按照一个理论进行操作,能实现目标,获得成功(有价值),则它就是真理。"真理"和"有用"是一个意思,都表示"这里有一个观念实现了,而且被证实了"[①]。"起作用的假设就是真的假设;真理是一个抽象名词,应用

[①] 詹姆斯:《实用主义》,陈羽伦、孙瑞禾译,北京:商务印书馆1979年版,第104页。

在一批现实的、预见的和期望的情况上面，这些情况是在它们的效果和后果中得到证实的。"①

后现代科学哲学家也步步深入地打破培根关于科学的确定性和完备性理想，继卡尔·波普否定科学的实证标准之后，托马斯·库恩把社会、文化和价值因素引入科学：在科学革命时期，各种理论不可通约（incommensurability），也不存在统一的评判标准。这时，理论的竞争靠的是劝说。人们放弃一种理论而采取另一种理论，不是根据逻辑和经验，而是依据社会、文化和价值因素。费耶阿本德把科学理解为多种文化传统中的一种。科学并没有相对于其他传统的天然优越性，非科学的传统今日衰落，也许会东山再起。因此费耶阿本德倡导一种"自由社会"，在那里各种文化传统都能平等地存在和发展。

此外，科学伦理学、环境伦理学等新兴学科，普遍承认科学承载价值的问题，并且致力于科学与价值的统一。

尽管如此，科学技术与价值的鸿沟仍然很深。今天，随着科学技术向纵深发展，它与价值的关系也将日益凸显。科学技术发展已经到了这样的地步，可以说，我们今天缺少的主要不是科学和技术，而是运用科学技术的智慧；我们感到困惑的主要不是人类认识自然时理性力量的不足，而是科学技术引起的人性、道德和价值危机。面对一日千里发展的科学技术，我们迫切需要反思这样一些价值问题：当代高科技究竟会引起哪些价值困惑和危机？它有没有一般性规律？科学技术如何在与人性协调的前提下发展？如何让科学技术尽可能带来正价值并减少负价值？科学技术如何为人类更幸福更有尊严地生活服务？科学如何帮助人们建立更好的价值观念？人们的文化和价值如何促进和校正科学技术活动？科学家的道德责任是什么？等等。

这些问题不存在抽象的终究答案，换句话说，问题的关键不是为科

---

① 洪谦主编：《西方现代资产阶级哲学论著选辑》，北京：商务印书馆1964年版，第182页。

学技术与价值的统一寻求逻辑上、理论的最终答案，而是在实践中长期不懈地致力于科学精神与人文精神结合。科学活动要把人性、人的价值与尊严、人生活的意义等纳入它的视野；人文学科要把科学，用科学精神不断地重构更加开放、合理的人文价值，科学的人文化和人文的科学化，就是我们的理想。

原载《北京理工大学学报（社科版）》2005年第2期

略论科学的"不可说"

(2000)

一

当代科学的每一项重大成就,都引起人们对科学发展前景的"矛盾情结":乐观与悲观交织、自信与困惑并存、神往与恐惧共生。原子能的发现使人们看到了开发新能源的广阔前景,又使世界笼罩在核战争的恐怖之中;人工智能的出现使人对利用智能机、开发人类智慧充满希望,又产生"机器人统治人"的强烈恐惧;"克隆羊"的问世更是挑起人们对"克隆人"既兴奋又害怕的矛盾心态。显然,随着科学的发展,这种情结还会进一步加深。

对科学的这种"矛盾情结"是 20 世纪特别是 20 世纪下半叶开始的特殊现象。诚然,科学与人性的冲突由来已久。历史上,自然主义或浪漫主义也反对科学技术。但是,以往的科学技术并没有给人造成像今天这样普遍而强烈的震惊、迷惘和恐慌,历史上的科学技术也深深影响着人类,改变人的生存手段、内容和方式,但并没有让人觉得人作为一个类、一个种有被科学技术吞噬的危险。以往的人们或许难以接受科学技术对朴素纯真道德的解构,和使人的能力衰退的事实,而不会担心科学

价值与文化
——人类社会的双重密码

技术会动摇人之为人的本性,不会担心它把人变成"非人"。这说明,当代科学技术对人性的冲击与历史上的这种冲击有本质的不同。那差别究竟何在?

当代科学(以及技术)对人性的挑战不是别的,而是对人的"是""在"(to be;Sein)的挑战;人们对科学的矛盾情结来自对科学会把人的类本质变成某种别的东西的忧虑。当代科学技术对人性的挑战,不只是改变了人的价值观念和生存方式(近代科学技术也有这种改变),而是对人的类本质、类价值的最深层的内涵提出了挑战,对人是其所是和不是其所不是的界限提出了挑战:核威胁对人作为一个类、一种地球上的高等生命能否继续存在提出了挑战,人工智能对人(凭借智慧和情感)作为万物之灵的独特"本性"和地位提出了挑战,遗传工程、器官移植则对人能否保持人之为人的生命体特征提出了挑战……就是说,当代科学冲击的是人最本质、最深层的内涵。于是,当代科学几乎要摧毁人的全部神圣性、神秘感和自然本性,因而引发人的本真存在和终极价值的危机:人性和人的基本价值是什么?当科学不断突破原先被认为纯天然和最人性的领域时,当人的本性、价值和生命存在一点点地被技术化时,我们自然会忧虑:人最后还能为自己保留什么?现代科学造成的这种冲击是巨大的,可能不会亚于生死问题在千万年中给人类带来的震撼。

面对这一冲突,通常的思路是圈定人性、人最基本的存在和价值,然后禁止科学和技术的逾越。例如许多国家宣布不克隆人,或成立专门委员会以严格控制 DNA 重组技术。当然,在一些带根本性的法律、伦理和哲学问题未厘清之前,这一思路是必要的。

不过,这种方法真的有效吗?未必!

第一,圈定人性、人最基本的存在和价值是可能的吗?事实上,人性、人最基本的价值究竟是什么,恰是不能一劳永逸地确定的。这不仅因为文化和价值在演化,甚至人的生命存在的内涵和外延也在变化。人们既然接受了自己是古猿进化而来的事实，接受了避孕技术，接受了试管婴儿，那么，我们凭什么断言人类永远不会接受"复合组件"或"克隆人"的事实呢？人的"基本"内涵并不基本，它正是改变得令我们发怵的那个变数。

第二，禁止现代科学对"人最基本的存在和价值"的逾越是可能的吗？人们的价值观念是多元的，科学的探索冲动和由此引发的竞争冲动是不可低估的。当联合国在为限制、削减核武器而努力时，有些国家不是仍在进行核试验吗？当许多国家宣布不"克隆"人时，也有的国家明确宣布不限制克隆人。不理会文明人类的任何禁令，敢于冒险的科学家肯定是有的。一旦别人发展了某项违禁科学，那些立禁令的人们也会打破自己的禁令。

如果现代科学对人性的挑战和逾越真的是日益加深且无法制止，那结局就真的会如悲观主义者所预言的：人本身将变得面目全非，人将不"人"，或者走向自我毁灭！

但是，在检讨这些结论的真实性和确定性之前，应该检讨得出这一结论的思路所依据的前提怎样。实际上，这些结论及其得出这些结论的思路依据这样一个未经证明的前提：科学可以"说"一切原本"不可说"的东西，做一切原本由天然造化做的事，可以进到人最本真的、最深层的领域。总之，"科学：没有止境的事业"，没有科学进不去的领域，没有科学做不到的事，只不过是什么时候做到、人类能否限制它使它暂时不做的问题。

这个前提正是我们该检讨的。

二

我们首先要确定的一点是：我们检讨的对象是近现代（modern）理性科学。近现代理性科学发轫于西方，肇始于16世纪的"哥白尼革

价值与文化
——人类社会的双重密码

命",成熟于牛顿力学。理想科学有两个基本精神:以经验事实为根据,以逻辑推理为手段。能证实(有事实根据)、符合逻辑(推理严密)、形成自我批判(证伪)的传统,以求真为第一要旨,符合普遍性和确定性原则,这是科学的理想追求,也是理性科学能取得如此辉煌成就的原因。

我们要确定的另外一点是:理性科学有没有其"不可说"的东西?众所周知,理性科学的辉煌成就,使得人们把它视为"真理""进步""发达""文明"等概念的同义语;对科学的乐观精神使得人们把它看作无所不能的,其中就包括超越和取代纯天然、纯人性的东西。但是现代科学真的能做到这点吗?科学真的能(像人们为之忧心忡忡的那样)进到最本质最深层的内涵中去吗?真的能取代天然造化的神化妙法吗?

这使我想起了维特根斯坦。这位伟大的哲学奇才早就提醒人们,科学不是万能的,不要把科学当作上帝来崇拜。他批评说:"在自然规律面前人们依然如同面对神圣不可侵犯者,就像古人在上帝和命运跟前一样。"[1] 众所周知,维特根斯坦把世界分为"可说"和"不可说"两大部分。在可说的事实世界之上,还有一层更根本的世界,即"神秘的"世界。他在致力于科学语言之清晰的同时,又认为,科学和逻辑语言对事实和逻辑世界可以而且必须清楚地言说,而对神秘的世界则无法言说,因此科技语言应对它保持沉默,"凡可以说的都可以清楚地说;而对不可说的东西必须沉默"[2]。例如,伦理、美、价值、人生意义,这些都是超越性的,是"不可说"。"死不是人生的一种事情","即使一切可能的科学问题都得到了回答,人生的问题仍然毫未触及"[3]。

---

[1] 库·乌赫尔特、阿·休伯内:《维特根斯坦》,孙美堂译,石家庄:河北教育出版社1999年版,第10页。

[2] 路·维特根斯坦:《名理学(逻辑哲学论)》,张申府译,北京:北京大学出版社1988年版,第17页。

[3] 路·维特根斯坦:《名理学(逻辑哲学论)》,张申府译,北京:北京大学出版社1988年版,第87、88页。

现代理性科学是否也有其"不可说"之处？或者说，自然和人性中也有科学进不去的"神秘"领域？讨论科学的"不可说"，当然应该先界定："不可说"意思是什么？什么"不可说"？

"不可说"是指特定的文化表达形式无法表达的某些领域，科学的"不可说"当然是用理性科学的表达方式（实证、推理、思辨、技术操作等）无法表达的某些存在领域。现代哲学有所谓"语言学转向"，它把人类介入存在的各种文化形式归结为语言或话语形式。各种文化形式都用特定的话语在"说"。语言的界限就是世界的界限，在界限之外，该语言就"不可说"。本文是在这样的语境下使用该词的。至于什么"不可说"，这却是一个难以说清楚的事。这主要是科学本身在发展，其未来和趋势是我们无法预料的。即使再严肃再伟大的科学预测，对于未来的人来说，它仍是幼稚的。这似乎存在一个悖论：说科学的"不可说"是不可说的。这也是本文主要以议论而不是严格的实证形式出现的原因。但是说"不可说"也是一种"说"，这是一种反证法：说科学一切都可以说是不可能的。本文借用维特根斯坦的语言，把"不可说"的领域叫作"神秘"领域。这个领域是指纯天然的和造化的神妙之处，以及人最本质和最深层的内涵。

三

每一门科学都是一种特定的话语系统，即由符号、结构、价值和范式支配的整体。理性科学就是这样：它诚然是最能按照世界的本来面目"说"世界的话语形式，但它毕竟也是人工的和技艺的，是人为了介入世界而创造的。

世界、存在本身是活生生的有机整体，我们的话语只是对这个整体的抽象。世界、存在本身的深邃、完整、丰富、生动、和谐、美妙以至神秘，是用抽象的话语形式无法完全包含的。抽象免不了挂一漏万、支离破碎，形似神不似，结果，我们的话语就成了这个活生生的现实世界的多少变了形的影子。

理性科学的话语严谨、踏实、真切，因此它的言说能达到极其神妙与深邃之境。但是这一神妙与深邃，同世界本身的神妙与深邃是无法比拟的。现代理性科学用它的语言构建了一个生动、完整的世界，但这个世界与现实的世界相比，仍然是线形的、静止的、片面的、缺少生气的。世界不只是在科学的话语之中，更在科学的话语之外。哲学家认为"语言的界限就是世界的界限"，实际上语言的界限是世界观的界限，现实世界远在这个界限之外。

话语系统决定了一门学科的言说方式，因此每一门学科都有它特定的"说"法。现代理性科学就是这样：它以只有它才有的方式"说"。科学的"说"靠的是理性、经验和逻辑。但是理性、经验和逻辑并不是什么都可以说的。我们的古人早就意识到语言的局限，认识到"言不尽意""意在言外"，为了把握本真的存在，就要"得意忘言"，甚至"绝圣弃智"。现在我们一般也承认：许多领域，我们要靠直觉、灵感、情感体验才能把握。这些把握方式很难还原成理性科学的语言。

当然，也许有人会说，科学是不断发展的。现在的"言外之意"，明天可能成为"言内之意"，今天达不到的深邃、神妙，明天可能达到。是的，科学是永无止境的，它的言说功能，进而言说的领域和层次也是向前推进的，我们不可能事先给理性科学的能力划界限。但是科学发展的无限性和世界本身的无限性是层次完全不同的、不可比拟的。

客观世界中那些为理性科学所不能及的地方，那些理性科学所不能穷尽的完整、和谐、生动、美妙、深奥甚至神秘之处，也就是理性科学"不可说"的地方。

四

理性科学是一种特殊的话语系统和言说方式，这种方式不同于宗教、伦理和审美等其他言说方式，甚至不同于其他民族本土"科学"的言说方式。例如中国传统的"科学"就不是这么"说"的。从人类把握世界、介入世界的方式来说，理性科学不是唯一的手段和形式。除此之外，人类文明还有神话、宗教、哲学、艺术、美学、伦理等形式。这些文化形式的独特功能是理性科学所无法取代的，也就是说，它们所"说"的东西，是理性科学"不可说"的。那种"悠然心会，妙处难与君说"的审美感受，那种"心有灵犀一点通"的心理默契，能用科学的方式把握吗？对人类存在终极价值、究竟目的的冥思，能用科学的话语去"说"吗？显然，除了科学的话语之外，我们还需要其他形式的话语。

当然发展科学（以及技术）仍然是当代人类社会发展的主要形式，但是我们也应该看到文明发展形式是多种多样的。在许多地方，文明需要宗教、艺术、道德等非科学的文明形式，需要直觉、灵感、顿悟、信仰等非理性的手段。那些用现代理性科学所无法解释的把握世界的方式和手段中，可能隐含着世界更深层的秘密。毁灭了它们，也许就像早期愚蠢的西方殖民者毁灭许多"土著文化"一样，给人类文明造成无法弥补的损失！文明把当代人类主要的文明发展手段当成唯一的、最高的，对其他手段大加贬斥，这是否有点夜郎自大？

科学技术不是唯我独尊的孤家寡人，它应该与艺术、道德、宗教、哲学等相结合，互相激发，相得益彰，形成人类文化发展的巨流；近代理性科技并不是唯一合理的形式，旧世界各个民族都有过其他形式的"科学"，很多直到今天仍然发挥巨大作用，有些甚至是当代理性科学所达不到甚至无法想象的（例如中医），所以我们应该承认并发掘它们。事实上，当代科学发展，已经使一些科学家意识到理性科学的局限性，而转向注意其他文明形式。有的科学家发现现代物理学与"东方神秘主义"描述的世界观惊人相似，而后者与理性科学的传统相去甚远。这也证明，在某些方面，理性科学并没有资格夜郎自大，因为宗教、艺术等非理性文化早就以它们的方式"说"了。

五

综上所述,在自然的伟大造化功能中,在人性、人格和人的精神世界中,永远蕴含着理性科学所达不到的奥秘。现代科学也许能不断突破人的"最本真"的禁区,但不管它推进到哪里,总会发现前面还有一片属于人特有的领地。就是说,理性科学永远也取代不了天然的和人性的内容。反过来说,后者始终有理性科学所穷尽不了的神妙之处。理性科学永远要面对一个它无法言说的"神秘"领域——虽然我们无法给这个领域划界。

这不是贬低科学,轻视理性科学的功能,或低估它的发展前景。我的意思是:科学有科学之威力,造化有造化之神妙,天然和人工走两条不同的道路。理性科学在许多方面远远高于人性的、造化的力量,正如它在别的方面不如人性的和造化的功能一样。科学只说它该说的、能说的。科学的"说"法也许会挑战人类最本真的"是""在",但那不是科学的本性和故意。一般情况下,科学实际所"说"的东西,与我们忧心忡忡甚至恐慌地想象的东西,会大相径庭。

其实,科学(以及技术)一开始就在许多方面高于人,但这并不是说它会统治人、取代人,把人变为非人。机器、车辆在速度、力量和稳定性等方面远远超过人的体力、四肢,但我们的血肉之躯的许多功能却是速度再快、力量再大的机器也无法取代的。这是天然和人性各自独特之处。同理,计算机存储和处理信息的量、速度、精确性等无疑远远超过人脑,人脑并不因此就有被废黜或被奴役的危险。造化、天然、人性的东西即使在很多方面很拙劣,但有科学技术无法做到的神妙之处。

人们之所以会对当代科学抱如此强烈的"矛盾情结",笔者以为,除了当代科学对人性独特的冲击外,这种紧张在很大程度上来自人的主观认识的错误，是人用原有的认知系统和价值系统整合科学发展事实造成的对科学本身的"误读"。事实上，许多关于科学技术僭越纯天然、纯人性领域的预言，后来都表明是人们头脑一时发热所误断的。笔者曾经读过一本书《科学家谈21世纪》（少年儿童出版社1959年版），书中有一句话我印象至深：到了21世纪，人类就再也不吃动物和植物的尸体了，而吃人工合成的高营养食品。几十年过去了，现在人们返回自然主义，认为天然的"绿色食品"其实是最好的。

科学有其"不可说"之处。按维特根斯坦的说法，对不可说的保持沉默。可人们却总想"说"，并且夸大其词地"说"，这就不可避免地落入"皮亚杰陷阱"——"人类中心论"导致"同化错失"。皮亚杰证明，人类认识的发生是以自我为中心来建构他们从外界获得的感性材料的。当人用原有的认知结构整合、同化从外部获得的感性材料时，原有的框架也有意无意地用自己既有的系统来解释这些材料，这就容易出现"同化错失"。人类认识的发展也包括不断依照客观事实来调整原有的认知结构。

人们在解释科学发展的新的事实时，他们事先有一套认知和价值系统。用这套系统理解崭露头角的科学事实时，就容易用既有的框架来整合科学的局部信息，容易得出片面的和极端的结论。科学发展的事实与人们的预想并不一致，甚至存在很大差异。人们依据原有的思维框架和价值观念，把科学技术的某一局部或片面普遍化、绝对化。这个局部、片面也许是大象的鼻子、腿或肚子，但科学的全貌并不就是管子、柱子和墙。

原载《北京理工大学学报（社会科学版）》2000年第3期

"后真相"与复杂性

(2020)

一、概念辨析

"后真相"("post-truth")既是一个值得关注的现象,也是一个需要重新思考的问题。之所以值得关注,是因为这个范畴揭示的不只是传媒领域的新现象、新特点;很多其他领域也有类似的特点,因而它具有普遍性和必然性;之所以说需要重新思考,是因为"后真相"这个概念还比较含糊,是对于复杂性问题的笼统表述。它的实际"所指"究竟是什么?这个有些模糊的概念究竟包括哪几种情形?是个需要澄清的问题。这个概念应该从几个不同的维度作分析。

第一,主体因素作为真相的"函项"与假象问题。"后真相"一词实际上把两种不同的情形混在一起:一是对事实、"真相"的陈述与传播,离不开主体因素(文化、价值、情感等)。严格说来,纯之又纯的真相只是抽象的"理论值";现实的真相、真理、事实,必须经过主体的言说,而言说则少不了主体因素的介入——我们借逻辑学的概念,姑且把参与显现真相的主体因素称为"函项"。这种现象一直存在,只是以往不大被关注,当下自媒体的出现,这个问题才被清晰地呈现出来,引起学界思考；二是主体为达到操纵舆论之目的，在陈述和传播真相时有意无意扭曲和造假。前者是"重新定义客观"的问题，后者是"如何区分真假"的问题。虽然区分这两种情形，实际操作有难度，但理论上加以区分是必要的。

第二，简单性和复杂性问题。"后真相"概念指出了一种事实：自媒体兴起，大众传媒和大众文化流行，使信息及其传播进到所谓的"后"时代。这的确是个新现象、新趋势。但把这归咎于人们的情感等因素遮蔽了真相，甚至认为当代社会进到了没有真相的"后真相"时代，这个说法值得商榷。其实，"后真相"所揭示的问题，跟20世纪后期哲学界关注的大众文化、消费文化现象是一致的。精英和经典衰落，大众文化兴起，消费文化和"快餐文化"流行，文化出现平民化、边缘化和去中心化的趋势，是普遍和必然现象。如果我们把"后真相"问题跟这个特征和趋势关联起来思考，就有种顺理成章之感。

第三，事实与价值的问题。"后真相"论及的问题，有的属于事实问题、"是"的问题，有些属于价值问题、"应当"的问题。

我们以下表说明"后真相"概念涉及的不同问题及其相互关系。

	定义客观		辨析真伪	
	纯粹事实	主体因素	客观事实	价值立场
简单性				
复杂性				

二、"后真相"的大众文化语境

"后真相"一词所指称的事实，其实就是自媒体兴起，信息采集与传播大众化，导致"信息爆炸"以及信息的多元化和弥散化。前面提到"后真相"说中隐含的两种情形——陈述和传播真相离不开主体因素；为操纵舆论、误导大众而歪曲和虚构真相，这在历史上一直有。当今出现的新问题，并不是因为真相的呈现中增加了以前没有过的主体性因素（情感、价值观、思维与行为方式等），而是因为自媒体流行甚至泛滥，以及社会进入大型复杂性社会，上述因素变得复杂了。也就是说，复杂性才是"后真相"话题提出的真问题。

20世纪后期讨论的"大众文化"问题，与"后真相"问题有相近和相关之处，关联起来思考，有助于我们理解"后真相"现象产生的普遍性和必然性背景。在这个意义上，我们可以把"后真相"理解为：大众传媒兴起，新型传播方式与传统传播方式有了重大区别，传播手段和方式出现大众化、平民化、多元化、娱乐化等特征。传播方式和手段的这些变化导致什么是真相、如何辨析真相的问题复杂化。信息的庞杂和多元化，信息受未经专业训练的大众的个人情绪左右。如何辨析和捕捉真相，变得十分困难，使人们有种无所适从的感觉。这是技术与文化发展的新趋势，是大众文化和消费文化兴起的新趋势。把这种现象归结为普罗大众的情感压倒了真相，甚至有无所谓真相的感慨，这一说法把信息传播的平民化、大众化等同于虚假化，似乎只有传统的信息垄断时期才有真相，话语权为精英把持时才有真相，这个预设经不起推敲。"后真相"时期，信息的采集与传播主体大众化、多元化，信息本身也泛滥和多元化，人们辨析与寻求真相，难度的确增大。但哪些属于信息和技术引起的文化传播方式的变化？哪些属于普通大众参与信息传播和选择而引起的结果？从大众文化和自媒体兴起、信息复杂化中，我们是否能得出传统社会由精英垄断的信息更真实、而大众传媒更不真实的结论呢？至少，在缺少批判反思、严谨的甚至是量化的分析前，就认定"后真相"时期，人们的情感和价值观压倒了真相，甚至什么都是"罗生门"，笔者对这个结论持怀疑态度。传统媒体时期与"后真相"时期的差异，主要在简单性与复杂性问题，而不在真假问题。

自媒体时代或"后真相"时代有一个明显的矛盾：一方面，信息的采集、言说和传播多元化，理论上讲，每个人都有机会发布信息。这看似信息大众化、民主化了；但另一方面，面对海量的信息爆炸，面对无穷无尽的信息形成的大数据，普通大众所经历的事件，所陈述和传播的信息，除非极特殊情况，否则不会引起社会关注，只能湮灭在信息的汪洋大海中。反过来说，面对海量的、良莠不齐和莫衷一是的信息，普通大众既无法筛选和把握有价值的热点和重点，也无从甄别真伪。这种尴尬局面恰恰为别有用心之人操纵舆论提供了条件。

"后真相"时代，信息爆炸，以致我们不得不用"大数据"这样的字眼来形容和表述。在这样的背景下，单纯地陈述和传播信息远远不够，更重要的是把某些特定的信息推送出来，让它在海量的信息中"脱颖而出"，跃居无数信息的前台。这些特定的信息就成为引导舆论和社会价值导向的有效信息，其余绝大多数信息就成为无效信息。大数据条件下，为了信息有效发挥作用，还需要对信息进行分析述评，引导大众去"辨析"哪些信息为真、哪些信息为假，哪些信息有意义以及有何种意义。显然，这些事不是普通大众能做到的，只能由掌握垄断资源的少数群体来做。他们基于各种原因控制、利用海量的信息（大数据），刻意推送某些信息（希望你知道的信息），隐瞒另一些信息（不希望你知道的信息），甚至扭曲真相。在信息无比复杂的情况下，普通大众通常无法辨识，甚至根本意识不到。这表明：基于情感、立场和价值观而操纵信息、扭曲真相，确实是"后真相"时代的严重问题，但把问题归咎于信息主体大众化和多元化，是不客观的。考虑到传统媒体时代也存在精英阶层垄断信息与文化资源的情形，则这种新现象不过是它的延伸、发展和复杂化。

三、"后真相"中的主体因素

如前所述，"后真相"论及人们的情感和价值观影响时，涉及两种应加以辨析和区分的情形：一是主体因素在真相呈现中的意义，二是人

价值与文化
——人类社会的双重密码

们基于价值立场而遮蔽和扭曲真相。人为地遮蔽和扭曲真相,那是失德和违法问题,没有学术讨论价值。需要讨论的是:存在纯之又纯的"真相本身"吗?主体因素在呈现真相过程中,究竟起何种作用?在日益复杂的"后真相"时代,我们在何种意义上说主体因素是真实与客观的否定因素,又在何种意义上说主体因素是呈现真相的内在"函项"?

"后真相"说以新的方式把哲学和科学领域讨论的话题重新提了出来:究竟什么是客观实在?哲学和自然科学已经从不同角度提出了一个思想:纯之又纯的事实本身、真相本身,只是理想状态,是抽象的"理论值";现实世界中,真相、客观事实,离不开人们的观测、描述和言说。而要进行观测、描述和言说,主体因素就不可避免地"在场",成为呈现事实真相的"函项"。

马克思主义创始人用实践思维超越旧唯物主义,已经预示这样的哲学转型。例如马克思批评费尔巴哈对对象、现实、感性,从客体的或直观的形式理解,而不是当做人的感性活动,当做实践理解,不是从主体方面理解。马克思把人的感性活动或对象性活动视为理解客观存在的必要前提;主张用实践(生产、劳动)来诠释社会历史,认为"全部社会生活在本质上是实践的"[1];我们周围的感性世界"是工业和社会状况的产物,是历史的产物,是世世代代活动的结果"[2]。"整个所谓世界历史不外是人通过人的劳动而诞生的过程,是自然界对人来说的生成过程"[3]。"把人们当成他们本身历史的剧中人物和剧作者"等[4],是用"对象世界"的方式而不是用纯粹的"世界本身"的方式理解客观世界。

对象性存在需经由主体因素呈现,这也是 20 世纪以来哲学的基本趋势,只是角度各有不同而已。例如分析哲学和语言哲学也把我们对世

---

[1] 《马克思恩格斯选集》(第 1 卷),北京:人民出版社 1995 年版,第 56 页。
[2] 《马克思恩格斯选集》(第 1 卷),北京:人民出版社 1995 年版,第 76 页。
[3] 《马克思恩格斯全集》(第 42 卷),北京:人民出版社 2017 年版,第 131 页。
[4] 《马克思恩格斯选集》(第 1 卷),北京:人民出版社 1995 年版,第 147 页。

界、对存在的言说当做世界、存在现实化的前提,甚至得出"我的语言的诸界限意味着我的世界的诸界限"之结论。① 存在主义以人"在世"的观念理解世界,人就在世界之中,我们存在并且是每时每刻的"在",于是,世界就作为现象世界而"在"。用海德格尔的话说,世界通过"Dasein"让"在"Sein,让这个世界"在起来"。张世英先生把这种思维称为"场内观"。他还用"人生在世"的说法来解读这种思维方式。

自然科学也经历类似的转变。经典物理学把人假定为世界之外的绝对旁观者,以纯客观的方式描述人绝对不在场的世界"本身"。在现代物理学中,量子力学首先指出量子的态与观测手段不可分割的问题。量子的"态"是怎样的,与我们如何"描述"密切相关。离开如何描述的方式,我们无法说量子"本身"是怎样的。德波罗意发现,量子的波粒二象性其实是不同观测方式造成的,我们从不同角度去观测量子时,量子就显现不同的态。物理学家发现,当我们深入微观世界,这种现象是普遍的。例如美国高能物理学家卡普拉说:"我们不能仅就所研究的对象的性质本身来进行讨论,这些性质只有在所研究的对象与观测者相互作用的过程中才有意义。"② 另一位物理学家惠勒(J. Wheeler)指出:"要描述已经发生了什么,我们不得不抛弃'观察者'这个词,代之以'参与者'这个新词。"③

科学哲学界对科学的界定也有类似特点。传统科学观的典型是弗·培根提出的科学的确定性和完备性理想。但这种经典科学观无法解释科学史上的无数"反例",无法解释科学革命,因而受到质疑和否定。经过卡尔·波普的批判理性主义冲击之后,历史、文化甚至心理因素,被引来解释科学划界问题。例如在库恩看来,"不存在无反例的研究"。面

---

① 维特根斯坦:《逻辑哲学论》,韩林合译,北京:商务印书馆2013年版,第92页。
② 弗·卡普拉:《物理学之"道"》,朱润生译,北京:北京出版社1999年版,第124页。
③ 引自弗·卡普拉:《物理学之"道"》,朱润生译,北京:北京出版社1999年版,第124页。

对反例，科学家"根本就不像否证主义方法论框框所说的能直接与自然界做比较的过程"，而是试图否定旧范式，代之以新范式。库恩甚至认为科学革命与政治革命相似，"我们不但要考察自然现象和逻辑的推动和影响，也要研究那些在各特殊的科学家共同体中有效的说服辩论技巧"。科学离不开人们对自然的某种信念，"很难想象如果对自然界的信念没有破坏性的转变，新理论怎么能崛起并为大家所接受"。①

我们援引的这些事实表明，人类对客观实在的理解，已经发生了很大的改变，抽象的、自在的客观性概念被作为对象的客观性概念所取代，"客观"是在人与世界交往中"生成"的，我们与世界的交往活动，包括观测、描述、言说等，是客观存在向我们"澄明"的必要的中介条件。当主体观测、描述和言说客观对象时，他的"先天"不是一块"白板"，而是由世界观、价值观、思维方式和行为习惯等构成的完整模式，于是，这些主体因素就成为自在存在转化为对象性存在的必要"函项"。我们被"嵌入"世界，成为存在"如此这般地存在"不可或缺的条件。由此可见，现实的真相经过主体因素凸显出来，其实是正常现象。

当然，自媒体和大众文化时代，由于信息"爆炸"和主体的多元化，主体因素在呈现真相中的作用更明显，这也是事实。同时，何谓呈现真相必需的主体因素、何谓真相被遮蔽和扭曲，这样的问题更加复杂，这是我今天面对的新问题

四、复杂性问题

我这里所谓"复杂性"，是借鉴自然科学的概念。20世纪以前的物理学（主要是经典物理学）可谓"简单性科学"，它相信宇宙深处隐藏的是简单性和美，运动系统是简单和封闭的，它主要是线性运动，我们

---

① 托马斯·库恩：《科学革命的结构》，金吾伦、胡新和译，北京：北京大学出版社2003年版，第73、71、87、90页。

可以用数学公式和物理学定律准确预测。

20世纪以来的科学总体可以概括为"复杂性科学"。沃尔德罗普总结说，从银河、恒星，到细菌、植物，再到大脑，它们的共同点是都属于复杂系统。无穷无尽的相互作用使每个系统作为一个整体产生自发性和自组织，在混沌边缘发生的复杂、调整和剧变，使我们相信经典的规则之外还有更多的东西存在。① 普里戈金则说："无论往哪里看，我们所发现的都不是稳定性和谐和性，而是演化的过程，由此而来的是多样性和不断增加的复杂性。"② 复杂性科学认为我们的宇宙中，绝大多数现实的运动系统是复杂的。复杂性观念包括：运动系统的要素无限多，无法统计；微观粒子的存在和演化是随机的和不确定的；系统是开放的，它不断与外界进行物质和能量的交换；运动规律表现为涨落、突变和其他非线性形式；系统运动内在地贯穿着"时间之矢"，呈现为可以用熵来表示的演化过程，等等。

这种开放性和复杂性世界观，不只是物理学的，也是社会科学的。社会科学也从强调规律、规则和秩序的"现代"思维，转到突出复杂性和不确定性的"后现代"思维。例如有的社会学向我们描述一个开放的和复杂的社会系统，一个不确定的未来：贝克（Ulrich Beck）所谓风险社会理论（Riskogesellschaft），吉登斯（Anthony Giddens）和贝克所谓"自反现代性"理论，法国哲学家拉图尔（Bruno Latour）的"对称性人类学"，都否定以往对称性、确定性和决定论的社会历史观，给我们描述了不确定性的社会模型。

总之，我们正在步入大型复杂性社会。人们的生活领域、方式和内容越来越复杂是必然趋势。这种趋势必然要求我们放弃简单性思维，接受复杂性思维。在真相问题上也是如此。研究"真相"问题，研究价值

---

① 参见米歇尔·沃尔德罗普：《复杂·概述》，陈玲译，北京：生活·读书·新知三联书店1997年版，第3—6页。
② 普里戈金：《从存在到演化》，沈小峰等译，北京：北京大学出版社2007年版，第3页。

与事实问题，都需要复杂思维。我们应该坦然接受无限复杂多样的社会生活，接受人们的交往日益深入和流动愈加频繁的社会生活，接受复杂的多元主体，以及复杂多元的立场和价值观，接受人们带着完全不同的世界观、价值观、思维方式和行为习惯参与社会历史活动这样的事实，接受复杂的主体因素介入真相的采集、言说与传播，从而对事实和价值所产生的影响，树立全新的"真相观"。

原载《中国政法大学学报》2020年第4期

共生哲学的机制问题

（2015）

最近几年，"共生哲学"越来越成为引人关注的哲学主题和话题，许多学者希望通过阐发"共生"的思想和智慧，为充斥着分歧、冲突与争斗的当代社会找到一条新的出路，甚至借着这样的理念和智慧，真正地形成人类命运共同体。这个创意非常好，但也非常困难。这是因为，如果不深入探讨能够形成共生哲学的实践机制，纯粹的理念和主张容易流于空谈；而要建构有实际意义的共生机制，本质上说这不是一个理论问题，而是一个实践问题。

一

据考证，"共生"（Symbiotic）一词源自古希腊语，德国真菌学家德贝里（Anton de Bary）首次（1879）将其当作一个生物学概念使用。它指两个以上的物种之间同宿共栖，彼此成为对方的营养条件，并形成一种稳定的关系。此后，司各特（Scott, 1969）、马格里斯（Margolis）、格瑞德（Gerald, 1977）、戴维斯（Dale. S. Weis, 1982）等生物学家对共生理论做了更深入的研究。不同学者对共生的界定存在一定差异，但大都认为，"共生"指不同物种间共栖共存、互补互利。共生关系与给宿主带来危害的寄生关系完全不同，物种之间不但不存在一方侵害另一方的情形，还互相从对方受益。

共生概念后来被引入哲学社会科学中，特别是企业管理和区域经济协调等领域，从而使这个概念和理念得到更广泛的阐释。日本学者在这方面做了大量工作，有影响的著作有：黑川纪章的《共生哲学》（1987）、花崎皋平的《主体性与共生的哲学》（1993）、尾关周二《共生的理想》（1995）等。

我国前辈学者费孝通等人早有类似的思想，不过他们所论，不完全是来自西方的"Symbiotic"，而是中国传统哲学智慧中与之相似的思想和智慧。此外，吴飞驰、李思强、李燕、唐远华和宋英俊等学者，从不同角度讨论过这个问题，内容涉及共生的哲学意义、共生对国际和平的意义、区域经济的共生共荣、共生在企业管理中的作用、人与自然的共生、哲学与文化史上的共生思想等。吾友钱宏先生，则大力倡导"全球共生"（Global Symbiosis）的理念。他通过文章、著作、学术会议和各种社会活动，使全球共生的理念渐渐流行起来。全球共生试图把"共生"理念推广到国际秩序与世界和平中，谋求当今世界的文化、民族、国家多元共存、互惠互利、相得益彰的关系。进而，钱宏的全球共生理念还包括世界范围内的人与自然和谐共处、互相依存的局面。① 具体说，共生哲学所谋求的目标，主要是以下几个方面的统一。

1. 多元主体并存

这里的"主体"是指有人格身份和自由权利的人，他既包括个体，也包括共同体；这里的共同体指世界范围内不同阶级、国家、民族、文化和宗教信仰所构成的族群。作为彼此共生的主体，人们之间不是统治与被统治、依附与被依附的关系，不是一方吃掉另一方的关系，也不是

---

① 参见钱宏代:《中国：共生崛起》，知识出版社 2012 年版；SYMBIOSISM: *The Mind Power to Agree on An Innovative Life Style*, One book Press Canada, 2021

抽象和同质化的"永久和平"状态。各主体有权保守各自的生活方式和文化价值，每个主体在不危害其他主体的前提下，可因为独特的身份标识和利益诉求而成为一个"这个"。宏观上，世界就必然是由杂多构成的多元格局。

2. 主体间结成互惠互利、共赢互补的关系

共生的机制还不在于多元并存，不只是不同的主体之间互不伤害，它还意味着不同主体通过相互合作与交流，彼此依赖，互为前提，形成双赢和多赢的局面，达到共生共荣的效果。追求共生尤其是全球共生，不是将主体价值的差异抹平，而是寻求不同价值之间的互补。如果是抽象同一，就无法形成共生效应；只有差异，才有彼此之间的需要、依存和相得益彰；形成共生的交往方式与合作机制，多元主体间由互斥转为互惠，每一方都能够基于自己的属性和特点，提供他方多需的利益、价值和资源，反之亦然。其他主体的价值不是己方的威胁，而是己方生存、繁荣的条件。当今世界的国际贸易、技术合作、文化教育领域的交流，很多就是这样的机制。

3. 共生共荣是客观需要

共生共荣机制，根本上说不是靠高尚的道德情操、远大的社会理想，而是因为利益和价值的相关性，是基于客观的需要。在公共生活领域日益发达的今天，在人们越来越依靠市场机制和合作关系，满足彼此需要，获得各自利益的今天，客观机制、行为效果和价值观念是相互影响、共同放大的。人们越是让别人过得好，他自己也就过得好；他们越是尊重别人的权益与自由，他自己的权益与自由也就越能得到肯定。所以，共生哲学不满足于愿望表达，不指望全人类某一天一起进入"君子国"，而是在互利互惠中彼此"磨合"，以致形成共生共荣的客观机制。

二

虽然人类历史上充满残酷的竞争、冲突和战争,但倡导博爱、主张和谐共存、呼吁终止冲突与戕害的伟大思想,却绵绵不绝,构成人类文明的重要维度,也为我们今天倡导共生哲学提供了思想资源和道德传统。例如:

1. 博爱精神

地理大发现之前,人类没有类似今天所谓"全球化"的观念,也没有本文所谓通过互惠互利形成共生共荣机制的理念。因此,严格说古人的智慧中没有共生哲学,尤其是全球共生哲学的思想。不过,相似的思想源远流长。这些思想是某种宽泛而模糊的道德理想,其中最盛行的是博爱精神。那些影响深远的伟大宗教,都或多或少有博爱精神。佛教"慈悲为怀",以悲悯之心关切所有人,甚至所有生灵;基督教主张"要爱你的邻人如同自己";伊斯兰教也有和平、宽容与仁爱的精神。儒家的核心价值观是"仁",仁的实质是普遍的爱。孔孟有"仁者爱人"之说。儒家主张的爱是以血缘亲属为基础,由近及远。父慈、子孝、兄友、弟恭,是爱的起点,是培养"仁"的日常工夫。但不是到此为止,而要"推己及人",由爱的形而下扩展到形而上,推出以情感为内容的普遍主义。孔子把"博施于民而能济众"当作"尧舜其犹病诸"的圣人境界[①]。他向往的社会是"大道之行也,天下为公,选贤与能,讲信修睦。故人不独亲其亲,不独子其子;使老有所终,壮有所用,幼有所长,矜寡孤独废疾者皆有所养;男有分,女有归"[②]。孟子的社会理想是

---

① 《论语·雍也》。
② 《礼记·礼运》。

"老吾老以及人之老，幼吾幼以及人之幼"①。对不同族群，儒家理想是"修文德以徕之"，让天下老百姓都"箪食壶浆"、心悦诚服地归顺你。儒家还提出"在天为道，在人为仁，在事为理"的逻辑，以及"民吾同胞，物吾与也"的豪言壮语②，试图把道德理想上升为宇宙观。

墨家的"兼相爱，交相利"，以彼此有益而形成彼此相爱的机制，这似乎更接近共生哲学的思维。在"攻城杀将何纷纷"的战国时期，墨子及其门徒倡导"非攻"。他们认为，天下大乱的根源是"不相爱"。"子自爱，不爱父，故亏父而自利……诸侯各爱其国，故攻异国以利其国。"③。为解决天下"祸篡怨恨"的乱局，墨子的办法是"以兼相爱交相利之法易之"。具体说就是"视人之国，若视其国；视人之家，若视其家；视人之身，若视其身"。天下人普遍相爱，问题就解决了。"天下之人皆相爱，强不执弱，众不劫寡，富不侮贫，贵不傲贱，诈不欺愚。凡天下祸篡怨恨，可使毋起者，以相爱生也。"④ 墨子还看到了"兼爱"与互利互惠之间的相关性：如果能互利，人们自然会兼爱；如果兼爱了，必然获得互利的效果。

不过总的来说，古人与共生哲学相近的思想，主要是道德理想和社会乌托邦，而不是在互惠互利的基础上形成的游戏规则和交往方式。因此它的可操作性不大，结果必然是"理想很丰满，现实很骨感"。

2. 世界秩序的理想

地理大发现、资本主义大工业的诞生、世界市场的形成，把全球化问题提出来了（虽然不一定用这个词），但也加剧了西方国家之间，以及宗主国与殖民地之间的竞争与对抗。在这样的背景下，国际法和国际

---

① 《孟子·梁惠王上》。
② 《张载集·西铭篇》。
③ 《墨子·兼爱上》。
④ 《墨子·兼爱中》。

政治思想应运而生。现代国际秩序的形成，似乎证明了康德（Immanuel Kant）的理想：各国通过对抗、战争而产生世界秩序。

康德断言：人类历史看似杂乱无章，实际上，"大自然"正是利用了这种看似野蛮和混乱的自由，在人们的对抗中产生合法秩序，并"建立起一个普遍法治的公民社会"。人类"从最低的野蛮状态努力上升到最高的成熟状态以及思维方式的内在完满性"，上升到"幸福状态"，这一切仿佛是大自然按最有效的原则精心安排的。① 康德假定人类有两种自发倾向：一种是融入社会、与他人共处的倾向；另一种是抗拒融合、趋于孤立的倾向。后者是人们维护自己的利益、安全和自由的原始和野蛮的方式，是对抗性的。有意思的是，康德不像古代哲学家那样谋求不同族群间的互爱和博爱、谋求世界"大同"；相反，他认为那样的生活会让人懒惰，人会在和睦、安逸、互爱的田园诗般的生活中堕落为绵羊，人们的全部才智也埋没在胚胎里。"单独化"诚然会导致社会的对抗，但正是这种对抗，唤起人类全部能力，推动人的自然禀赋的发展，促进人类建立普遍法治的公民社会。每个成员有彻底的自由，这种自由又因界线的约束而有制度的保障，从而你的自由就与别人的自由共存共处。"大自然给予人类的最高任务就必须是外界法律之下的自由与不可抗拒的权力这两者能以最大可能的限度相结合在一起"的社会，也"就是一个完全正义的公民宪法"。彼此互相需要是人类最大的需要，人类不能长期在野蛮的自由状态下共处，就只能在公民的状态下，彼此超越对方而寻求社会秩序。"大自然是通过战争、通过极度紧张而永远不松弛的备战活动……经过许多次的破坏、倾覆甚至于是彻底的精疲力竭之后，却终于……脱离野蛮人的没有法律的状态而走向各民族的联盟（foedusamphictionum）。"② 这些"竞相猜忌的虚荣心""贪得无厌的占有

---

① 参见康德：《历史理性批判文集》，何兆武译，北京：商务印书馆2013年版，第5页。
② 康德：《历史理性批判文集》，何兆武译，北京：商务印书馆2013年版，第17页。

欲和统治欲",使得"人道之中的全部优越的自然禀赋"发展起来。①

康德的思路表面看似乎很奇怪,但深入思考似乎也有道理。竞争、冲突甚至战争,客观效果是激活与提升人类的能力,同时会让人在经验和教训中意识到:订立契约,共存互惠,才能实现真正的永久和平。从现实的历史看,在经历两次世界大战后,欧洲确实建立了相对和平稳定的秩序;北美经历独立战争和南北战争,也形成了繁荣稳定,这似乎验证了康德的理论。但是,这究竟是外在巧合还是有本质必然联系?人类历史中存在"战争→和平→共生共荣"这样的历史规律吗?

3. 寻求公共规则与全球伦理

20世纪七八十年代起,全球化进到新的阶段,即我们今天所谓的全球化。不同国家和地区通过经济、技术、资讯等方面的交流合作,的确达到了双赢和多赢的共生效应。但另一方面,由于社会制度、文化传统、民族与宗教等因素影响,很多深层次的矛盾与冲突,仍困扰着人类——某种意义上说甚至更加"撕裂"。在这样的背景下,理论界提出了不同于启蒙时期的新观念,以此继续追求全球共生的理想。最有代表性的是哈贝马斯的"商谈伦理"与孔汉思等人的"全球伦理"。

哈贝马斯分析市民社会的兴起和多元政治结构的形成,西方社会的公共领域也发生了结构性转型。在公共生活领域,传统的斗争理论不再适宜,社会越来越流行公众参与、平等对话的"商谈伦理"(Discourse Ethics)。商谈伦理假定:相关主体作为实践话语的参与者,组成交往共同体,通过对话达成共识,承认某种公共原则的合法性。公共生活领域中的规范无疑会对特定范围内的人群产生价值效应。既然如此,规范的合法性就应该能为这些相关主体全部和非强制性接受。要达到这个目的,商谈伦理需符合两条原则:一是普遍化原则。即每个相关的利益主

---

① 康德:《历史理性批判文集》,何兆武译,北京:商务印书馆2013年版,第8页。

体，都应该有权参与规范的商榷、博弈与制定过程；公共规范也是每个主体都承认和可以接受的，而不是强制性的。二是商谈原则，即相关主体有能力也有机会表达自己的诉求，包括表达反对意见。在商谈中形成的合法性规范，应该是相关主体真实意图的表达，是他们意志和利益诉求的"最小公倍数"。

哈贝马斯敏锐地发现社会历史发展的新趋势：社会的公共结构发生转型，人们交往方式相应地转变。在这个背景下，抽象原则、永恒规律和心灵独白，被大众平等对话所取代。这个思路也产生了广泛的示范效应。例如当前政治学所谓"审议式民主"或"协商民主"（Deliberative Democracy），跟商谈伦理相似，也是在公共生活领域，相关主体在平等自由的前提下，各自提出自己能够接受的底线，同时考虑其他主体的底线，最后"磨合"出大家能达成共识的原则。公共交往和商谈伦理提供的思路，对我们探讨共生哲学的实践机制，很有启发。

全球化的事实表明：一方面，不同的共同体之间通过更加紧密的合作，形成互利和共赢机制；另一方面，人们的价值观上的彼此冲突仍然存在，有时甚至激化。面对这种场景，宗教界和伦理学界试图从文化价值中寻找各共同体的"最小公倍数"，提炼出大家都认同的基本价值，这就是德国神学家孔汉思（Hans Küng）等人倡导的全球伦理（Global Ethical）。他们在《走向全球伦理宣言》中强调："我们是相互依存的。我们每一个个体都依赖于整体的福利……我们希望别人怎样待我们，我们就必须怎样待别人。"[①] 这些伦理原则包括敬重每个人的生命与尊严、敬重独特性与多样性、宽容、为别人服务等。全球伦理的鼓吹者们不只是清谈，而是要付诸行动。"对于一种更好的全球秩序，我们全都负有责任。""为着人的权利、自由、公正、和平以及地球的保护，我们的参

---

① 孔汉思、库舍尔：《全球伦理宣言》，何光沪译，成都：四川人民出版社1997年版，第5页。

与是绝对必须的。"①

"全球伦理"的路径与"推己及人"的博爱模式有些相似但又有所不同。相关思想家们相信，全球伦理的基础一直存在于各民族的文化传统尤其是宗教中，"我们肯定，在各种宗教的教导之中有一套共同的核心价值，这些价值构成了一种全球伦理的基础。"所以他们力图立足于现实世界，从几大主流文化中提炼出各共同体所公认的核心价值，形成所有人以及他们的权利和尊严都得到尊重的规则。不过，这种路径仍有很大的局限，不但绝大多数边缘文化、少数族裔文化被排除在外，即使主流文化本身也被过于简单化。由少数"精英"代表大众的文化价值选择权，也是不公平和不现实的。在强权政治面前，在无法调和的利益与价值冲突面前，理想主义者想确立全球伦理未免苍白无力。

从文明早期普遍的爱，到"永久和平"的国际秩序；从现代公共生活中的商谈伦理，到多国伦理学讨论的"全球伦理"；从全球化大趋势，到"人类命运共同体"，虽然含义、性质和现实性不同，但它们从不同角度反映了人类文明深处始终存在和平共处、共生共荣的呼声。我们今天倡导共生哲学，应该把它放到这个历史发展系列中。共生哲学的提出不是偶发奇想，而是考察了和平共处、共生共荣的思想史，以及相应的社会存在发展趋势，按照思想史和社会条件演化趋势而提出的一种理论尝试。

三

虽然我们今天倡导和研究共生哲学离不开上述思想资源和文化传统，但共生哲学与它们还是有本质区别。鉴于历史与现实，共生哲学理论最大的难题其实是"何以可能"的问题：共生哲学应该具备什么样的

---

① 孔汉思、库舍尔：《全球伦理宣言》，何光沪译，成都：四川人民出版社1997年版，第9页。

理论特性和品格？如何界定才是合理的和有现实意义的？它的内涵怎样才有现实性，而不是不切实际的空谈？

1. 共生哲学必须立足于当代开放型社会和公共交往方式

人类历史发展到今天，公共生活结构逐渐发生转型——虽然这种转型是反复的和不充分的。随着全球化日益深刻的发展，全球市场共生共荣、合作共赢的趋势日益明显。不同国家和地区之间通过经济、技术、资讯等方面的合作，能够自发地维持和平环境，并使各方获得更大成功。当然我的意思不是说各国之间没有冲突，而是说相对于人类几千年通过掠夺和战争获得领土、财富和人口而言，通过合作与交往更能获得利益、资源与发展空间。这个大环境为共生哲学提供了现实基础。共生哲学不是发现某种永恒的普遍法则，不是有某种抽象原则和高深道理，人类只要发现了、认识到了，就一劳永逸地按这样的原则和智慧生存；而是现代社会具备了这样的客观条件、客观基础，并且这样的条件还有进一步显现和强化的趋势。各共同体之间具备了从残酷的生存竞争模式转向合作共赢模式的可能性。共生哲学的理论逻辑，根源于上述共同体关系演化史以及相应的思想史的历史逻辑。

2. 共生哲学必须走出道德理想主义，找到合作共赢的可行性模式与机制

共生哲学不是确立某种同质化的普世价值或普适性规则。它既不是强制认同，也不能由主流群体遮蔽和代表边缘群体；既不是"大同"的理想社会，也不是彼岸的天国。主体构成的复杂性，以及不同主体利益诉求和价值取向的复杂性，决定了共生哲学的机制和原则以"和而不同"为目标。它不但不排除"异质"元素和"另类"价值，相反，它本身就是不同主体以及他们不同的价值诉求表达的结果，是各相关主体谋求的底线共识。这种共识是不同主体之利益和价值的"最小公倍数"，

它最大限度地保持了各种利益和价值的内涵。

不止如此,共生哲学的机制是互利共赢。每个主体为肯定自己所产生的需要也成为其他主体发展和肯定自我的动力;每个自我在发展中的行为也成为其他主体发展的契机;我的自觉自由的劳动既是我的主体性的体现,也为其他人能够创造性地而不是异化状态的劳动提供了前提。于是,各个主体之间就构成彼此需要、互相肯定、互为前提的关系。只有每一主体都能从共生机制中获益,主体遵循这样的规则才是自愿的和能动的,这种机制才是现实的和可持续的。

3. 共生哲学的思想和智慧必须来源于生活和实践本身

到目前为止,共生哲学还不是对既成事实的客观描述,也还不是成熟的理论模型和理论体系。学界讨论共生哲学时,"应然"的成分较多,这样容易陷入知识界的一厢情愿的想象。共生哲学不是仅从社会精英的头脑中产生的,更不是某些天才人物顿悟后拿出来向世人"传道""启蒙",让人们接受的某种理论与价值,而是来自现实实践,来自人民大众的生活;它不是用道德和宗教的高标准来指导和启蒙大众,而是把大众生活中已有的、潜存的规则和价值观发扬光大。从这个意义上说,学人与其大力倡导和宣讲共生哲学,不如深入当代人的生存处境中,分析和揣摩不同人们和利益集团的价值、利益冲突的原因、纠结的关键,分析和揣摩人类无法共生共荣的障碍之所在,有针对性地提出解决方案。共生哲学应该研究现代世界中接近共生共荣的较为成功的案例,如国际货币基金组织、世界贸易组织、东盟、上海合作组织、亚太经合组织等的运行模式,从中发现它们成功的经验,以期对全球共生有借鉴意义。学理上,阐释不同的人们、族群和利益集团为什么要共生?如何共生?共生的方式、途径、目的和意义各是什么?实践中,努力促成人们的理解、沟通与对话,为不同主体平等的价值诉求权利发声,特别是为弱势群体的权利和利益呼吁。

四

我们所处的世界和时代，人类不是抽象同一的共同体，而是由冲突和杂多的主体汇成的集合；不同主体的利益和立场不是趋同，而是充满分歧和冲突。从某种意义上说，当代价值"撕裂"状态似乎比以往更复杂。在这样的境况下，共生哲学的理念（尤其是全球共生）具有现实的可行性吗？一种美好的理想有可能转化为现实世界的普遍实践吗？通过什么样的方式和途径去争取、去实现？严格来说，这个问题是个实践问题而不是理论问题。也就是说，它主要是人民大众在现实实践中促成的客观趋势、客观事实，而不是理论上的想象和许诺。理论探讨中，实然基础上的应然、事实分析基础上的价值判断，也是必要的，但着力点应该是考察现实问题。鉴于此，本文对这个问题的回答，可谓客观描述基础上的主张与推论。

1. 共生哲学的理念与智慧，要发展出有实际意义的机制，必须培育和发展公共生活空间和公共交往领域

传统社会例如渔猎、游牧和农耕时代的社会组织是封闭的，是垄断型的等级体系——被宗法势力、宗教势力、官僚权力甚至江湖势力所垄断，没有我们今天意义上的公共生活和公共交往。公共生活和公共交往方式的基础是市民社会、民主政治、世界市场、以和平发展为主题的国际秩序，尤其是最近几十年的全球化，以及由互联网、大数据形成的虚拟交往空间。公共生活空间和公共交往使人从传统的等级关系和人身依附关系中解放出来，重新塑造人的主体性（身份、角色等）以及人与人之间的关系，也改变了许多传统交往模式。在公共交往空间，传统意义上的宗法关系和社会关系失去意义，每一个人只是"人"，平等地与他人交往。

当然，我们的公共生活还很不完善，公共交往生活还需要进一步发展壮大。共生哲学也需要参与进去，研究它的发展与成长规律，并从中汲取智慧和灵感。

2. 共生哲学的理念与智慧，要发展出有实际意义的机制，必须在发展市场经济的同时，规范和完善市场机制

资本主义开创的市场，的确有它的巨大弊端。但换个角度看，市场也是迄今为止人类创造的多方合作共赢的主要方式：它是人类进入工业文明后、大型复杂性时代，"最不坏"的公共交换平台；它在无限广阔、无比复杂的社会关系和联系中，让每个参与者找到适合自己的贸易交往对象与合作伙伴；它把人们各种各样的潜在的供给能力、需求欲望和消费欲望都激活，从而最大限度地唤醒市场和生产环节；它以最便捷、最直观的方式，让人们选择自己需要的交换目标和途径；它把每个主体各自的利益与需求，通过交换、合作方式转化为共赢模式，把利益争端转化为互惠互利模式。市场机制客观上促成了现实社会的公共生活的转型，带动人类社会在方方面面打破了垄断、隔离与等级身份，转向公开和平等的交往模式；用合作共赢模式取代争斗和掠夺模式。这种模式也为共生哲学提供了启迪，提供了研究样本。

3. 共生哲学的理念与智慧，要发展出有实际意义的机制，必须为相关主体提供均等的参与机会和决策权利

在公共交往中，各相关主体的人格是独立的，意志是自由的，地位和身份是平等的。这可谓主体性原则。人们有同等的权利和机遇参与商谈、协商，有同等的权利和机遇提出自己的主张和诉求。

多元主体平等协商，必须是在信息、知识、规则、效果等都十分清楚的前提下，按照科学理性的原则进行思考和抉择，这点可谓科学理性原则。科学理性原则的内容应包括两方面：（1）知情。商谈各方能客

观、真实、全面了解相关的信息资料，能理解相关事件的本质、规律、来龙去脉；能理解游戏规则，以及各相关主体的权利与义务；理解抉择的空间，亦即有哪些可能的抉择方式；理解各抉择方案实现的条件、意义和后果是什么，等等。(2) 讲理。商谈、对话按照科学理性的规则进行，客观公正，尊重事实，遵循逻辑，说理论证，反对神秘、愚昧、情绪化、主观武断、胡搅蛮缠等非理性的行为。

4. 共生哲学的理念与智慧，要发展出有实际意义的机制，必须促成健全的"议事规则"

共生哲学要求各相关主体按照客观公正的法则与程序进行商谈或审议。这可谓程序原则。对谈、商议需遵循客观公正和严格的程序与法则，参与审议或商谈的各价值主体都必须遵守这样的程序，按照理性的法则进行对话，按照正义原则进行博弈与互动。不承认黑箱操作和其他舞弊行为。共生哲学主张：通过商谈产生的规则与行动方案，是相关主体进行互动、对话、博弈的结果。借用一句通俗说法，是各方面"磨合"的结果。从微观看，各相关主体既要维护自己的权益，守住自己的利益和价值底线，又要兼顾其他主体的权益，考虑其他主体的利益与价值的底线，它需要适当的妥协和让步。没有妥协和让步的商谈，是很难达成共识，因而难以形成全球共生的效果的。从宏观看，全球共生是各相关主体构成的复杂大系统的自组织过程。无数价值主体面对各种事情时，都有自己的主张。这些诉求类似于自动控制系统输出的信号，这些信号经由整个大系统的调整、矫正，以正反馈的方式输出返回给主体，提请相关价值主体予以调整。在全部主体组成的复杂的大系统中，无数主张和诉求，就是在这样不断的调适中，以"输出—调适—反馈—再输出……"的方式，不断进行，直至找到各相关主体价值诉求的最佳契合点，形成整体效果的最大化。

由于共生哲学特别是全球共生智慧往往面对现实的价值多样性乃至

冲突，要在差异甚至对立中找到共赢机制，它所选择的路径、方式、可能性及其得到的效果无比复杂，这决定了商谈和交往的复杂性和长期性。理论上可以做分析和预测，并提出主张，而不是一劳永逸的答案。

第四届"全球共生论坛"发言稿

第二篇

文化与传统

混沌学的文化史启示

(1997)

近代的文明史观受两大科学思潮的影响：经典物理学和进化论。前者已由卡尔·波普等人作过批评，后者则有文化相对论学派的检讨。尽管如此，它的影响今天仍很大，其主要特征有：

(1) 力图用简单化的方法（其极端形式是伽利略式典型模型）阐述文化史，排除非典型的、偶然的因素，把文明史描绘成单线发展史或纯之又纯的几个因素发展的历史。

(2) 以决定论、因果性和必然性为方法论前提，相信历史与文明有确定的规律性，并试图像揭示自然规律一样揭示文明发展规律，描绘文明发展过程，准确地预见未来。

(3) 相信文化会不断由低级向高级进化，历史越来越进步，文明程度越来越高；相信不同文化系的差异是发达程度不同使然，且"低级发展阶段"的民族必然要发展到"高级阶段"民族现有的状态。

这类文明史观所描绘的历史模式不具有普遍必然性，现实的文化史不能被强行纳入其中任何一个框架，这个事实使另一些人怀疑文化发展有内在机制，怀疑文化价值的可比性，因而19世纪末20世纪初，相对主义和怀疑主义盛极一时。当代世界文化的交流日益频繁，文化的发展越来越呈现多元模式，这就迫使我们反思文化史论所依据的方法。由于

价值与文化
——人类社会的双重密码

近代文明史观受自然科学（经典物理学）的影响，所以本文也以20世纪自然科学的宇宙观和方法论变迁为参照系，重新反思文化史的问题。

20世纪的自然科学打破了经典物理学乃至进化论的天真。正如普利戈金等所说的："我们对自然的看法正经历着一个根本性的转变，即转向多重性、暂时性和复杂性。"① "我们正越来越多地觉察到这样的事实，即在所有的层次上，从基本粒子到宇宙学，随机性和不可逆性起着越来越大的作用。科学正在重新发现时间。"② 混沌理论是20世纪诞生的系统科学的典型，它与经典物理学的根本区别是用随机性、复杂性和不可逆性看世界。

一般说来，一个混沌系统具有以下特征：（1）混沌是一个非周期性的动力学过程，是不可逆的；（2）对初值呈敏感的依赖性，混沌系统中一个小小的扰动变化，会被放大，产生意想不到的结果；（3）长期行为不可预测。

混沌系统存在复杂的轨迹。系统在多维的相空间运动，每一个质点的行为是随机的和非线性的。在特定的临界点上，微小的变化可以放大。相对于初始条件，系统会出现无限多个分散性的集合，即既随机跳跃又被约束在一起的奇异吸引子。当一个系统表现为奇异吸引子时就出现下列情形：

（1）系统演变过程不重复，轨迹不稳定。这是因为，在一确定的临界点微小的偏差会随时空变化呈指数函数放大，随机地布满整个相空间；系统分支在一定区域会出现混乱，原有信息数值经重新吸收包容进系统过程中，发生连续迭代反馈，产生放大效应，以至于人们无法用决策论预测未来的状态。

---

① 伊·普里戈金等：《从混沌到有序：人与自然的新对话》，曾庆宏、沈小峰译，上海：上海译文出版社1987年版，第26页。
② 伊·普里戈金等：《从混沌到有序：人与自然的新对话》，曾庆宏、沈小峰译，上海：上海译文出版社1987年版，第26页。

（2）系统的轨迹可以通过展开及折叠达到混合。在混沌流的作用下，系统的集合先是发散性的，沿最不稳定的方向发展。但这种发散又逃逸不出奇异吸引子的约束，结果，系统经由折叠、迭代而相互靠拢，分布在奇异吸引子规定的相空间，这即是所谓"面包师效应"。

当然，混沌学所谓混沌，决不是只承认混乱，把一切描绘得乱七八糟，而是说，混沌即是有序，混沌产生有序。

混沌即是有序。按照科学家的观点：狂暴的秩序即是无秩序；而极度的无序则是一种秩序。二者实为一体两面。自然界的许多事物，如云、山峰、树冠，其形态复杂奇怪，但内在地包含一定的规则和秩序，这是所谓分形（Fractal）。分形既是混沌又是秩序，分形现象的客观普遍性说明有序无序相通的客观普遍性。

混沌产生有序。混沌因子互相耦合形成负反馈，达到一定的临界值时，混沌系统会突然逆转，出现组织和秩序。耗散结构、孤立波就属于这种情况。现代科学表明，我们世界的许多有序系统是从混沌中产生的：从宇宙大爆炸中产生今天的宇宙秩序，从地球的原始混沌状态产生后来的生命，从混沌的思绪中产生逻辑思想，等等。

虽然我们不能用严格的数学和混沌学的形式去描绘文化（这也许永远不可能），但混沌学理论对我们重新反思文化史还是有重要的启示作用。文化的相对主义、怀疑主义与文化的线性发展观之间的矛盾和分歧，或许可借助混沌系统得以解释。与线型动力学相比，文化系统更符合混沌系统的特征：文化的要素无比繁多，这些要素又分属于多领域（经济、政治、军事、思想文化等）、多层次（从思想观念到物质根源）、多等级和多隶属关系（民族、地域、宗教、职业等），它们可以被视为文化运动的相空间。这些要素在这些相空间的运动基本是随机性的、涨落式的非线性运动。

混沌系统仍是确定系统中的一种定态：它的扰动来自内部，不存在随机的外部干扰，且系数和初始条件是非随机的。文化也是这样，它的

价值与文化
——人类社会的双重密码

许多初始状况差不多，但后来确实发生重大变化。人类最初面临的问题、进行文化创造的起点都差不多。即使有差异，也不应该那么大——因为都是围绕基本的生存问题；后来逐渐被放大，产生令人惊异的影响，文化发展的理路才逐步分化，竟至大相径庭。梁漱溟先生关于世界不同文化次第演出的预言我们也许可以不信，但他关于文化发展的历程却是有道理的。他说："最早一段，受自然（指身体生理心理与身外环境间）限制极大，在各处不期而有些类近，乃至有某些类同，随后就个性渐显，各走各路。"①

像混沌系统一样，文化演进是一个涨落的过程。一个小小的因素可能会呈指数倍地放大。一个哲人的灵感可能会形成一种传统，影响一个民族上千年；一项科学发现可能会改变整个人类的生产和生活方式，一起枪杀事件可能会导致世界战争……这些现象像过去那样，仅仅借助于必然性与偶然性的辩证关系来解释，是不能令人满意的，它其实是文化动力系统中的"蝴蝶效应"。在文化系统中，不同价值、不同文化特质、不同的意志和选择，使得文化系统中存在无穷的干扰因素，因而"蝴蝶效应"具有普遍性。

文化的演进也存在迭代现象，这就是文化传播中的强化效应。某种思想或价值取向被吸收、融进特定的文化系统中，并经过该文化的创造，然后输出，影响更多的人。一种文化特质被另一文化集团（民族）所接受，他们反过来作为传播者对更多的人施加影响，这个过程类似混沌学中的迭代。通过迭代，一种很小的文化特质会被放大，一种偶然的、不起眼的现象会风行一时。印度人的数字对近代数学的影响、中国的四大发明对近代世界史的影响，可以看作一种迭代现象。

文化的这种跳跃性、随机性涨落以及它的迭代行为使文化的演进呈发散性趋势，它不遵循确定的轨迹。不过，它仍能形成某种集合。如果

---

① 梁漱溟：《中国文化要义》，上海：上海世纪出版集团2005年版，第40页。

我们把时间、地域、民族、条件看作文化系统的相空间，则文化传统、民族习惯、价值观念、行为模式等，可以被看作文化的奇异吸引子。个人的行为、个别的文化现象完全是随机的，但又能约束在一定的范围和模式内。分支或分叉也是文化演进中的常见现象。文化在传播、吸收、演进过程中，普遍存在一源多流、一流多源、多流多源现象，存在不同源流的分野与融合，使得文化演进呈弥漫态，以致我们要想清晰地梳理它们简直是不可能的。一个思想流派、一种文化传统在演进中会不断发生分歧，系统会因分支、交叉而走向混沌。在文化演进过程中，人的行为常常处于"迭皱激变"状态，文化常常面临分支和选择，时时站在十字路口。汤因比谈到的公元前725年古希腊城邦危机和选择，就属于这种情况。当时许多城邦面临人口增长、生活资料短缺的压力，但不同城邦选择了不同的解决方式：科林斯、卡尔基斯在海外夺取农业土地作为殖民地；斯巴达采取征服邻邦的办法；雅典使农业生产专业化，使它出口，发展制造业。结果，雅典的经济和政治革命开辟了一条新路。①

以上分析表明，文化类似混沌的动力学系统，这种系统是确定的，但却是非决定的。我们能描述它的初始状态，但我们想预测下一刻时，系统包含无数可能的状态，从而使预测变得不可能。例如20世纪80年代的社会学家预测21世纪时，是以两大阵营的"冷战"为前提的，几乎没人料到90年代初苏联解体和东欧的剧变。实际上，造成类似剧变的临界点布满整个文化空间，说不准什么条件下会酿成社会文化中的"蝴蝶效应"。

文化的演进是混沌的，也是有规律、有秩序可循的，这种规律是混沌性的规律。文化的混沌就是有序，或者说，文化史是混沌式的有序。例如价值观念、风俗习惯、行为模式、民族心理等文化传统，类似曼德布洛特（Benoit Mandelbrot）所谓分形（Fractal）现象。一国、一民族有

---

① 参见阿诺德·汤因比：《历史研究》（上），郭小凌等译，上海：上海世纪出版集团2010年版，第6—7页。

价值与文化
——人类社会的双重密码

它的传统,进而,这种传统体现在城市、社区那里,后者对前者呈自相似性,是前者的具体展开。城市、社区的传统又体现在工厂、街道、村落、团体上,再进而体现在家庭和每个人身上,体现在人的思想、行为的每一方面,等等。同样的复杂性一再重复,使文化呈混沌的有序态。所以,我们不能确定一定的文化系统中的人们在具体境况中会怎样选择,也不能确定一定的文化特质会受到怎样的扰动,导致怎样的后果;但另一方面,它又是稳定的、有序的,它有该文化系统特有的结构、价值观念、运作方式,因而作为一种传统而延绵不绝。

从混沌中产生秩序和规则,也是文化演进中的一个普遍现象。文化危机、混乱到极点,也就是它走向有序的开始。阿拉克西曼德、老子等先哲就认为文化和秩序是从原始混沌中产生的。历史上,天下大乱常常导致天下大治。文化的极度稳定会形成保守、腐败、内耗等无序势力,而这种无序往往会成为文化新生的契机。再如,不同文化的冲突、撞击会造成文化的危机和混乱,但这种混乱不会无限持续下去,相反,它们会出现耦合作用,即经过自我调适,形成良性机制,产生新的秩序,为文化的发展开辟出新天地。

历史是走多维路向的,有如树枝分叉,枝枝丫丫,方向各异;或如生物进化,纲目科种各自分别。虽然灵长类高于爬行类,但不等于爬行类必进化到灵长类。当然,文化又不同于自然物,它存在普遍的吸收、传播等现象,从而使文化发展的道路呈弥漫态发展。这就是鲍亚士(Franz Boas)学派看到的文化传播现象。历史不存在宿命论式的规律,它不过是现实从无数可能中选择了成为后来事实的那种可能,不过是随机涨落造成了后来的事实。我们应该承认潜历史和潜文化,承认人们本可能以另外的方式创造某种文化,一定的文化本可能以其他的形态出现。

混沌秩序表明,未来不是绝对确定的、唯一的。我们面对多种可能的未来,其中有些我们能预测,有些则完全在我们的意料之外。我们不能认定明天一定怎样，并依此来制定行动方案。否则一当情况有变，就被动尴尬。我们只能推测明天会有哪几种可能，实现这些可能需要哪些条件，我们怎样选择好的可能，避免不利的结果。当然，有些结果不是我们能完全控制的。

混沌规律只能洞察、揣摩、直觉、推测，而不能揭示、推演和精确描述。

原载《方法》1997 年第 4 期

文化认同与价值建设

(2004)

一、文化认同之所指

时下在文化"认同"(identity)这个名义下讨论的有些问题,例如弱势群体被挤压、被边缘化的问题,实际上是利益和权利的问题,而不是文化认同问题。诚然,文化认同问题与文化主体的利益和权利问题密切相关,但二者毕竟有着不同的意义,而意义的差别与解决问题方式的差别是直接相关的。这点我们事先应界定清楚。如果说"'利益'与'认同'之间的区别可以大体理解为一个人'得到什么'的问题与一个人'是什么'的问题之间的区别"①,那么,"权利"(权势)与"认同"的区别则可以大体理解为一个人能"支配什么"的问题与一个人"是什么"的问题之间的区别。争取弱势文化群体的权利和地位,关键是这个文化如何发展和强盛起来,以及如何建构公平的国际秩序的问题,而文化认同危机则是寻求自己的文化皈依和文化根基的问题;释解后一危机的关键,是澄明、弘扬和建设某种文化价值,是重塑人的理念

---

① 童世骏:《我们是谁? 我们应当是谁?》,载《东方》1995年第1期。

和人的意义。

"认同"指这样一种情形：不同主体求得某种"共同性"（commonality），并基于这种共同性而统一起来。一般来说，由于文化共同体是先在的，是历史传递下来的客观存在、现象和力量，因此，文化认同主要是主体接受、皈依某种既定的文化和价值体系，找到他在一定文化共同体中的身份。同时，文化认同也就意味着文化个性[①]，意味着文化差异：与"非我族类"的文化和文化主体区分开来。"我是谁"与"我不是谁"是联系在一起的。

我们通常说的文化认同危机，指两种不同的情形：

一种情形是移（旅）居异国他乡的那种"漂泊离散"（Diaspora）型群体的文化归属问题。这又可进一步分析：（1）主要是第三世界国家的移民一方面不得不接受西方的语言、生活方式、价值观念等，另一方面又忧虑自己原属的那个文化的传统与特征流失；（2）对这些处在跨文化"风口浪尖"上的群体来说，祖籍与西方双重身份、双重文化、双重价值观念，在他们人格里冲突和挣扎；（3）尽管这些人做了极大努力，他们与居住地的主流文化之间的差距还是无法消除，无法改变"他者"的身份；而在他的出生地、他的原籍，他们又被视为"外国人"。"我是谁""我身在何处""我的文化之根在哪里"，就成了令人尴尬和困惑的问题。

另一种情形指，在现代化和全球化背景下，那些"落后"民族，那些被边缘化的弱势文化，如第三世界国家的文化、发达国家中的少数族裔文化，在传统与变革、本土与西化的矛盾中无所适从的尴尬和焦虑局面。亨廷顿称之为文化"撕裂"（torn）的国家[②]。一个具有特定文化个性的国家，忽然有一天对自己的文化不满和自卑，竭力抛弃自己的文

[①] "认同"与"个性"在英文里同为"identity"。
[②] 周琪等译为"无所适从的国家"，从河清先生正。参见河清：《文化个性与"文化认同"》，载《读书》1999年第9期。

化，崇尚另一种文化，向另一种文化转变。在强势凌厉的西方文化冲击下，弱势文化大多数越来越难以抵御西方文化和价值的吞噬，越来越难以守望自己的文化根基、精神家园。他们的母语、传统的风俗、工艺和其他文化，面临失传的危险。西方不但凭借经济、技术、军事的"硬霸权"强迫你认同，还凭借价值观念、生活方式等"软霸权"引诱你认同。① 年青的一代与本民族传统文化越来越隔膜，而认同西方的价值观念和生活方式。第三世界国家的人民希望发展和现代化，不接受西方的文化和价值似乎就找不到发展的楷模、蓝本，而按照西方文化价值来"化"自己，自己又成了一个洋不洋土不土的怪物；不否定传统似乎难以跳出保守落后的窠臼，而抛弃传统，自己的文化之根又何在？原有的那种文化、那种"人"，"我"已无法回去，西方的那种文化、那种"人"又不属于"我"，"我们是谁""我身在何处"同样成为一个严重问题。

具有普遍意义的文化认同问题，应指后一种情形，这也是本文讨论的对象。

二、文化认同的实质

认同的本质是什么？吉登斯指"自我"确认，涂尔干指"集体意识"或"共同意识"，笔者认为，认同的实质是对特定价值标准的"人"的共识，并因这种共识而承认自己隶属于如此之"人"。

人生在世，有一个基本的依托：人应该是什么？我们的生活方式、信仰、道德、自我意识等，都建立在这个基础上。人们又是以不同群体的方式来回答"人应该是什么"并确立相应的信仰、道德、生活方式和自我意识的。我之为我、我的信仰和情感所系的、我的生存所依据的，

---

① 参见汪信砚：《全球化中的价值认同与价值观冲突》，载《哲学研究》2002年第11期。

是我也属于其中的那种"人"。如果这种"人"出现了问题，或者我与这种人的关系出了问题，危机就产生了。就是说，文化认同危机本质上是"人"的危机，关于这个问题的讨论应该从文化与人的关系入手。

文化的本质是"人化"——依"人"的价值标准而"化"、向人的理想改变世界和人本身，使之美、善、益、雅、自由、崇高等。人们创造生活、创造文化，心目中有一个"人应该如此"的理想和观念，我称为"人的理念"。人的理念是人们关于"真正的人""人应该如此"的观念；理念中的人是抽象化和理想化的人，是我们引以为标准的人，它寄寓了具体历史文化条件下人们对"人"的理解和期待。人们依据"人的生存状态应该如此"——比如说，应该美、善、文雅、睿智、自由、崇高——的理想改变自然（包括自身的自然），这种活动及其成果就是文化。

"人"的理念是我们价值观念和文化性格的一部分，无论我们是否自觉意识到，它事实上主宰着我们，教我们"像人那样"生活、做人。我们待人、办事时，人格深处的这种观念就自然流露出来，投射到物质产品、精神产品中去，投射到我们的社会关系、社会制度和社会交往方式中去，投射到人们的生活方式中去，并由此产生了作为人类活动成果的文化。当然，这些内容不是孤立零散的集合，而是有机整体，而把它们贯穿起来使之作为整体的内在精神，还是"人"。由是观之，语言、神话、宗教、道德、风俗、器具、制度、生活方式等，之所以是文化，是因为其中凝聚了"人"的理念、理想、意义，一套文化体系本质上是"人应该如此"的观念在生活领域全方位的体现。

不仅如此。由于人是分族群生活的，所以人按"人"的标准和理想创造文化、文明，也以族群为单位。在漫长的历史中，由于不同族群生活的环境，以及各自对文化和"人"的理解不同，必然创造不同的价值观、思维方式与行为习惯，创造出不同的器物、制度和精神的文化。不同特点和模式的文化，既是各民族适应和改变环境的产物，也是他们的各自生命存在的方式。有不同特点的这些标识，与不同族群对"我们之为我们"的感受融为一体。

　　文化提供了我们关于"人"的范本，提供了我们做人的根本和皈依。生活在不同族群中的人，通过自己族群的文化标识来确证自己、规范自己，给"我"定位。每个人生而为特定文化体系中的人，我讲我的母语、过我的传统节日、遵循祖辈流传的习俗、按照世代延续的习惯与人交往……我这么做的时候，我就被我的文化所"化"，接受了其中的"人"的理念。我以为这就是"人"，"人"就该如此。我、文化、"人"的理念之间建立起自然而然的、不假思索的联系。我与我所属的文化（包括其中的"人"的理念）几乎成了一而二、二而一的关系。

　　不过，人们关于"我属于如此这般的人"这个观念，以及相应的人际关系，并不是绝对稳定的。当社会历史剧变时，原有的稳定性可能会受到冲击，就可能引发认同危机。当今世界广泛的认同危机，是西方资本主义主导的高科技、现代化和全球化向纵深发展，进程加速，打破原有的关于文化、价值和"人"的观念，以致族群分野的格局受到冲击、平衡被打破所造成的。在高速旋转的世界历史舞台上，支持"我隶属于这类人"的价值根据受到严重挑战，甚至丧失了根据。结果，我究竟是什么样的人？我属于哪类人的价值根据是什么？这就成为问题。这样的尴尬、困惑和荒谬感，才是文化认同危机的实质。

三、文化认同危机的形式

　　文化认同危机包括双重的困惑：(1)"我"应该属于哪个共同体？(2)"我"应该属于什么类型的"人"？

　　"我"应该属于哪个共同体？这个问题包括个体和群体两个层面。

　　从个体层面说，我原本有自己的文化身份，有属于自己的那个共同体，有自己的文化归属。我的血统、我的习惯、我的生活方式等，证明了我与我的文化母体的统一性。但是，现代化和全球化使得我反叛我原属的文化和"人"，转而模仿西方的那种"人"，从生活方式到价值观念逐渐西化。然而这种模仿并不成功，我忽然发现我不再属于被我抛弃了的那个传统的"人"，也不完全属于我向往、追求的那类"人"。传统的归属关系失去了，西方文化也不容纳我，甚至我自己也无法接受这样的身份，我身处无根和漂泊的境地。

从群体层面说，作为一个文化共同体，我们是有独特个性和传统的人群，我们的语言、习俗、祖制、文化内涵、价值体系等，表明我们是一个群体，并与别的群体区别。但是，现代化和全球化使许多弱势文化群体对自己的文化、自己原是的那类"人"失去信心，跟在西方文化后面打转、穷追猛赶，失去了自我。"全盘西化""脱亚入欧"，一度是许多非西方国家现代化的基本方向，但这种努力的结果是文化归属的尴尬。用亨廷顿的话说："我跟谁是一伙的？"俄罗斯究竟是西方还是斯拉夫人？土耳其属于穆斯林还是"自由世界"？他们成了一个连自己也说不清的漂泊族群。更有甚者，那些"少数族裔"，例如美洲、澳洲的"土著人"，处在西方文化强大的包围圈中，感受先进和繁荣得无法比拟的另一种文化的同化力量，自己的传统一天天在流失，自己作为独立族群的文化特质在消解。

我应该属于什么类型的人？这是说一定文化主体（个体和群体）对自己文化属性、"人"的属性的迷失。

经过长期的历史创造、选择和积淀，每一文化都有自己对"人"深刻而独到的理解，有自己的文化个性、身份和属性，有关于自身所属的"人"和文化价值的定位。但是，现代化和全球化使第三世界人民怀疑和否定自己原属的文化身份，怀疑和否定自己关于"何以为人""我们是谁"这类最深刻、最神圣的理念。从技术和器物层面一直到"终极关怀"层面，接受西方，这就动摇了人们"安身立命"之根基，动摇多少代积淀而成、深入人心的人的理念、价值和理想。这种变动必然使人产生"自我"被"非我化"的荒谬感,引起"人应该如何""我究竟是哪类人"之类的震撼。

四、文化认同危机的原因

当代的文化认同危机,主要是两种情形所致——现代化与全球化。它们各自的意义有别。

发展和现代化所致的文化认同危机,是指非西方文化在现代化过程中,难以解决本土与西化、传统与现代的时空错位问题。

肇始于西方的发展和现代化,第一,变化速度太快,以至于非西方文化来不及消化、吸收和重新创造;第二,冲击面太广,文化生活的每一方面无不卷进现代化的旋涡中;第三,变化太深刻。现代化改变了东方文化关于文化和"人"的深层次的观念,使人们立身做人的根本摇摇欲坠。100多年前,李鸿章正是意识到西方文化对中国文化冲击和影响的深刻性,才发出"数千年未有之大变局"的惊叹。

第三世界要发展,似乎必须变革传统,甚至否定传统。一旦否定传统,现代化的文化模式应该是什么样的?西方文化似乎是人们不得不选择的范本,因为除了西方的楷模外,似乎没有现成的样本。在现代化过程中,西方文化和价值成为第三世界人民心中的"迷思塑像"。东方民族感觉自己不是自己,而是西方按他们的方式描述的"东方",我被"他者化"。

非西方国家对西方经济和技术的模仿,不可能孤立于价值观念、文化理念。一旦这种模仿深入到文化深处,接受并皈依西方文化的"人"的理念、意义和理想,就能感到:那不是"我"!"我"不应该是那样的!然而,退回去又没有出路:我已经不是那样的"人"了,现代化已经迫使我们远离了自己过去之所"是"。就这样,第三世界国家的现代人,大都处在一种尴尬和困惑的局面:前不着村,后不着店,我们身在何处？我们做人的依托是什么？我们应该属于什么样的人？迷失了。

全球化导致的认同危机，是指边缘文化无法保守平等发展权和相对独立的领域，不得不在全球化浪潮中随波逐流，顽强挣扎，无望地抵抗来自西方文化和价值的吞噬力量；或者在毫无遮挡的条件下任凭西方文化的冲击，接受西方的文化和价值，接受西方的生活方式。西方的经济、技术夹裹着它的价值观念和"人"的理念，全面地向我们袭来。落后国家、少数族裔找不到一块可以避开全球化的"世外桃源"，只能眼睁睁地看着自己被异样的价值和"人"所吞噬。

五、价值建设：认同危机的消解

释解文化认同危机的关键是文化和价值建设，特别是对"人"的重新确认。

文化认同表层看是守望自己的传统——语言、习俗、价值观念等，深层看是守望本民族群体作为"人"的个性、"人"的理念、理想和意义。这种"人"应在当今世界有自己独立的领地，有自己独特的魅力。如果没有属于自己的东西，即使这一群体强盛起来，从文化上说它仍是一个"撕裂的国家"，它在世界文化中的身份、地位、角色仍然是个问题。所以文化认同危机的释解，仅仅靠科学技术和经济的发展是不能做到的，必须有文化价值的反思和建构，有对"人"（人的意义、理想、理念）的反思与建构。也就是说，守望自己文化身份和地位的工作，要在价值层面上进行。

价值建设要解决这样一些问题：当今条件下，什么才是"我"所"是"的那种人？"我"把"人应该如此"的理念建立在什么样的价值基础上？从方法说，它面临的根本任务是：我们原本所"是"的那种类型的"人"，在现代化和全球化时代，如何重新被创造？这种创造包括两个问题：第一，如何吸收、整合其他文化（主要是西方文化）关于

价值与文化
——人类社会的双重密码

"人"(人的理念、理想、意义)的合理性,并使其不是异化自我,而是彰显自我?"我"如何成为一个吸收了别人的营养变得更加强大的人,而不是被别人把我变成非我、异类?第二,如何吸收、整合现代化的成就,并使其不是消解本我,而是提升本我?"我"如何成为既是现代的又是传统的那种"人"?

当然,"人"不是抽象的,它是以人们具体的生活体现出来的,是贯穿于器物文明、生活方式、交往关系、价值观念等内容中的底蕴、内在精神。一方面,对"人"的崇高和神圣价值层面的反思,不是外在于这些具体层面的,我们需要守望生活方式、交往关系等具体层面的独特个性;另一方面,表层的生活样式必须有底蕴和内在精神的依托,必须"炼内功""打底气"。花拳绣腿、花里胡哨不可能保守自己独立的文化身份和地位。

文化认同危机的释解,只能以积极的建设性的态度去进行。在一个高速发展和强势文化咄咄逼人的时代,消极保守、怨天尤人是无济于事的。实践、建设、创造,是弱势文化群体守望和光大自己的文化身份、文化根基之根本途径。面向实践,正面建构,特别是对本民族文化价值、"人"的理念的理想的建构,是边缘文化主体重新找回自己安身立命之根本的出路。

原载贺善侃《价值、文化科技:面向新世纪的价值哲学研究》,东华大学出版社2004年版

文化即"人化"
——文化概念的一种诠释及其意义
（2004）

一、文化概念的重新提起

重新检讨一个学术史上反复讨论过的概念，似乎既无新意，也费力不讨好。尽管如此，如果这一检讨能提供一种新的思路，有新的理论意义和现实意义，人们仍然会对它有浓厚的兴趣。笔者重提文化概念，是因为我觉得前人的各种解释背后尚有一层底蕴需要发掘，这就是"人化"——依"人"的价值、朝"人"的理想美化、完善化。这一诠释的思路会促使我们自觉反省被技术文明扭曲的许多问题，更新流行的文明和进步观念。

"文化"一词在不同语境、不同意义上使用，歧义很多，但我们可以按思路将其归纳为几类，并就有代表性的定义加以讨论。

思路之一：文化是人类创造的成果，是作为成果的物质和精神实体。例如《辞海》释"文化"："从广义来说，指人类社会实践过程所创造的物质财富和精神财富的总和。从狭义来说，指社会的意识形态，以及与之相适应的制度和组织机构。"类似的还有，把文化定义为"由

价值与文化
——人类社会的双重密码

器物、制度、观念三个层面组成的整体"。其中，观念文化最集中最典型地体现文化，所以又被称为狭义的文化，故有的学者认为："文化，从根本上说是人类创造的精神成果的结晶。"①

不错，文化的具体形式往往表现为人的劳动成果，或者说，文化的内涵往往凝聚在劳动成果特别是精神成果上。但是，如果在"文化"和"劳动成果"之间简单画等号，似有不妥。第一，这样就把文化实体化，仅仅看到文明成果形态，看不到活生生的文化运动本身，文化就成了没有生命力的僵死之物，我们就会得出斯宾格勒式的悲观主义结论。第二，现实社会的方方面面都打上了人类活动的印记，都是人类活动的结果。如此定义，势必把文化看作一个无所不包的大口袋，这就失去了文化范畴的严肃性。第三，更关键的是，我们为什么要把某实体（器物、制度、观念）称为文化？例如青铜器就是青铜器，为什么又是文化？说劳动产品是文化，与说它们是商品、是财富，意义显然是不同的，那差别在哪里？

其实，我们是在"人的本质力量的外化"这一意义上把劳动成果称为文化的。说某物是文化，是就其蕴含"人"的意义、理念而言，就其体现人对自身的理想和价值的理解和追求而言。这里，处于问题中心的是人们现实的生活，是人们按照"人"的理想和价值改变世界及自身的创造性活动，劳动成果是它的产物和内容，也就记录了这种伟大活动，凝结了人的生存方式，渗透了人的自由超越意境，寄托了人对益、善、美、雅、神圣的理解和追求。从这个意义上我们才把劳动成果叫做文化。

思路之二：文化是人特有的生存、生活，特别是民族生活的具体样态。梁漱溟先生认为文化"不过是那一民族生活的样法罢了"②，是一个民族生活的种种方面。朱谦之先生定义"文化就是生活"，是生命的创

---

① 李述一、李小兵：《文化的冲突与抉择》，北京：人民出版社1987年版，第192页。
② 《梁漱溟学术论著自选集》，北京：首都师范大学出版社1992年版，第15页。

造和进化。① 文化人类学一般用"文化"指称一民族的风俗、习惯、艺术、道德、信仰、生活方式等,也是从该民族生活的样态、"样法"说的。

无疑,文化意味着人改变了自己的本能式生活,创造和发明"人"的生活。从绝对角度讲,这种生活是人独有的,与禽兽不同;从相对意义讲,这种生活主要以民族为单位发明和创造,因而具有民族性,故文化体现在民族生活的具体样态里。但是,第一,"文化"不等于"生活"或"生活方式",否则就无需两个概念了。在具体语境里,我们不能将这两个概念任意置换,这是显然的。既然如此,"生活方式"与"文化"的差异何在?第二,人为什么要有"人"的生活样态而不把自己混同于禽兽,甚至也不愿像其他民族那样生活?人们出于什么样的信念而恪守自己独特的生活样态?这里显然还有某种更深层的意义需要挖掘。

人创造并恪守自己独特的生活样态,是因为这样的生活蕴含了人们关于"人"的理想状态和价值标准,人们(往往是世代相传)已把这种生活方式与"人样的"、文明人"应如此"等同起来,把对"人"、对自由、对美善、对崇高和神圣的理解贯穿到他们的生活中。说生活样态是文化,是就生活样态凝结了人们关于"人"的理念,以及支撑这一理念的美、善、雅、崇高等价值而言。

思路之三:文化是人在社会化过程中获得的素质、能力与行为习惯。人通过后天的教育、学习,培养作为社会成员的基本素质,人习得的这些内容就是文化。爱德华·泰勒定义文化是包括"知识、信仰、艺术、道德、法律、习惯等凡是作为社会的成员而获得的一切能力、习性的复合体"②。文化(cultura)的原始含义即指土地的开垦、作物的栽培,后引申为对人的身体和精神发育的培养、教育,亦有此意。中国传

---

① 朱谦之:《文化哲学》,北京:商务印书馆1990年版,第10页。
② 泰勒:《原始文化》,见《文明与文化:国外百科辞书条目选译》,北京:求实出版社1982年版,第114页。

价值与文化
——人类社会的双重密码

统文化中"伦理教化"的意思与之相似。我们今天仍说受教育是"学文化",受过教育的人就"有文化"。

这种界定"文化"的思路包含几层基本意思:"文化"与"自然"对立,是对自然状态的改变;文化是人融入社会、作为社会成员的基本素质;文化是习得的,是社会交往的产物。这一思路的合理性是毋庸置疑的,但它仍嫌不足:人改变自己的天然状态、自然本性,习得一套社会习性,依凭的是什么?为了什么?

通过培养、教育、教化,使人获得一套社会素质、能力和规范,意味着变自然人为社会人,变本能、兽性为人性,亦即按"人"的价值标准美化、完善化、文雅化、自由化,使人向人自己设计、创造的理想和应然状态转化。所以,我们是从人"人化"自己的意义上说风俗、传统、知识等是文化的。

思路之四:文化是符号系统。恩斯特·卡西尔把人是"理性动物"的概念扩展为人是"符号动物"。人发明和运用各种"符号"[①],以此为自己创造一个"理想"世界。劳作(work)规定和划定了"人性"的圆周,"语言、神话、宗教、艺术、科学、历史,都是这个圆的组成部分和各个扇面"[②]。由于这些有意义的符号,人不再生活在直接的物理世界中,而是生活在激情、想象和憧憬之中。

卡西尔提供了一个定义文化的独特视角:把人、符号和文化视为三位一体:发明和使用符号、创造理想世界、人之为人,是同一过程。人把自己的理想寄寓到语言、神话等符号之中,这就是文化。换言之,说符号系统是文化,是就其寄寓人的本质、价值和理想而言。但是我们只是从卡西尔的思想中这么推论,他本人并没有直接给文化下定义。

综之,各种文化概念的定义方式,背后都有一个共同的根基没有清

[①] 卡西尔严格区分符号(symbols)与信号(signs):信号是指代性的,人与动物皆运用;符号则象征意义,唯有人能发明和使用。

[②] 卡西尔:《人论》,甘阳译,上海:上海译文出版社1985年版,第87页。

晰地凸显出来,那就是人的问题:按照人的标准和理想创造生活方式、创造精神和物质成果,创造符号世界,并在这个过程中使自己"成为人""更是人"。

二、文化的"人化"诠释

何谓文化?简单地说,文化就是"人化"——依"人"的价值、向人的理想改变世界和人本身,使之美、善、益、雅、自由、崇高……

文化与自然相对而言,是对天然、自然状态的否定与扬弃,对本能、兽性、蒙昧等"非人"特性的否定与扬弃。通过这种否定和扬弃,人及其外部世界向相反的方向即人为的和人性的方向转化。在自觉自由的生存活动中,人意识到自然(包括外部自然和自身的自然)状态的缺陷:不美、不善、不自由;自在混沌、蛮野洪荒,总之不符合"人"这个高于万物之类的理想和价值标准,于是人按照"人"的意义、按照"应该如此"的标准,设计和再生产出人希望的状态。由是观之,文化就是越来越远离自然、本能状态,越来越深入"人"的状态,越来越具有属人性和"人"的意义,越来越成为"人为"的。当然,"人为"也有走极端,走岔道的时候,那时人们又会"越名教而任自然""回归自然",这是文化发展中的悖论。但它不是简单地回归兽性的和自在的自然,而是吸收了自然之美善的新的文化形式。

文化意味着让人的生存状态更自由。自然状态是人受束缚的状态、不自由的状态。就自然物来说,这种状态表现为资源匮乏、自在性和盲目必然性对人的威胁与束缚,等等。人在这种状态下无知、无力、无助;就人自身来说,表现为人的躯体和精神、性格和行为方式受盲目必然的束缚,表现为蒙昧、野蛮、无知、兽性。人否定和超越不自由状态,按人的需要、理想改变物质的形态与特性,设计和创造新的器物;按人的需要和理想组织人的行为和交往方式、设计和创造人的品质、个

价值与文化
——人类社会的双重密码

性和精神状态,人也就在这一超越中被"文化"了。所以恩格斯说:"文化上的每一个进步,都是迈向自由的一步。"①

文化意味着让人的生存状态更完美和完善。人要通过文饰、改装,使之美、善、高雅。有的学者对汉字"文"做了辞源考察:在古铜器铭文中,"文""像人在胸前画一些线条图形以美化自己。文化反映了人们对自身美好和社会完善的无穷无尽的追求"②。现代汉语中还有"文饰""文雅""文质彬彬"等说法,可见文化原本有美化、完善化之意。

但是,文化既不等于自由化,也不等于美善化,而是"人化"——依"人"的价值、向"人"的理想而化。一方面,自由化、美善化虽然事实上与文化有重合或相通之处,但所指意义却是不同的。前者追求具体目标:无拘束、开放、和谐、赏心悦目等,后者趋向"人和人的世界应该怎样"的预期目标。另一方面,"人"的内涵是无限丰富的,除了自由化、美化、完善化外,文化还有更多的内容,例如追求有益、追求优雅、追求崇高和神圣等价值。

文化的这种诠释方式可以统摄以往各种文化定义。具体说——

文化意味着自然界的"人化"。一个混沌的、自在的自然界不适合人,不具有"属人性",它不是文化的,而是自然的、天然的、"野"的;人则按照自身的需要、理想改变自然,赋予自然以"人"的意义、"人"的目的、人的本质力量,把自己的生活样态(其中蕴含"人"的理想和价值)物化、凝聚到对象上;或者创造出"人工自然",于是自然就被"文化"了。所以,野生动物是自然的,家禽家畜是文化的;矿石泥土是自然的,人工合成材料是文化的。

文化意味着人创造人工的器物。天然物是"自在"的,与人的目的和价值无涉,人按照自己的目的和价值生产产品,发明技术,创造物质和精神成果,也就把人的自由精神倾注其中,把人们关于好、善、美、

---

① 《马克思恩格斯全集》(第20卷),北京:人民出版社1971年版,第126页。
② 杜光:《文化改革的目标取向》,载《社会科学论坛》2003年第4期。

益等价值观念贯穿其中，把人的品位、情趣、意义、生存样态等包含其中。我们可以透过它们，领略、想象它们的发明者、创造者、使用者们对"人"的理解、表现和憧憬——这就是我们为什么把人的劳动成果、把史前人类活动的遗物称为文化的原因。

文化意味着人自身的"人化"。我们身上的本能、兽性不美、不善、不优雅、不睿智，总之不符合人的标准和理想，不是"人"所应是。文化就是通过"教化""主观世界的改造"等方式，把我们的躯体、性格、精神、行为方式等改造得像"人"应该是的那样，使得我们是"人"。

人自身的"人化"通过多种方式表现：人创造了语言、神话、宗教、艺术、科学等符号系统，这些使得人不再生活在直接的物理世界中，而是生活在符号的意义世界中；人创造人特有的精神世界，把人的知识与价值、想象与创造等浓缩在精神世界之中。精神（观念）世界集中和典型地体现了人的本质，极大地拓展了"人"的理念；人创造自己特有的生存方式、生活"样法"，包括风俗习惯、行为方式、社会结构（伦理、政治、法律）、价值观念，等等。人如果按照这套体系生活，符合这样的标准和价值，他（她）就是"人"——这就是我们为什么把符号、观念、精神称为文化，把信仰、习惯等习得性行为称为文化的原因，为什么有"制度文化""精神文化"之说的原因。

当人按"人"的价值标准、朝"人"的理想目标改变自然界和自身并达到相当的程度时，这种状态就称为"文明"。所以"文明"一词与"野蛮"相对，指称人已经开化、进化到了"人"。

三、文化的两个向度

文化的发展有两个向度，或者说沿两个方向展开：一个是外向扩张，即人按照"人"的需要和理想改变人以外的世界，以满足人生存发展的需要。这主要表现为人认识和改变客观世界的程度深化，如知识的

价值与文化
——人类社会的双重密码

积累、技术的进步、经济的增长、操纵和利用自然资源能力的提高，等等。这一向度相当于我们通常所谓的"发展""进步"。另一个是内向完善，即人按照"人"的需要和理想优化、美化和完善自身，把我们的品质、思想、行为方式等提升到较为优雅、完美和高尚的程度。比如说，人改造自己的性需求和性行为模式，发展出动人的爱情、美满的婚姻；人不再以动物式的攻击方式解决矛盾和冲突，而是发展出一套忠恕之道，一套理性化的法律；人不再弱肉强食，而是发展出各种人道主义原则——正义、公平、仁爱（博爱）、扶危济困、救死扶伤，等等。这一向度相当于我们通常所谓的"完善""完美"。衡量前者的尺度是真，是功利，是力量；衡量后者的尺度则是善，是美，是雅，是崇高和神圣等价值。

在这两个向度中，外向扩张的向度主要是既有的"人化"层次的量的延伸和加强，内向完善的向度，则是人及其世界在"人化"层次上的提升，是人性和人的品质的质的飞跃。内向完善的向度无疑更体现文化或"人化"的本质，因为它最能体现人的品质的优化、人性的完善情形，最能把人性与兽性相区别；它集中地和典型地代表了人在多大程度上是"人"，人在多高的程度上"文明"了。综之，人"向文而化"的历史就是以内向完善为经、以外向扩张为纬的动态统一过程。

现实的文化发展过程中，外向扩张和内向完善这两个向度并不统一。启蒙和现代化以来，人类文明进步主要表现为外向性扩张，后一尺度上的进步则小得多。之所以如此，原因有二。一是因为，外向扩张会产生直接的功利、效益，从而刺激人的追求欲望。内向完善通常不产生功效，也就缺乏前者那样的内驱力。二是因为，人的内向完善化不像外向扩张那样累积式增长，而是随机地涨落，具有偶然性。一民族一时代的文化，会因为某些事件，因为某些伟人、智者的出现而大放异彩，也会因为相反的原因而衰落、败坏，但技术和经济却一步一个脚印地前进，除非极特殊的情形否则是不会倒退的。

启蒙和现代化制造了一个根深蒂固的偏见：文明＝发展、进步，包括经济增长、科学发达、技术进步；并且，进步的尺度与时间的尺度是一致的，就是说，随着历史的发展，人类越来越文明，越来越"是人"。我们习惯把那些技术、经济发达的国家视为文明国家，经济贫穷技术落后的国家则被视为野蛮国家，这实在是一种谬误。

经济增长、科学发达、技术进步，并不意味着人性更完善，人更文明，更"是人"。人类品质和性格中的本能和兽性并不必然随经济、技术的发展而衰减。用贫铀炸弹和集束炸弹屠杀无辜，与用石头和矛屠杀无辜一样，都是兽性的表现。单纯的发展和进步只能使一定文化在原有的"人化"层次上简单扩张，甚至——如果没有美、善力量的提升——还会向较低层级堕落。事实上，在以外向扩张为主的发展进步中，现代文化经常地、若隐若现地伴随着向本能和兽性回归的力量——虽然这种力量以"科学"和"文明"的姿态出现。

历史的发展并不必然导致人性更加完善，我们不能指望时间老人自然地消磨掉我们身上的兽性，自动把我们变成更高尚的人。今天，我们离雅斯贝尔斯所谓"轴心时代"已经过去2000多年了，历史走过了古代、近代，进到现代，但我们的文化品位、道德层次、审美境界并不因此比释迦牟尼、孔子和苏格拉底时代高。从"谁有置他人于死地的能力，谁就是王者"这一游戏规则在人间流行的情形看，人类相去动物并不远。

四、"人化"诠释的意义

文化即"人化"，这一观念启发我们：当代人应该以"人"的理念、人的理想和价值为尺度和圭臬，批判和反省流行的文明观、进步观、发展观，重新检讨：现代化的今天，如何重新确立人的美、善、自由和崇高？

价值与文化
——人类社会的双重密码

当今主宰世界的文化理念、"人"的理念，是西方现代化的产物。肇始于西方启蒙运动的"人"的理念，从外向扩展的向度看，主要内容是经济增长、科学技术发展、人控制自然攫取资源的力量加强、创造丰富和舒适的物质生活；从内向完善的向度看，主要是自由、人权、个人主义、民主与法制，等等。

但是，西方文化上述两个向度的发展是极不平衡的。一方面，它极大地扩展了人依靠知识和技术，改造、征服外部世界，获取利益的力量，极大地"人化"了我们这个世界的外部状态，同时也造成了极严重的消极后果：核威慑、环境污染、资源枯竭等；另一方面，在人的内向性完善向度上，西方文化发展很有限，而且存在明显的缺陷。

缺陷之一是，它所追求的"人"的理想和价值是极其片面的。西方主流文化追求的人文价值主要是权力和利益。民主、法制、自由、人权、个人主义等，归根结底都是保障人的权力和利益，是功利性、实用性的（虽然这也是必需的）。美、善、文雅、崇高、神圣等作为"人"应有的价值，现代西方文化建树不大。相反，希腊和犹太文化中许多美、善、崇高价值却被丢掉了——这也是尼采为什么惊呼"上帝死了"的原因之一。启蒙运动以来，"人"的理念变得片面、畸形、直白、索然无味。这种极不对称性，在以欧洲移民为主的美国尤甚。

缺陷之二是，"人化"的两个向度在西方文化中处于分离甚至对立的状态，这就是我们通常所说的科学主义传统和人文主义传统的对立。外部世界的"人化"和人本身的"人化"不是和谐统一过程，人们在发展经济、科学、技术（特别是军事技术）时，没有用美、善、圣等价值作为这种发展的内在灵魂，忘了这种发展终究是为了人和人的世界更符合"人"的理想价值。人文主义以愤世嫉俗的方式和极端的形式与科学主义对抗，但它也没有找到一种有效的途径，将发展、进步与完善、完美这两个向度统一起来。

缺陷之三是，西方文化在处理自己同非西方民族和文化的关系时，常常显露出反文化、非人道的倾向：把弱肉强食的生存竞争规则用作国际间的游戏规则。西方社会若隐若现地流行这样一种种族主义：不把非西方民族真正理解为与他们同样的"人"。他们曾把"土著人"理解为进化层次极低的半人半兽，把吉卜赛人理解为吃人恶魔，把犹太人甚至华人理解为"猪"，今天又把穆斯林等同于"恐怖分子"……这类荒谬可耻的观念在西方流行，证明了西方文化的狭隘和片面。西方主流意识并没有真正地以平等的"人"的标准看待非西方，西方的自由、民主、人权、个人主义等主要是对内的，对西方人自己的，而不是对外的——主要不适用于非西方国家。西方文化在向全世界扩张的过程中，在处理国际事务的游戏规则中，奉行的是弱肉强食的生存竞争规则——这是典型的动物式的生存规则。显然，当一民族、一文化用动物式的规则对付其他民族和文化时，这只能证明该民族文化本身的动物本能或兽性。

西方文化的强势和主导地位在世界上也起了"示范"作用，使得世界各国竞相仿效，或者不得不顺从这种动物界的竞争规则。于是，进步、发展、综合国力竞争，这种外向扩张的向度，遮蔽和淡化了"人化"的另一面：美、善、爱、文雅、崇高、神圣，等等。而当后一面被遗忘时，前一方面的畸形发展是不可能从质的方面提高人、完善人、升华人的，反而还容易被人的动物性所缠绕，不断地以"科学""文明"的方式向人的兽性、本能回归。由此观之，当今人类文明实在令人不安！

文化必须重新回到自己的原点上，即回到"向人而化"的本来意义上，尤其是回到人的内向完善的主旨上。现代文化要反思和重建"人"的理念，反思支配人的理念的美、善、雅、崇高、神圣等价值的内涵。文化建设的主旨是促进人的美化、完善化，是使人更文雅、更崇高、更自由。要用"人"的理念，用"使人更完善、更文雅、更美、更自由"的观念去支配经济、科学和技术的发展，而不是让动物式的竞争规则去支配之。

与杜中臣合作，原载《中国人民大学学报》2004年第6期

文化建设中的三种导向

（2001）

中国现代文化的发展首先面临一个战略上的定位、定向的问题——它向何处去？换句话说，中国文化的现代化首要的是确定其导向、走向。因为，如果大方向不正确，细节上再下功夫，也是事倍而功半，甚至南辕北辙；只有大方向把握准了，中国文化的现代化建设才不至于产生重大失误。

综观80年代以来我国学术界关于文化发展之战略方向问题的讨论，我们大体可以归纳为三种不同的意见："西化论""传统论"和"创建论"。这三种导向或隐或显地存在于人们的心目中，像指路牌一样竖立在前进的路口，成为人们作不同选择的起点。

一、向外看的"西化论"

文化建设的导向之一是"西化论"。

为学术研究规范起见，本文所谓的"西化论"，不包括以政治颠覆为目的的蛊惑和煽动性论调，而是指一种理性的文化思考，即主张按照西方现代化的模式来推进中国文化现代化的学说、观点。这种观点认为：西方现代文明及其价值体系主要是发达的市场经济和工业文明的产物,它包含着我们走向现代化和工业文明所最缺少、最需要的东西。因此我们的文化和文明的进步,目前主要应该是多借鉴和吸收西方的经验、思想和观念,以"西化"为具体导向,来设计和建设我们的新型价值体系。这种观点最有影响的是李泽厚先生的"西体中用"说,它的通俗形式是笼而统之的"与国际惯例接轨"的提法。这种思考方式的特点是重在"向外看",即强调我们向现代化较早的西方国家看,主要看人家"有什么",特别是什么"好"的东西;我们"缺什么",特别是缺什么"新"的东西,然后取人之所"有",以补己所"无"。他们甚至相信,这样做的结果,也许恰恰可以产生出"中西合璧"的未来文明。

已有不少学者从多方面批评过"西化论"的错误:把现代化等同于西化,把文化发展的历史尺度和民族差异混为一谈;建立在文化、历史发展的直线论基础上,而直线式发展模式是不符合事实的;忽视了国情和历史起点的不同,不懂得每个国家、民族都有自己的文化前提,因而每个国家、民族的现代化过程与模式都是不一样的;忘了中国的现代化是在与西方完全不同的背景和条件下进行的,中国文化建设不可能也不允许走这条途径等。这些批评都切中要害。我们认为,除了以上的问题以外,"西化论"的误区更主要的是文化对象的错位、文化主体意识的迷失和文化自信心的衰落,具体言之:

(1)"西化论"试图以"他者"文化来取代自我的文化,存在着文化对象的严重错位,从这个前提出发是不可能建设现代中国文化的。

我们要发展的、要将其推进到现代化的文化,乃是我们身处其中的、中华民族历史地创造和承继下来的那个文化。因此,中国文化的现代化只能是这个特定文化自身的辩证否定,它不可能转换成一种异族文化来实现现代化。因为:第一,每一民族、地域特有的文化,都有其生长土壤、环境、前提条件。这些条件和环境必然会造成自己独有的发展起点,起点不同,发展的形式和道路也必然有所不同。从一定意义上说,中国文化是我们这个民族赖以生存的主客观环境和条件的产物,其他文化（即使更"发达"）是不能取代的。"橘生淮南则为橘；生于淮北则为枳。叶徒相似，其实味不同。所以然者何？水土异也。"果树可以引进，但水土却不能靠引进。中国文化与西方文化模式、环境和个性完全不同。这一点恰恰是"西化论"所难以面对，因而不得不常常回避的。因为从历史的逻辑和现实的经验上看，任何社会的成功发展和现代化，其首要的、根本的原因，都一定在于找到适合于自己国情条件和文化传统的发展道路，而不可能通过简单地模仿别人来实现。

第二，每一文化和传统都是与这个民族以及该民族的人本身直接同一的，因而文化和传统是不可能摆脱的，越是大的、传统深厚的文化越是如此。"西化论"对民族文化传统在社会发展，特别是在现代化进程中的作用也认识不清，以为它是可以随意搁置、不必予以考虑和照顾的东西。它不懂得，传统是民族的"根"，是"活"在人们现实中、头脑中的东西，是深入一民族灵魂深处的东西。只要民族还存在，文化和传统也就存在。差别只在于是发挥人的能动性，使传统成为新文化根基，还是因盲动与无所作为，文化成了纠缠着人们头脑的梦魇。所以中国文化现代化只能以自身为主，以西方文化为宾，在消化吸收外来文化的基础上创新。人的生长需要食物，人不因此"食物化"；中国文化的发展需要吸收西方文化，但不能因此"西化"。

（2）"西化论"有意无意夸大西方文化所长，看不到中国传统文化在现代建设中的地位和价值，看不到中华民族在文化创造中的能动性和自主性，这是文化主体意识衰落的表现。

正如许多后殖民主义批评家所说的，以西方为现代化的楷模甚至是唯一的范本，是一种文化殖民主义和文化帝国主义的遗留症，也是东方的文化主体性被他者化的表现。第三世界国家在政治上虽获得独立，但文化上并没有获得独立。在建设本民族的文化和现代化时，被殖民的国家会自觉不自觉地以前宗主国的文化和价值作为标准，来建构自己的形象。"西化论"树立的正是这种"迷思塑像"。当然，西方文化确有它的长处，对外开放，学习西方文化是没有问题的。但我们也应清醒地认识到，西方文化并不是理想的现代化模式。我们且不说它在很大程度上是靠罪恶（"圈地运动"、对殖民地海盗式掠夺、贩卖"黑奴"等）起家的，只说它对资源的毁灭性开发、对环境的破坏、极端的国家利己主义和以霸权为后盾的"综合国力竞争"、工具理性主义，等等，这就足以说明西方文化不能成为其他文化的楷模。

"西化论"对中国传统文化的认识也是不深刻、不完整、不全面的。它把中国传统文化中那些陈旧的、落后的、已成糟粕的东西当成了全部，因此认为它对于现代化毫无用处，一切有用的东西都需要靠"进口"来解决。这种极端化的观念，不仅表现出对于五千年中华

文化的博大精深缺少了解，也对中国文化在一百年来改革复兴的伟大进程估计不足，对当前正在进行的现代化建设的意义认识不足，从而对自己民族的文化缺少主体的自信和自觉。实际上，越来越多的人意识到中国文化的价值。不仅中国学者指出这点，不少西方学者也发现西方文化的局限和中国文化对未来的希望。例如诺贝尔化学奖获得者伊·普里高津及合作者伊·斯唐热则认为，"中国的思想对于那些想扩大西方科学的范围和意义的哲学和科学家来说，始终是个启迪的源泉"[1]。这些固然不足以成为定论，但值得我们深思。

(3) "西化论"忘记了中国人民才是中国文化现代化真正的主体，中国文化根本上说要在我国人民的实践中发展。

按照"西化论"推论，中国文化只需按照西方模式对自身加以改造就行了，仿佛中国文化的主体不是我们自己，而是外国人，那我们就省去探索、创新的责任和义务，当然也就放弃独立发展的权利。这是主体意识的严重错位，也是对本民族文化不负责任的表现。事实上，每一民族文化发展的模式、发展的方向和道路，只能由自己去探索，别人是取

---

[1] 伊·普里高津、伊·斯唐热：《从混沌到有序》，曾庆宏、沈小峰译，上海：上海译文出版社1987年版。

代不了的。作为中国文化的主体,我们每个中国人有责任、也有权力发挥自己的能动性和创造性,在实践中把中国文化推向新的高度。如果不是这样,中国现代化只需要模仿西方就行,那作为文化主体,我们的使命是什么?

总之,"西化论"的错误,主要来自它单纯"向外看"的价值思考定位。在这种思考方式下,国家民族主体的"自我"被淡化、弱化,甚至放弃了。表现在:看到了人家"有什么",就认为我们也一定要有的,没有就是缺点;在人家那里是"好"的东西,对我们也一定无条件地是"好"的东西,因此该要;人家是怎样做的,我们也一定要怎样做,否则便得不到同样的效果;等等。这一切,总体上也属于一种机械思维导致的"主体自我迷失"。

二、"向后看"的"传统论"

导向之二可以叫做"传统论"。

所谓"传统论",就是以中华民族传统文化,特别是优良传统美德为根基来光复中国文化,在这种观点看来,中国古代文化是世界上最优越的文化,它包含了解决现代问题的智慧和出路,因此将引导人类的未来。还认为我们民族的传统文化更是我国实现现代化的唯一根基,只有牢牢地立足于这个根基,弘扬其基本精神,才能为中华民族的重新振兴提供正确的文化导向,并保持我们民族精神的永久活力。学术界"儒家复兴"说、"道家复兴"说,以及波及广泛的各种"传统文化热""传统美德热",反映了这种导向和意图。

"传统论"的思考方式,重在"向后看":强调要向我们的历史看,主要看古代的文化传统中"有些什么",特别是有什么"好"东西,挖掘出来,发扬光大,扬长避短,重建辉煌。"传统论"所体现的强烈的民族主体意识、自尊感和自信心,无疑是非常必要和宝贵的,这是它优于"西化论"之处。但是，其中也包含了民族主义的褊狭和保守主义的迂阔，这是落后的、不科学的，甚至有害的，也是我们不赞成的。

"传统论"的错误，并不在于它十分重视本民族的优良文化传统，而在于它对文化和传统的理解与发挥，往往是主观、片面、狭隘的。表现在：

（1）"传统论"对中国文化"文本"的解读，依据的不是现实的文化主体和现实的生活实践，而是典籍文章，这是对文化"文本"的严重误读。

文化是指人的生存、生活方式及其所追求的价值本身，因此现实的生活才是文化真正的"文本"。文化首先和根本上表现在人们实际"所思、所言、所为"的整体之中，而不仅仅是指人们口头所言、笔下所写的东西。当人们所说的与所做的不一致时，只有他们的"所作所为"而不是"所想所说"才真正代表他们的文化。就是说，文化并不等于文章、文献、典籍。不懂得这一点就不能够发现和理解真实的文化。"传统论"的一个错误恰恰在这里。当它热衷于把所谓"天人合一""仁爱信义""中庸""己所不欲勿施于人"等说成是中华文化的代表时，似乎并不是从中国历史和现实的实践中发现和证明的，而是完全凭据某些书本。这样解读中国文化，就会只看到"涂脂粉的脸"，而看不到中华民族的"脊梁"。并且，这种解读方式多半是凭据儒家经典，从而把中国文化理解为一种"道德文章"式的、抽象的文化体系。似乎在中华五千年历史上只有道德化的文章和文章化的道德，却缺少经济、科技、生产和大众生活等重大现实生活的文化脉络。沿着这样的逻辑所描述出来的东西，究竟在多大程度上反映了中华文化的真实面貌？对于确切地说明中国的历史和命运、指导今天和未来的建设，它究竟有多大效力？这确实令人怀疑。

（2）"传统论"把中国文化的现代化简单地理解为传统文化的复兴。加上人们对传统的误读，结果这一观点就带有一种向后看的复古主义的

价值与文化
——人类社会的双重密码

保守取向。

"传统"是指在历史上形成并得以延续，在当下仍然"活着"的东西，并不是指过去发生过、曾有过的一切，更不包括已经死亡、消失了的"过去"。因此当我们今天来认识自己的传统时，就要重在认识、反思、发现和批判自己的现实。不懂得这一点就不能够发现和理解真实的传统。"传统论"的错误恰恰就在这里。当它热衷于从中国古代的文章典籍中寻找中华文化的"优良传统"时，就不加思考地把"传统"等同于"过去"甚至"古代"了，似乎"传统"的意义和标志，只在于"古""老""旧"。越"古"、越"老"、越"旧"就越有资格代表传统。于是当我们今天来认识自己的传统时，就只能回到尽可能早先的过去，而不应该着眼于自身现实。按照这种复古主义的思路，"传统论"告诉我们的，并不是现实中丰富多彩、日新月异地发展着的多样化传统，而是一种简单、平面、单一和僵化的"传统"模式。这样，"传统论"带给我们的，实际是一种将一切判断和选择的权力与标准都赋予古人，因此也将一切选择后果和责任都推给前人的思路，这其实是一种无视当代中国人的现实权利和责任的态度。"向后看"的导向往往漠视全球化、现代化和高科技主导的人类文化的当代性，缺少面向未来、面向世界、海纳百川的气度。

（3）"传统论"同样存在严重的文化主体错位的错误。

如果说"西化论"事实上是把外国人当成了中国文化现代化的主体，那"传统论"则是把古人当成了中国文化现代化的主体。当人们把中国文化简单地理解为传统文化（主要是儒家文化）的复兴时，他们事实上是让我们的古人来承担今天文化建设和发展的任务。仿佛古代圣贤创造了中国文化的"道统"，后人只需将其继承下去，就无所作为了。我们自身即使不是置身事外，至少是不负主要责任。但是，我们面对的是工业文明乃至后工业文明，我们的现代化建设是我们前人所不可能设想的事业，这一现代化的使命，谁也没法代替我们完成。

总之,"传统论"的文化取向,在理论和实践上是站不住脚的。说到底,"传统论"的错误在于它的"向后看"思维方式。一味地"向后看",看见的只能是古人和古文。作为导向,它把主体的权力和责任都赋予前人和古人,把价值选择的方向和标准定位于过去,却忘记或者否定了当代中国人自己的权力和责任。这同样也属于一种机械思维导致的"主体自我迷失"。虽然看起来,"传统论"与"西化论"的错误似乎相反,但它们却有"两极相通"的效果:都看不起,或者说不信任、不打算依靠现在的中国人。

三、"向前看"的"创建论"

导向之三可以称之为"创建论"。

"创建论"即主张以"我"为主,立足于现实,以实践为原动力,以"向前看"为取向,建设现代中国文化。这也是我们的主张。

我们主张的"创建论"就是以马克思主义,特别是以中国特色社会主义的理论为指导,在改革开放的具体实践中创造和建设现代新文化。确切地说,就是立足实践,立足现实,从实际出发,解放思想,充分发挥我们的(个体的和民族的)主体性,把马克思主义所代表的西方先进文明与本国实际(包括优良传统义化)相结合,把中国传统文化和现代文化相结合,"古为今用,洋为中用"。在借鉴人类一切优秀文化成果的基础上,创建中国特色社会主义的现代文化。"创建论"的核心是"我",是我们当下的实践。无论是分析批判西方现代文化,还是总结鉴别中国传统文化,都有一个立足于我们自己的实际、以科学的理论和方法为武器的问题;无论向外看还是回头看,最终必须向前看才能发展;无论是我们的传统文化已有的东西,还是我们缺少而国外所有的东西,我们都不能盲目地取用,而必须以(弄明白)我们"究竟要什么"来取舍。所以中国文化的落脚点是高扬我们自身的主体性,发挥我们自身的

价值与文化
——人类社会的双重密码

自觉性和能动性,在实践中创造出无愧于现代化的中国文化。

具体说,文化"创建论"包含如下的思想内容:

第一,确立"我"在文化建设中的主体地位,高扬我们的主体意识。建设现代中国文化是我们——当代中国人义不容辞的责任,也是我们的权力。我们既不能傍依古人,也不能傍依外国人,而只能以"我"为主,以独立的自省精神和创造精神推进中国文化的现代化。我们当然要继承先人的文化遗产,也学习外国文化,但都有一个以"我"为主的问题,都有一个选择、消化、改造和创新的问题。以"我"为主既是一种强烈的文化使命感,也是一种社会历史抱负。"创建论"要求我们有复兴传统特别是推进传统的主人翁责任感。宋儒横渠先生言:"为天地立心,为生民立命,为往圣继绝学,为万事开太平。"① 它的具体内容我们并不完全赞同,但建设和振兴文化的主体意识和强烈的使命感则是我们所仰慕的。

第二,立足于实践,创造现代中国文化。实践是文化真正的"源",是文化生生不息的生命之所在。文化问题仅仅停留在书本上、停留在学者的话语中,是没有生命力的。只有立足于实践,把握和总结实践中的新成果,中国文化才有真正的创新。在实践中创造,传统文化才是现代文化健康生长的"根",离开了实践创造,传统文化就成为"历史包袱";在实践中创造,外国文化是我们的滋养,离开了实践创造,外国文化就会成为消解民族精神的"殖民文化"。中国当前正在进行的以现代化为目标的经济建设、民主法治建设和思想文化建设,将是中国文化迈向世界主流文化、迈向现代化的伟大实践运动。我们只有深入这一实践、依靠这一实践,才能创造中国现代文化。

第三,破除迷信,解放思想,实事求是,立足实践,当然要把各种流行的、习以为常的价值观念和文化教条拿到实践面前检验,必然要用

---

① 张载:《西铭》。

实践来否定各种教条。古往今来,装进中国人头脑的各种土教条、洋教条不计其数。它们的共同点,就是制造迷信,而不受实践的检验,不对中国人民的苦难负责。要发展现代文化,必须以实事求是的态度打掉一切思想枷锁,探索未来和前途。

第四,以"立"为本,重在建设。"五四"以来,中国现代文化建设之所以艰难,原因之一是我们过多强调批判和否定,少有正面的建设。事实证明,"以破代立""有破无立"是十分危险的。中国文化现代化应以"立"为本,重在建设。本着对民族和人民的未来负责的态度进行创造性劳动和实践。"以立为本"就是从现实出发,但不满足现状,而是以我们究竟"要什么、追求什么、最终造成和得到什么"为根据,以"有利于"为标准,积极、主动地面对现在的一切;"重在建设"意味着自觉地实现自我发展,重在踏踏实实、坚持不懈、艰苦卓绝的劳动和创造,重在肯定、建立、产生、形成和创新。

第五,以"向前看"为文化建设的取向。中国文化建设的价值目标,是以自己的现在为基点,而不是"向外看",以别人的情况为基点;是关注于、着眼于未来的发展,而不是"向现在看",把一切已有的东西都当成是固定不变的;"向前看"更要以前进的目标和心态去行动,而不是"向后看",把我们所要达到的目标仅仅定位于向前看齐、恢复和达到先前某个时候的境界;"向前看"强调文化发展的历史尺度,把握文化前进的方向,把握什么样的价值是行将衰落,什么样的价值是方兴未艾的。"向前看"的思路主张,对中国现代化中出现的问题,要以向前走,即发展和完善新型事物的方式解决,而不是以倒退的方式解决。比方说,转型时期经济领域中出现的问题,要以完善市场机制和法制来解决,而不是用强化行政控制的办法解决;道德和社会风气的问题,用建设与现代工业文明相适应的法制、道德与文化去解决,而不是发思古之幽情,喟叹"世风日下,人心不古";"向前看"是学会以自己面对现实和未来进行创造性的思考,把现在和过去已经达到的成果,作为进一步发展的台基。

总之,"创建论"以"向前看"和"重在建设"为价值取向,充分地体现了高度自觉的中华民族主体意识,体现实践和探索精神。"创建论"把"我"和我们当今的实践作为文化建设中心,作为向外看和向后看的归宿与统一,从而对文化建设的主体和时空有了正确的定位。只有坚定地实行"向前看"的"创建论"导向,才能够学会如何吸收借鉴古今人类文明的一切优秀成果,才能够坚持从现实和实际出发,做出正确有效的选择,而不至于在错综复杂的现象和干扰面前迷失方向。

与李德顺、孙伟平合作,原载《湘潭师范学院学报》2001年第5期

论立足现实实践的文化建设理路
——兼答吴增基教授
（2003）

吴增基教授在《文化建设的导向与"向外看"》(《湘潭师范学院学报》（社会科学版）2002年第6期，以下简称"吴文"）一文中，就李德顺教授、孙伟平博士及我合作的《文化建设的三种导向》一文（同上刊，2001年第5期）提出了商榷。我们首先感谢吴教授的高见，肯定和接受吴文的两点批判：一是我们着眼于宏观大势时忽略了概念、内涵的精确性；二是我们否定"向外看"的基本导向时忽略了对学习西方文化的正面论述。不过在具体展开中，吴文显然误解了我们的意思。例如我们谓"西化论"不包括"以政治颠覆为目的的蛊惑和煽动性论调"，是想把讨论的范围限定在规范的学术圈子里，而不是说上述论调不算"西化论"；我们反对把眼睛一味地向外看、把学西方作为文化建设的基本导向，不等于反对学习西方；我们反对笼而统之地提"与国际惯例接轨"，不等于笼而统之地反对与国际惯例接轨。更关键的是，吴文忽略了我们看问题的视角。争鸣的目的是通过相互切磋，深化思想，促进学术发展，故本文不打算为辩而辩，而是在进一步阐明我们观点的同时，顺便澄清某些误解。

价值与文化
——人类社会的双重密码

一

中国人学习西方文化，经历了不同的发展阶段，有不同的认识层次。第一阶段或较低层次是简单地拒斥西方文化，例如晚清某些极端的保守势力。这一思路是传统知识分子尚未从"天朝上国"迷梦中醒来时的本能反抗，没有多少学理可言，故不必赘述。这一思路可以归结为**学不学**。

第二阶段或较高层次的特点是：人们试图分辨西方文化的"好"与"坏"、"进步的"和"反动的"，进而规定学习什么不学什么，哪些该学哪些不该学，学到什么程度，文化建设以"中"为本还是以"西"为本。无疑，今天的中国学术界基本上没有人蠢到完全拒斥西方文化的地步了，但纠缠于文化优劣、中西体用和什么该学什么不该学的现象仍是普遍的。这一思路可以归结为**学什么**。但是，这一观念包含几个错误：

第一，它依据的是本质主义视角和实体思维。这种观念的前提是：文化的价值是绝对确定的、抽象的和超时空的，文化的功能和品质可以截然地分析出优劣好坏来。精华也好，糟粕也好，都是文化本身固有的，不管对谁，不管怎么用，不管搬到什么场合，它都如此。如果这样，我们只需把西方文化的好的内容搬过来，坏的一扔，就万事大吉了。实际上这是不可能做到的，因为文化是一个流动整体，它的功能只能在这一动态整体中显现，而不能抽象地分析。

第二，它是一种抽象的、剥离了具体问题情景的思维方法。这种思维暗含一个前提：文化可以脱离它所处的问题情景而自足地具有其特质，例如科学只是科学，与人文环境、人们的科学精神等无关；管理只是管理，与社会的政治法律背景和人们的价值观念无关（不少人至今仍然主张：学习西方的科学与管理，但拒绝西方的价值观念）。但事实上，西方文化（以及中国传统文化）的每一个问题都有其特殊的问题情景，如果撇开了具体的问题情景，简单地评议优劣，简单地学习引进，其效果，轻则浮光掠影，表面热闹，重则会产生许多误导。

第三，它以主体及其实践的缺席为前提。文化的优劣好坏是文化固有的和单方面的，与主体无涉，我们的任务至多不过是做一点辨析搬运工作。这是一种本末倒置：文化建设既不充分体现"建设"，也不充分体现作为建设者——人的能动性。本应作为重头戏的主体当下的实践和再创造，被置于文化建设的视野之外，文化"本身"成了关注的焦点。这样，人作为文化建设主体的地位、主体现实的实践作用就大打折扣了。

学习西方文化的第三阶段（层次），是以"我"为主，立足于现实实践的文化建设理路。这一思维的特点是：凸显主体的权利和责任，凸显现实的生活和实践，以当代人历史活动为中介和枢纽，创造性地诠释、整合和重塑外来文化（与传统文化）。这一思路可以归结为**怎么学**。《文化建设的三种导向》一文正是在这一意义上提出"向前看"的"创建论"。

二

为了明确我们的观点，让我们从主体和实践视角的转换说起。

大家知道，与旧唯物主义对事物、现实、感性从客体的或直观的形式去理解不同，马克思主义"把它们当作**人的感性活动**、当作**实践**去理解"①。马克思理解的是作为对象的世界，而"被抽象地孤立地理解的、被固定为与人分离的自然界，对人来说也是无"②。"**整个所谓世界历史不外是人通过人的劳动而诞生的过程，是自然界对人来说的生成过**

---

① 《马克思恩格斯选集》（第1卷），北京：人民出版社1995年版，第58页。
② 《马克思恩格斯全集》（第42卷），北京：人民出版社1979年版，第178页。

价值与文化
——人类社会的双重密码

程。"① 马克思批评费尔巴哈:"他没有看到,他周围的感性世界决不是某种开天辟地以来就已存在的、始终如一的东西,而是工业和社会状况的产物,是历史的产物,是世世代代活动的结果"。② 也就是说,那种与主体及其活动绝对无涉的世界是抽象的和没有意义的。我们只能把握现实的世界——这个世界经由主体能动的实践纳入了我们的生活领域,成为我们的对象、客体。现实的感性世界是生产和实践的产物,是作为具体历史的对象世界向人生成和演变的。

马克思的这种理解决不只是强调"行"重于"知"(像我们过去理解的那样),而是一种全新的思维方式,是具有革命性意义的视角转换。形象地说,旧哲学不假思索地把我们把握的世界(y)等同于"世界本身"(x),即

$$y = x$$

马克思则认为离开主体及其实践说"世界本身"是无意义的,因为"世界本身"(x)必须经由实践、生活转换(f),才显现为现实世界或对象世界(y),即

$$y = f(x)$$

这一被旧哲学所忽视的 f,在马克思那里却是全部问题的关键,它是使事物、存在、价值之成为事物、存在、价值的创生活动和"转换器",事物、现实、感性必须经由主体及其实践这一"转换器",必须借助人的能动活动,才能成为其所是,才现实地"是"。

哲学观上的这一视角对我们讨论文化建设有何意义呢?那就是:我们应该放弃本质主义和实体思维,采取实践视角和实践思维。

按照后一思维方式,文化就不是主体及其实践之外的单纯的事实存在,而是现实的实践中生成着和显现着的东西,它就是我们现实的生

---

① 《马克思恩格斯全集》(第42卷),北京:人民出版社1979年版,第131页。
② 《马克思恩格斯选集》(第1卷),北京:人民出版社1995年版,第76页。

活、劳作、交往本身，以及由这些活动造成的效果。文化既不是存在先于本质，也不是本质先于存在，而是：存在就是本质，边存在边显现本质。只有在批判、承继、传播、转换、再创造等"在"中，只有在主体现实的实践中，文化才获得其本质。荷兰哲学家皮尔森（C. A. van. Peurson）认为："'文化'这个术语与其说是名词，不如说是动词。"它指人制造工具和武器的活动，等等；文化传统包含在人的活动变化之中。[①]既然如此，只有凸显主体性，凸显现实的实践和生活，我们才能真正说清楚文化的发展与演变，说清楚文化的吸纳与传播，说清楚文化建设的导向与理路；只有透过人民大众的实践和创造活动，我们才能把握住文化建设的要旨和文化发展的脉络。

鉴于此，我们主张，文化建设的思路应建立在这样的前提下：从现实的实践出发，从内在于历史和现实的问题情境出发，凸显主体在文化建设中的能动性和主格地位。这一观点可以进一步作如下阐释：

第一，文化建设就是积极的、能动的生活和实践本身。

以往关于文化建设的讨论虽然也强调实践能动性的意义，但这里的"实践"实际上被理解为与"知"并列的"行"，它只是作为一种外在的因素对文化施加影响，而不是创建文化的内在活动。

我们主张，现实的实践、生活本身就是文化建设——如果这种生活是积极的、进取的话。一切因素，无论是历史还是未来，是内生的还是外来的，是弱点还是优势，是应然还是实然，只有汇集到当代人的实践之中，成为我们改变客观世界和改变主观世界的活动，成为创造、设计和开拓行为等，它们才是现实的、有意义的。我们只有透过生活着、劳作着、享受着、思考着、想象着、忧愁着……的主体，才能审视历史，开拓未来，面向世界。传统只要还是传统（而不是失传了的、死亡了的东西），必以成熟、扩展的形式凝聚在我们今天的生活中。既如此，文

[①] 皮尔森：《文化战略》，刘利圭等译，北京：中国社会科学出版社1992年版，第2页。

价值与文化
——人类社会的双重密码

化建设就只能从现实的实践和生活中寻找发展逻辑,揣摩前进路径,而不能逾越现实生活直白地追溯历史、复兴传统。外国的东西只要被我们所把握,它就已经是我们重新诠释和整合过的,就成为我们自身的一部分。我们的实践和生活是将外来文化由"外"转化为"内"的创造性活动,是"消化""吸收"和"输送营养"的过程。只要以某种方式介入我们的生活和实践,外国文化就不是"纯之又纯"的,而是被我们解读过的了。

说到底,文化建设就是生活和实践本身的自我改善、自我发展、自我前进。古人的也好,外国人的也好,都必须整合到这一过程中去;我们不是"向后看",也不是"向外看",而是"向前看"。

第二,文化建设是"我们"的建设,是实际生活着的人本身的活动。

以往关于文化建设的讨论虽然也强调主体的能动性和创造性,但主体与传统文化、外来文化的关系自觉不自觉地被理解为外在关系,主体与这些文化是两张皮。人的主体性常常被湮没在作为客体的文化中:谈传统时可以撇开现实的人及其实践,只谈典籍文章;谈外来文化时可以撇开具体情景中的自我而按照西方文化的文本虚构文化的语境和场景。

我们主张,现实生活中的人就是文化存在和运作的真正主体,文化就是"我们"当下的活动本身以及由此带起的广泛的效应,是"我们"的生活、创造等开启的向过去未来开放、向世界开放的运动本身。现实的主体就是传统的承载者、文本的解读者、"他者"文化的吸纳者、未来的开拓者……他通过实践,把历史作为现实,因而也作为传统转换和创生出来,把外来文化作为自我文化的一部分转换和创生出来。我们的视角不只是把文化视为与主体、实践水乳交融,不只是突出主体在文化中的重要性,更在于把文化理解为由主体(经由实践)创生出来的"流",把文化建设视为在历史和现实的平台上主体自身的活动,是现实生活中的人自己发展自己、完善自己的过程。这就是我们强调"以我为主"、把主体放在核心地位的意思。

总之,我们之所以否定向后看的"传统论"和向外看的"西化论",因为这两种导向自觉不自觉地建立在"文化是具有既定质和既定功能的东西"这一实体思维的基础上,而这一视角不可避免地会淡忘实践和现实生活,疏远主体;我们之所以主张向前看的"创建论",是基于完全不同的另一种视角:文化没有既定的质和功能,它是由我们的实践、生活不断创建的"流",文化建设就是凸显主体的这种创建活动。

三

基于上述视角转换的文化建设应该是什么样的呢?

立足现实实践的文化建设主张把人的权利和责任还给人,让人尤其是普通人做文化建设的主体、主人。

直观视角谈文化建设,往往疏远和淡忘现实的主体,忽视人的权利和责任。表现之一:人仅仅被当作完成政治使命、实现官权意志的工具,人的主体性和独立人格消融在异己的权力运作中。人既没有权利,也没有责任,这就构不成真正的主体;个人的自由创造行为既不必要,也不可能,这就谈不上真正的文化建设。表现之二:人们谈"传统文化""外国文化"时存在严重的"见物不见人"的现象:文化本身成了在我们之外并主宰我们的力量,我们自己成了无所作为的被动因素。面对传统和外来文化,我们似乎既无权利,也无责任。结果,我们要么奉古人、洋人为圣明,要么把责任一股脑推给他们。表现之三:普通人的权利和责任被忽视。现实生活作为最重要最真实的文化"文本",实际处于人们的视野之外;普通人,尤其是普通农民、工人和其他下层民众,在文化建设中被视为单纯的客体——管理的对象、受教育的对象、怜悯的对象,甚至是包袱和累赘。现实生活本身的缺位,民众缺少自由创造的权利与责任,是文化缺少生机的主要原因。

价值与文化
——人类社会的双重密码

立足现实实践的文化建设是人民大众的建设,是亿万民众自己发展自己、提高自己、完善自己的历史活动,这就要求把人的权利和责任还给人。人格独立、个性解放、主体意识觉醒;独立和自由地运用自己理性的力量,独立自由地行使人的基本权利,这些既是文化建设的前提,也是文化建设的目标。文化的现代化首先是人本身的现代化。

把权利和责任还给人,应是"精英"阶层大众化,进而是销蚀精英阶层和平民阶层之差距。我们提倡人人作为普通人并且仅作为普通人行使文化建设的权利,当然也承担相应的责任。后现代主义描述我们这个时代的一个基本特征是,精英与大众的界限消解了,古典主义和精英文化被大众文化、消费文化所取代;作家、诗人、思想家被边缘化,或者说,普罗大众也可能"一夜爆红"。这种后现代现象受到质疑,引起人们的担忧。我们认为这要具体分析:如果说大众化是没有内涵和质量的庸俗化,这确实是个大问题;如果说大众化是打破了精英与大众的隔阂,破除了笼罩在某些"家"头上神秘的光环;如果说人们的文化话语权趋于平等,文化进一步开放和自由,这种大众化我们应该肯定。

把权利和责任还给人意味着,面对传统文化和外国文化,我们思考的重心不是古人和外国人怎样,而是我们自己怎样:"我"是怎样承继、吸纳、诠释和整合这些文化的?如何使传统和外来文化成为我们现实生活和实践的有机组成部分?怎样将它们转换为我们生命存在中的实际价值?总之,面对异时空的文化,我们实际上怎么做和应该怎么做?

立足现实实践的文化建设主张,把主体当下的实践摆在文化建设的主导性地位,通过创造性实践使文化获得其本质内涵。

持实体主义思维方式来谈文化建设,往往把文化视为外在于现实实践的东西,它关注的焦点是文化本身的固有质,它试图先验地厘清文化本身的优劣利弊、精华糟粕,然后决定取舍,而不把文化建设视为实践、生活和创造本身。

我们认为,文化的本质和内涵是在实践中获得的;文化建设就是把传统与未来、本土与世界、思想与存在、应然与实然等因素汇集到现实的实践和生活中，推陈出新，发展创造；文化建设的目标就是做好这一创建活动。鉴于此，我们主张：

第一，文化建设应把现实的实践放在中心位置，使实践、生活、创造成为一个活生生的动态纽结，通过这一纽结，精神与物质、理想与现实、过去与未来、中国与世界各种因素得到贯通，获得它们的"现在性"，它们的Dasein，它们的生命，成为我们现实生活的一个要素，一个环节。例如谈后现代主义，我们不是按西方的话语框架来整合我们的思想和文化，以削足适履，而是把它放到实践流程中，转换为现实生活中的问题。谈儒家文化，我们也不是按圣贤的典籍文章上的话语框架来整合我们的思想和文化，以削足适履，而是从当代人的实践出发来解读历史，使儒家传统走进我们的生活并在现实生活中得以再创造。①

第二，加强实践环节，依靠实践力量克服理论上的悖论、陷阱、怪圈，在优化我们生存质量的创造活动中把文化推向前进。其实，思想文化中的许多陷阱，实践生活中并不存在，或者可以被扬弃。如果我们的思想不是囿于思辨的圈子，而是直面生活，许多理论困境就容易克服。国民思想文化中许多深层次的问题之所以长期得不到真正解决，在于我们没有扎扎实实地做，实践力度不够是思想理论进步幅度不大的深层原因。如果在"做"字上狠下功夫，思想理论就容易往前走了。我们真做学问、真搞科研、真创作艺术、真开发产品、真做设计、真做工、真种地……总之各行各业真练功夫，这才是文化建设的底气和内功。如果底气和内功练好了，我们就既不必卖弄古人和洋人，也不必担心"古化""西化"。我们吃牛肉身体不会被"牛化"，吃蔬菜身体不会被"菜化"，因为问题的关键在"吃"，在消化和吸收，而不在所吃之物；文化建设

---

① 马克思关于"现实的历史叙述"方法对文化建设的理路也许有教益。在讨论经济研究方法时，马克思反对直白式的历史回溯方法，而主张深入现实的范畴结构，通过对现实的批判来理解历史。

价值与文化
——人类社会的双重密码

的关键在我们的实践创造本身,而不在我们面对的文化因素是传统的还是外来的。

立足于现实实践的文化建设主张深入现实和历史(内在的深层的现实生活必然同时也是历史的),提出并解决我们时代真正的问题。

贺照田先生检讨中国学术时强调:能否将暗中制约人们的一些问题"问题化",并郑重对待,这是文明兴衰、民族兴衰、国家兴衰的深层原因。他主张努力深入历史和现实,努力把知识生产脉络和理论思潮脉络之外影响和制约我们的历史现实因素问题化,提出内在于我们历史和现实的真问题。[①] 这一思想非常深刻,而且具有普遍价值。反观近些年的文化建设,表面文章作得多,深层问题解决得少;各种思潮纷至沓来,留下许多花里胡哨的影像,于社会改进的实际价值不大,以致我们今天面对的许多深层的隐晦的问题,和几十年前甚至100多年前的差不多,原因之一是我们对中国文化的历史逻辑、发展理路切入不深,因而没能将内在的问题"问题化"。

文化建设离不开纯学术研究。但如果没有洞察深层问题的勇气,我们就会纠缠一些由学人的话语孳生的话题、辩题,头上按头地玩概念游戏,忘记真问题。例如近几年关于"学术打假"的讨论,没有切入中国学术最重要的问题——如何用科学理性精神,从不同学科领域,提炼宇宙人生的真问题,承接并推进思想文化传统,为社会创造深刻、美好和丰富的精神产品。

文化建设离不开我们与世界文化的互动。但如果没有洞察深层问题的勇气,我们就会被舶来品的概念和规则所左右,以它的框架和话语霸权为时尚,忘记了我们的历史和现实问题。

我们主张走出由学术自身衍生的许多话语圈套,摆脱那些浮躁的、表面热闹的泡沫问题,沉浸到当代人的实践、生活中,用理性和智慧洞

---

① 贺照田:《制约中国学术思想的几个问题》,载《开放时代》2002年第1期。

察历史和现实，体验和挖掘我们生活中困境的根源、问题的实质；下功夫梳理民族文化发展的脉络和走向，发现历史和现实的深层次问题，并勇于创造回应这些问题的方式。

立足现实实践的文化建设主张，把文化因子放到特定的问题情境之中，从具体历史背景出发解读文化，建构新文化。

时下，离开特定的问题情境解读文化的情形十分普遍。谈传统文化和外国文化，人们习惯把表层语义抽象化，然后作超时空传输，忘记这些文化是古人、洋人为解决他们面临的问题而创建的。结果，我们得到似是而非、貌合神离的形式框架、话语圈套，而把它的"神"（精神实质、解决问题的勇气和智慧等）漏掉了。

无论是古代文化还是外国文化，只要是真有价值、有生命力的东西，都是特定的问题情境中产生的，是人家为解决他们的历史和现实问题而创造的。文化的解读应结合这些具体历史背景或问题情境，而不能离开这些背景抽象地加以谈论；我们应重点把握别人面对现实、解决问题的勇气和智慧，而不是满足于表层语义的炫耀；要充分意识到我有着完全不同的问题情境，立足于我们的现实，从我们的具体实际出发，把异时空文化纳入我们的实践过程，使之对我们解决问题真有裨益。

譬如说，中国社会和文化是按照自身的历史逻辑发展的，它与美国社会和文化发展逻辑的差异甚大。他们的问题对我们来说可能不成其为问题，我们的问题对他们来说也可能不成其为问题。既如此，机械地模仿他们"问题化"的思路与解决问题的方式，就会产生"误读"。鉴于此，我们否定国民潜意识中普遍存在的"美国的今天就是我们的明天"观念（例如美国今天已进入"后现代""后工业社会"或"知识经济"时代，我们也应赶紧迎接这一时代的到来），而主张独立地探讨我们的问题，独立地建构我们自己的文化发展模式。

原载《湘潭师范学院学报》2003年第4期

重建中国学术传统之我见

(2006)

学术是自觉、系统和专门化的思想与智慧的生产活动及其成果,学术传统则是历史地形成并加以传承的、独特而稳定的专业性治学方式与叙事方式,是一个文明的精神文化(思想、智慧)生产的规范体系。一个民族的勃兴离开了学术繁荣是不可想象的,而学术的繁荣离开了成熟的、独具特色的学术传统也是不可想象的。

中华文明原有自成一体的治学方式和叙事方式,我们的先辈用这种学术规范和传统创造了博大精深的思想和智慧。但是,"西学东渐"以来,中国学术传统全面衰微。面对具有强大优势的西方文化,前辈学者深感中国传统学术之缺陷,乃融会中西,重建中国学术传统。不幸的是,中国学术一次次经历了不正常的人为破坏。尽管自20世纪80年代以来,这种情形有所好转,但学术失范现象仍然很严重,中国学术传统的重建并未真正成功。今天,当时代潮流和文明运势呼唤大思想大智慧的时候,学术传统的缺位却成了制约中国学术进一步发展的"瓶颈"问题。

一、中国学术传统的独特价值

中国学术传统的"合法性"是我们首先要面对的问题。梁漱溟先生曾说:"凡中国的学问大半是术非学,或说学术不分"①,意思说我们缺少西方人那种系统建构知识的方法论传统。西方的学术传统,粗略地说,就是用语言澄明隐藏着的逻各斯(Logos),从而抓住本真的存在。经验主义采取从经验上升到一般原理的方式,去把握逻各斯和存在;(狭义的)理性主义通过语言和逻辑的分析与还原,把推理的功夫做好,二者其实是一个套路。因为在西方,存在、理性、逻各斯和语言是同一个问题,有一个基本思想从巴门尼德贯穿到分析哲学家:思维与存在同一;语言的界限就是世界的界限。

中国学术完全不同。如果说理性是西方学术传统的根本特征,那么,非理性是中国学术传统的根本特征。按照中国先哲的观念,"大音希声,大象无形","道可道,非常道"②,说得出的就不是禅。按我们的传统,那种建构知识体系的做法,简直是背道而驰。不建构知识体系,不等于说中国没有学术。中国有中国的学术传统,有自己创造思想和智慧的独立且独特的模式,不能用西方标准衡量。

1. 中国话语体系

从先秦起,中国学术就形成自己独特的话语体系。例如概念——"道""德""仁""义""礼""智""信""天""地""人""气""心""性""理""和""神""化""禅""佛性""境界""天理""人欲""道统"等。这些概念被普遍沿用和传习,形成把握事物本质关系的独特而稳定的"范畴之网"。再如话题——性善性恶、天人之际、命与力、心与性、体与用、气与理、道与器、名教与自然等。作为中国学术中特有的公共话语,这些问题被历代思想家反复讨论,形成独特的话语传统和问题域。

---

① 梁漱溟:《东西文化及其哲学》,见《梁漱溟全集》第1卷,济南:山东人民出版社1991年版,第356页。

② 分别见于《老子》第41章、第1章。

中国学术话语是中国文化和学术独有的，它是从中华民族特定的生存境况中产生的，与中华民族对宇宙人生独具慧眼的理解（understand）和说明（explain）方式联系在一起，与我们的思维方式、价值观念、处世态度、民族性格，以及由此确定的全部自然观、社会观、人生观等联系在一起。它特定的内涵（思想、智慧、价值和意境）是其他文化的话语所不具备的，也无法体验、无法表达的。例如中国古代科学决不等于西方的 science，中国文化中的"自然"也不等同于西方文化的 nature，中国学术中道器关系也不等于西方的"理式"与具体事物的关系。严格地说，中国学术话语无法翻译成西方话语。"西学东渐"以来，用西学话语来诠释中学话语，已成习惯，但我们不能忘记中国学术话语独特的视角及其价值。中国学术话语在把握宇宙人生的整体性、流动性、生命力方面，较西学话语更胜一筹。

2. 中国学术的思维方式

中国学术论辩，不以知识是否"清楚明白"为务，而是以智慧是否"达道"、思想是否"传神"为旨。它主要不是着意于概念清晰、命题有意义、知识大厦基础夯实，而是意象神妙、意境超越、语言生动传神，通过营造身临其境的氛围，以便直接把握世界、存在的终极真谛。叙述的主要功夫在于意境的塑造、气氛的渲染、情绪的诉求，是力图说得玄妙高超。学术在论证过程中，美感、乐感、罪感和耻感等情感的激发，发挥着与逻辑证明类似的功能。用中国学术标准衡量，西方那种冷冰冰的逻辑思维"可信者不可爱"[1]。道理、思想、智慧不可能单纯依靠理性言说，它必须是知、情、意等的统合[2]。这样的学术旨趣决定了中国学

---

[1] 王国维比较叔本华哲学与康德哲学时有一说法："可爱者不可信，可信者不可爱"。此处借用。

[2] 海德格尔似乎注意到这个问题，所以他认为，情绪（Stimmung）是此在最原始的展开方式之一。

术的思维方式以直觉思维为主。

中国学术创造了系统的直觉思维方式：顿悟、静观、传神、心领神会、神交、涤除玄览、感应遂通、扪心自问、发明本心、正心诚意，等等。这些方式不只是单纯的推理、冥思，它还需要心性的锻炼与修养（如孟子的"养吾浩然之气"），需要具体动作的协助（如禅宗的"棒喝法"），更需要设身处地，与客体和环境融为一体，物我两忘，以便直接体验和感悟。从某种意义上说，直觉思维、形象思维是更根本的智慧。

中国学术要"穷神知化"，追求无上境界，可这样的状态和境界与平常状态和平常境界须臾不离。人都在凡间俗界，倘若有慧根，有悟性，你就可以进到那无上境界；没有悟性、没有慧根，再怎么说你也进不去，那是真俗界。领悟无上境界不靠"说"，不靠逻辑推理，而是靠"开窍"，靠"悟"，靠"通"，靠"灵性"。有了这样的慧根，还愁不豁然开朗？

思维的低层次有"执"、有"碍"、有两极对立和逻辑悖论。但是如果我们进到至高至妙处，这些对立和分裂就消融了。所以，中国学术的致思取向是万法归一、圆融无碍的终极和谐统一①。西方学术挥之不去的主体与客体、物质与精神、经验与理性、此岸与彼岸等二元分裂，对中国学术来说根本不成其为问题。

学术要传达的是至高、至远、至真、至妙、至大、至全、至神、至化……的境界，这种境界是任何语言都难以把握的。因为语言总有主观、片面和僵死性，有不达意处。执着语言反而会受语言之累而失却真谛。古中国学术要求得意忘言、得象忘形，直至"坐忘"。通过忘，思想才能超拔出来，直面极高明神妙态，达到无上智慧、大自由、逍遥游。

---

① 儒家讲"与天地合其德"，讲"合道"（心性与道合为一体），至诚之性既在天地间也在人心中，既在彼又在此；道家讲"齐万物"，万物"毕同毕异"；佛教讲"真俗不二""色心不二""一心开二门"。

3. 中国学术传统的叙事方式

西方学术是逻辑建构的叙事方式，甚至连纯粹信仰问题，也用逻辑证明（如安瑟尔谟对上帝的证明）。这在中国学术看来是不可思议的。中国学术的叙事方式可否这样归纳：

（1）道统的叙事方式。中国学术没有鲜明的学科门类观念，要说门类，只能说按不同道统分类。一方面，宇宙人生，方方面面，浑圆一体，不可分割；另一方面，文以载道，而中国哲人都是"吾道一以贯之"，从百姓日用之事到天地阴阳之理，莫不如此，怎么分门别类！中国学术分诸子百家，是因为每一家有自己独立的思想和道统；我们分经史子集，是因为它们载道传道的文体不同（而不是学科或对象不同）。就其将对象、将宇宙和人生看作整体而言，它们是一致的。

（2）历史的叙事方式。中国学术注重历史的叙事方式，甚至逻辑叙述也转化为历史叙述。墨子云："上本之于古者圣王之事"①，这在中国学术史上是普遍的叙事方式。"古者圣王任何，所以如何""自古治世怎样，所以怎样"——这样的论理方式充斥古代文献。这么说的时候人人都明白不是在做信史考据，而是狐假虎威，借古圣名义陈述自己的主张。然而有趣的是，这种叙述方式却成为普遍认可的"游戏规则"，这是令人深思的事，它显示了中国文化中强烈的历史回归意识。

（3）情境的叙事方式。中国学术既认为语言无法达意，无法言说真正的"道"，唯一的办法就是制造身临其境的氛围，让人设身处地，直接体验。有一种流行的观点认为，中国学术停留在经验层面，缺少理论抽象。这种说法值得商榷。笔者认为，中国学术叙述的不是低水平的感性经验，而是将现实的感性材料融会贯通，提炼出其中的"神""性""道"。因此这种感性经验已经是升华和再创造了的感性经验，它通过展

---

① 《墨子·非命》。见孙诒让：《墨子閒诂》，北京：中华书局1986年版，第240页。

示生动、形象、鲜活、具体的境况，以便读者通过直觉体验和审美感受，获得抽象思维所无法传达的神妙。

（4）情感和情绪的叙事方式。中国学术的旨趣是表意和达道，而不是纯知识。通过诉诸情感来立论，通过渲染情绪来制造氛围甚至气势，是中国学术常用的方式。前文论知、情、意统合的思维方式已经从另一角度说到过这一特点。

4. 中国学术的问题意识

如果说西方近代学术的问题主要起源于对知识体系的批判和审视，那么中国学术的问题主要源自人文主义的忧患意识——对生灵疾苦的忧患、对朝纲不振的忧患、对文化衰微的忧患、对人心不古的忧患，等等。

大概希腊人有更多的童稚之心，总想追问真相，终于走向为学术而学术之路；中国先贤则有更多的老成，有更多的忧患意识，故《易》曰："圣人其有忧乎！"因为这种忧患意识，先贤们对纯粹的学理兴趣不大，主要兴趣在于"为天地立志，为生民立道，为去圣继绝学，为万世开太平"①。如果说自然有常，人们容易形成"本质""规律""真理"的观念；则世事无常，要从无常中揣摩"常"，这就容易让人产生玄妙之感。所以中国哲人确立了与西洋不同的学术旨趣：通过悟道、达德，以确立人生和历史的智慧。儒、墨、法诸家不用说，即使道家，看似消极无为，其实也是一种处世和治国之道。可以说，没有经世济民的胸怀，没有"为万世开太平"的胸怀，很难产生像中国先哲那样的问题意识。

---

① 《张子语录》，见《张载集》，北京：中华书局1978年版，第320页。另，朱熹、吕祖谦撰《近思录》作"为天地立心，为生民立道，为去圣继绝学，为万世开太平。"（南京：江苏古籍出版社2001年版，第78页）黄宗羲撰《宋元学案·横渠学案》作"为天地立心，为生民立命，为往圣继绝学，为万世开太平。"（国家图书馆藏普通古籍本）

5. 中国传统的"学术共同体"

按照托马斯·库恩（Thomas Kuhn）的理论，科学成熟的标志之一是形成科学共同体。学术研究也有一个共同体的问题。中国先秦的学派，跟希腊的学园派差别应不大：由师徒群体形成小学派。但是，当西方中世纪的僧侣们以寺院为基地发展起现代学术共同体雏形的时候，中国则一直没有形成真正的学术共同体。形成这种局面的原因很多，官府对学术的垄断和高度的工具化、宗法家族制对学术制度的影响（如"秘不外传""授男不授女"），但我们不可忽视学术本身的原因：理性主义特点是，一个知识点只要敲定，就可以普遍推广；直觉思维追求的意境，只能靠个人的悟性达到。学术思想和智慧达到的高度取决于天才人物出现的偶然性，这就给学术交流造成一定的障碍。

总之，以传神、会意、载道为旨趣的中国学术，有着与西方学术完全不同的传统，这种传统有其独特的价值。我们不能按照西方标准对它简单地说"不"。因为，第一，中国学术传统是中华民族世代体验生活、存在之真谛的结晶与浓缩，是历代先哲创造思想和智慧的独特方式。中国学术传统的流失，将意味着中华民族使用了几千年的思想、智慧和价值的创造模式的流失，意味着我们"观"宇宙人生的镜子的丢失。第二，中国学术已经通过各种中介，与我们的价值观念、思维方式、行为模式、文化性格水乳交融，血肉相连，这决定了大众体认世界、思考人生的模式也融进了中国学术传统。如果我们撇开了自己的学术范畴、思维模式、问题意识等，我们实际上不能进行真正独立的思考，也就不可能有自己独立的学术、思想和文化。

二、中国学术的道统

中国学术既以"载道""达道"为旨趣，那么，对"道统"的关注就是必然的。

　　大家知道,明确提出"道统"的是韩愈。他断言:尧舜禹汤文武周公之道,传至孔子,孔子传至孟子。"轲之死,不得其传焉。"① 既然他提出这个问题,言外之意,当然只有韩愈自己能承担起延续圣人道统的历史重任。

　　"道统"说出来后,谁有资格算道统的继承人,就成了热门话题。例如有一种排序是"孔、孟—荀子—扬雄—韩愈"说;但宋儒认为"周公没,圣人之道不行;孟轲死,圣人之学不传",直到程颢先生才"开历史之沉迷,圣人之道得先生而后明"②。现代新儒学贬低清代新学,认为儒学随明亡而俱亡,三百年后才因梁(漱溟)先生之生命而重新活动。③

　　今有学者认为,原始儒学的真谛是"修己以安百姓",宋明儒师和现代新儒家不但没有复兴这一传统,反而遮蔽了儒学本义,失落了原始儒学的人文精神,他们不是儒学道统的继承者。④

　　近来,有的学者试图勾画20世纪中国新道统。例如何家栋先生认为,除了政治家代表的"政统"外,还应该凸显思想家代表的道统,而且道统应在政统之上。何先生认为,20世纪中国新道统的主要代表人物是梁启超—胡适—顾准—李慎之⑤。

　　彰显道统,将被遮蔽的民族思想和智慧的轨迹昭明,这是有意义的。不过笔者对上述争议却不以为然,因为这些争议免不了有宗派门户之见和论资排辈之嫌,对中国学术传统而言,似乎还有某些更深刻的内涵却没有道出。

---

　　① 《韩昌黎集·原道》,见屈守元、常思春主编:《韩愈全集校注》,成都:四川大学出版社1996年版,第2665页。
　　② 《明道先生墓表》,见《二程集》(上),北京:中华书局1981年版,第640页。
　　③ 牟宗三:《生命的学问》,台北:三民书局1970年版,第212页。
　　④ 孙明君:《道统说辨难》,载《北京大学学报(哲学社会科学版)》1995年第3期。
　　⑤ 何家栋:《20世纪中国的"新道统"》,载《社会科学论坛》2003年第9期。

价值与文化
——人类社会的双重密码

第一,在那些儒学家笔下,道统似乎是一种神奇的种子,可以失传、死亡数百上千年又复活;似乎是某种实实在在的东西(如袈裟、衣钵),可以代代相传,这就显得可笑。谁见过尧的"道"是什么?谁见过舜的"道"是什么?

第二,每个大的思想家对学术都有独特的贡献,每代学人都在推进学术传统,创造了思想和智慧。我们宁可说不同人物、不同学派、不同时期的学者解决了哪些问题,如何把中国学术推向前进,而不是说谁是正统,谁有资格任道统的继承人,另一些人是非正统,没有资格继承道统。

第三,中国传统的学术是儒、道、法、佛等诸派构成的整体,孔孟程朱等当然是伟大的思想家,但他们不等于中国思想和智慧的全部。只承认他们的道统而不承认别家别派,似乎没有道理。就是在同一派别中,不同思想家的贡献往往各有千秋。谁可承道统谁不能,说绝对了似乎也不合适。

何先生对20世纪中国新道统的描述也存在同样的问题。他对道统主链人物的表述亦不失为一家之言。从他列举的人物看,何先生似乎是以自由主义为根据和主线。换个角度看,这里看到的基本是今日所谓"公共知识分子"。但是,自由主义也好,公共知识分子也好,是不是中国学术和思想的全部甚至主流?其他流派的思想家怎么摆?这就涉及如何看待学者和思想家的关系问题。因为有些专业性十分强的学者往往采取超然的远离生活的方式,但跟"公共知识分子"一样,他们也在推进中国的思想和智慧。总之,揣摩道统,把握中国学术和思想的走向,不能简单化;或者干脆说,放弃勾画道统的"道统"。

其实,道统不是别的,就是中华民族思想和智慧发展的深层轨迹,这种轨迹最典型的形式是中国历代学术创造的最重要的思想和智慧之"流",是中国学术追求的最高境界之延续。

"道"是中国文化追求的那种"安身立命"的基础。中国学术史上,

"道"是真、善、美、圣的综合，是包括人伦物理在内的宇宙世界神妙无穷的本相，是主宰天地之性、生民之命和文化运势的"逻各斯"。有了这道，生民才能在这混沌的宇宙和历史中，找到生活的意义、目标和方向，人立于天地之间才有章法可循。

进而，"道"是中国学术的精神。安身立命基础的确立是由学术完成的。有了学术，一个民族对真理和价值的追求才有自觉和完善的形式，"道"才有系统和规范的体系。中国学术有云："究天人之际，通古今之变"，可见，古代圣贤认为有某种将宇宙、人生、世事一以贯之的道，学人的责任就是昭明和彰显此道。因而"道"又是思想和智慧的结晶，是学术的内在精神、思想和智慧的勃勃生命

历代哲人彰显道、推进学术精神的过程，就形成了道统。不同学派，不同人物，思想和智慧不同，视角和治学方式各异，但都有一个目标，就是"道"。可以说，中国学术，就是以规范的治学方式，体认道、彰显道、创造和推进道。不过这里有两点：

首先，道不离器，学术追问的"道"，与具体历史时代的现实问题，与百姓的日常生计、国家的荣辱兴衰，须臾不离。因此，学术就是从现实生活中，从生民的具体生活境遇中，从时代的问题中去体悟道，在解决时代提出的问题中推进道。学人以自己的方式解决了时代提出的问题、大众生存中的问题，他就或多或少地弘扬了道。从这个意义上说，"道统"无他，就是在解答时代重大现实问题、在具体历史情境中把文化推向前进的思想和智慧。当然，感悟生活本质有境界之别，把握历史内在逻辑有深浅之别，解决时代问题有大小之别。如果一个思想家解决时代的问题特别重大，把握历史逻辑特别深刻和准确，对宇宙人生之境界的提升特别高超，那他就是伟大的思想家，就是承继和推进道统的人——无论他以什么的方式，无论他属于何家何派。

其次，中国学术道统是多元演进的。在没有过多的拘束、学术相对自由的先秦，诸子百家涉猎的问题涵盖面宽，对"道"有各自不同的理

解,以至于庄子调侃说"盗亦有道"。所以,从源头看,中国学术道统是多元的,非以某家某派某些人为道统的承担人不可,这没有道理。后来由于复杂的原因,学术对道的探索逐渐约束,仁义教化与自然放达的矛盾逐渐成为学术争鸣的焦点问题,于是,自然天性之"道"和仁义礼智之"道"代表了两种基本的价值取向,并经过了数百年的摩擦和磨合。这个又斗争又协调的过程也是道统向前发展的过程。等到中国文化成功地吸纳并改造了佛教,形成儒释道三足鼎立局面,一个一体多面的道统算是完美地形成了。所以,中国学术道统,应包括各家各派,至少是主要流派;道统是在解决各时代重大问题的过程中推进的,因而其主题和宗旨也是不断演变的。任何学术、任何思想、任何道统,都不可能永远维持原始本义不变。至于道统的具体内容和演变的具体轨迹,以及哪些人物(因其贡献特别大)可算作道统的承担者,那是全部中国学术史探讨的任务。我们今天研究道统,是要澄明中国学术的主旨和内在精神之演进逻辑以为学术的发展之借鉴、定位。

三、中国学术传统的式微

中国学术传统的式微,与中国学术乃至整个中国文化的式微紧密相关。

从治学方式本身说,传统的治学方式有许多弊端。如:传统的治学既不重客观知识,也不重逻辑推理。先秦名家和墨家(后期)曾有知识论特点,但在历史上,它们一直被边缘化,以致最后失传。传统的治学不习惯把知识点敲定,因而也就不追求概念明晰和逻辑严谨,不追究命题为真的条件,甚至没有自觉将实证知识与神话、巫术和卡尔·波普意义上的"伪科学"区分开来,不能将严肃的学术与故弄玄虚的渲染之辞分离;缺少追问知识的最终基础、事物的最终本质、宇宙第一动因的习惯;也缺少建构元理论体系的习惯。

用科学社会学的眼光看，第一，秦以后，由于皇权对学术的控制越来越严，学术越来越深地成为"皇权的婢女"，独立和纯粹的学术精神越来越少；第二，宗法家族制的影响，中国学术长期是小宗派、师徒传授制，未能形成西方那样的大学教育模式与学术共同体；第三，经世济用、安邦治国，乃至求取功名利禄的实用主义观念太强，干扰了中国学术和学者的纯粹，所以我们缺少"为学术而学术"的传统。

应该承认，理学吸取了佛学（也是印度智慧）的瑰丽神奇的思辨学风，对中国学术做了大大的改进。理论体系更严谨，思想更系统、概念更清晰、推理更严密。总之，理学使中国学术更像学术。当然，理学的治学之道，是基于思辨，而不是经验和实证。对理学的反动（也是对中国学术的进一步推进），就需要走向实证，走向"经验主义"。昌明和顺应学术演进的这一逻辑，正是明以后的"另类"学者的使命。王夫之、顾炎武、戴震等，这些伟大的思想家，开始了促成中国学术发生历史性转折的工作。旨趣上，学术出现知识论取向；方法上，注重观察、操作、经验等实证方法，以及归纳等逻辑推理手段；价值立场上，出现了类似自由、民主和人权的思想。

但是，中国学术传统毕竟积重难返。明清思想家还未创造出一套成熟的范式的时候，西方学术就随着西方文化一起进来，一下子把中国学术打蒙了。

如何反思中国学术传统的衰微？

中国学术传统的式微，根子当然是学术本身的式微，进而是道统的式微、思想和智慧的式微、中华民族创造力的式微。中国文化经过几千年的昌盛、繁荣，它内在的智慧和生命似乎消耗殆尽，它的思想源泉被过度吮吸而干涸。在农耕文明和宗法社会的框架里，它已经没法继续给一个民族提供踏实的价值基础和富有魅力的"道"了。

但是，中国的学术并没有寿终正寝，恰恰相反，在自身弊端总爆发和西方学术排挤这双重冲击之下，它经历痛苦而悲壮的涅槃，寻求再生。

从根本上说,中国学术的复兴和学术传统的重建,就是要在西方文化的冲击之后,重新寻找整个民族生命的活力源泉,重新确立整个民族作为依凭的"道",让这个古老的文明重新涌流出思想和智慧。思想和智慧激活了,学术就激活了;学术激活了,学术范式和学术传统也就会重建起来——当然,反过来说,成功地建好学术范式,也有利于学术的兴盛。

从时空格局上说,中国学术的振兴和学术传统的重建,已经不单是自身的事,而是要处理好自己与西方学术的关系。以建构知识大厦为宗旨、以理性主义为特征的西方学术,与中国学术的差异实在太大,中国学术如何面对、如何整合?同时,由于整个西方文化的发展优势,人们很容易把西方学术与"先进""现代性"联系在一起,将中国学术与"落后""古老"联系在一起。这个定位合理不合理?

前辈学者充分意识到这点,所以许多人提出"学贯中西"的口号。王国维、梁启超、严复、胡适诸公,仅就学术而言,他们已经达到个人所能达到的顶峰。但是,整个民族仍在苦难之中,她的智慧和思想尚未激活,它的生命源泉还未涌流,这决定了重整学术传统的目标不可能在他们手中完成,也决定了他们在思想史上的悲剧性。这种深沉的悲剧意义,可能只有像王国维这样的思想巨人才能完全体会,所以他以自身的悲壮来为文化的悲哀殉葬。接下来的内忧外患,民族灾难和动乱频繁,中国学术几乎被摧毁。

四、重建中国学术传统之我见

大思想大智慧是时代思潮的集大成者。梁启超先生谈"时代思潮"时说,"因环境之变迁,与夫心理之感召,不期而思想之进路,同趋于一方向,于是相与呼应汹涌,如潮然。"[1] 文化昂进的时代,各种有相当

---

[1] 梁启超:《清代学术概论》,北京:东方出版社1996年版,第1页。

价值又适合时代要求的思想，有一种或数种共通之观念，由共同根据为出发点，形成"群众运动"。我们今天应该是这种"文化昂进的时代"：改革开放和现代化建设，中华文明振兴，种种历史实践，都激发和呼唤着整个民族的思想和智慧；生活实践、时代节律和文明运势，都在呼唤伟大的思想和繁荣的学术，客观上也要求我们重建学术传统。

中国学术传统自身也包含着复兴的可能性。

法伊尔阿本德（Paul Feyerabend）讲到科学与其他文化传统的关系时认为，科学理性传统只是众多传统中的一种，传统本身无所谓好坏，只有当我们从某一传统的价值观出发看待其他传统时，这些传统才有相对于这个传统的合意或者不合意。我们在谈科学的优越性时，实际上是站在科学理性传统的立场上去评价其他传统。现在，其他传统要么消失，要么改变自己，以便为科学时代所接受。但是这并不能说明其他传统就没有优势，就不能再对我们的知识有所贡献，而只能说它们的气力暂时用完了。它们也许会东山再起。"一定不要把一种意识形态……的暂时受挫当成应该淘汰该意识形态的理由。"①

法伊尔阿本德的科学观启发我们对不同学术传统的新的理解：每一种学术传统都有它的强项和短项；因为各自不同的特点，不同学术传统可能因为适合时宜、得心应手而大放异彩，也可能因为不合时宜而衰落。我们不能因为它暂时受挫就以为它应该被淘汰。某些今天在我们看来是缺点、问题的方面，也许在某个时期正好是长处、优势。以达道载道、体悟神妙为旨趣的中国学术传统，在相当长的历史时期，得心应手，左右逢源，创造了辉煌灿烂的思想和智慧。当西方文化以现代化兴起时，中国学术传统却随着整个文明的衰落而衰落下去。究其原因，无数学人做过许多发人深省的探讨。笔者的不同观点是：中国学术传统，可能不适应人类文明的某些特殊阶段，即标准化、程序化地批量生产知

---

① 法伊尔·阿本德：《自由社会中的科学》，兰征译，上海：上海译文出版社2005年版，第109页。

识的时期。我相信，这种劣势只是暂时的和相对的，借用法伊尔阿本德的说法：气力暂时用完了，它也许会东山再起。一旦中国学术和学术传统度过"休克期"，经过脱胎换骨的转变和革新，它的新生就是必然的。

关于重建中国学术传统，笔者想提出几点看法：

（1）依学术范式和学术标准，建成真正的学术交流、批评和对话的平台，促成正常的学术共同体。

——确立学术规范应有的权威。学术有学术的规则，学界也有不少人一直恪守学术规则。问题是，我们的学术规则受"野路子"的冲击太大，鱼目混珠太严重。这种情形严重扰乱了学术，糟蹋了社会精神。从个人角度说，学人应该把遵循学术规范当作我们对社会和历史的义务，以强烈的文化责任感，以"文章千古事"、以"为上帝的名义写作"（维特根斯坦语）那样的精神做学问；以出产文字垃圾和低水平文字为耻。从社会的角度说，要通过自由和平等的学术交流、对话、批评，形成健全的学术平台和评价机制。学术规范要作为权威的游戏规则确立起来，就需要"准市场"机制。这不是说学术受市场和经济利益驱动，而是说，学术的公共平台也需要类似市场的机制：拒绝人为的资历、等级和身份，拒绝机遇和资源的垄断，公平竞争；学术成果拿到学术"市场"上，接受优胜劣汰的无情法则选择，学术地位和价值在这种竞争中自然形成，学术权威靠学术成果的魅力征服同行、读者而获得；学术资源要拿到"市场"上交流，因而必须标准化、专业化，学术成果价值之实现，也需要在"市场"上完成。学术需要这样一只"看不见的手"，支配学术的评价和选择，通过这样的努力，让假冒伪劣学术自然淡出。

——学术本身和学术共同体独立。学术不媚俗，不迷信权威，唯道是从，唯真理是命。"为学术而学术"，如果理解为拒绝学术以外的私心杂念，拒绝非学术的世俗和权威的干预，而不是脱离现实，我们完全赞同。学术独立的社会基础又是学术共同体的独立，包括学人人格独立、生存方式独立、价值标准独立等。只有这样，才能形成正常的学术规范，建构起健全的公共学术平台，形成高水平和敬业的知识分子群体。学术规范的权威性确立起来了，才谈得上重建学术传统的事。

(2) 吸收西方理性主义传统和中国古代直觉主义传统，整合西方知识建构型学术和中国达道载道型学术，综合创新。

跟中国发展过程中的其他问题一样，学术传统也面临如何摆正中西关系并整合、创新的问题。西方学术传统既是异民族的，又是现代的；中国学术传统既是本民族的，又是前现代的。因此，重建学术传统的一个重要使命就是处理好这种时空关系，创造能容纳二者之优势的新格局。

我们无疑要吸纳西方的学术传统，接受求真的精神和方法，按照知识论传统和理性主义范式，打造知识型的中国学术。事实上我们也是这么做的。只是，中国学术范式之"体"不能丢。中国未来学术仍应以载道、达道、传道为主旨，以体悟阴阳不测之神妙为取向，以对宇宙、对生民、对文化运势的忧患意识为动力，直觉主义思维方法等智慧，仍应该继承和发扬。中国学术的这个传统正在流失，学界应以为忧。

"道"是中国学术的灵魂，是思想和智慧的生命。没有"道"，就没有真正的中国学术；不能将学术精神向前推进，我们也就丢失了先哲的"道统"。如何弘扬中国文化的"道统"，重新发现中国学术和文化的内在精神，在现代化和全球化语境下，将其发扬光大？我们应该念念不忘这个问题。

(3) 深刻地把握实践本质，凸显时代和生活的真问题。

学术传统的建构，是一个很实际问题，一个付诸行动的问题，不是道理上的思辨能完成的。这里有两个问题：一是学人要有自觉的学科、学术和学术传统建构意识，做学问的过程也是尝试性地建构学术范式的过程；二是学人应该自觉地深入地把握实践和生活的本质。我不说"深入实践"，因为这种说法用得比较乱。学术特别是哲学的深入实践，不是简单地到工厂、农村干活，在市场上转悠，关键在于是否把握了生活的本质,是否深刻。所谓"道",都是从生活实践中悟出来的,对生活的本质和逻辑悟得深、悟得准、悟得妙,就是道、理、禅或者真谛。每代学人悟出来的道,组织起来,传递下去,就是"道统"了。

  哲学、理论把握时代思潮的方式和责任是把时代的问题"问题化",把现实生活中真正具有本质意义的问题提炼出来,凸显出来,将其转化为理论问题。从历史的大尺度和深层逻辑思考现实,以现实问题为切入点追问历史的深层逻辑,从这样的双向互动中产生理论和思想的原动力。我们历史和现实的真问题究竟是什么?它不是流行时尚、政治作秀,也不见得是理论界的热门话题;它是潜存于人们本真生活中的问题,也是潜存于历史深层逻辑中的问题——这两方面其实是统一的。要凸显这样的问题,把这样的问题"问题化",其实就是要把"我们从哪里来,我们是谁,我们要到哪里去"这样的问题想清楚,就是把历史和文化的深层逻辑摸清楚。

原载《学术界》2006年第4期

崇古意识探微

（1993）

中国文化史上存在普遍而强烈的崇古意识，这是一个不该被忽视的现象。所谓崇古意识，就是以古风、古言为真、善、美的价值标准，以"先王""古圣"为最高人格理想，以古代社会为理想社会，以远古圣人为礼仪、法度、技术和器具的创始人、发明者。崇古意识几乎渗透到中国文化的每一领域，无论在哲学、历史、伦理、宗教还是在医学、历法等学科，我们都可以感受到这种文化底蕴和民族心理。这一观念如此之盛，以至于历史的回复意识成了中国文化强大的潜流。

崇古意识的文化涵义是什么？产生这种价值观念和民族心理的根源是什么？这是本文所感兴趣的问题。

一

让我们先从一个有趣的现象说起。这就是：中国文化史上各家各派差不多都推崇某些古代圣王。儒家崇尧、舜、禹"三代圣王"；墨家亦崇尧、舜，犹崇大禹；道家及其派生的道教、黄老学派，则崇神农、黄帝；阴阳家崇黄帝；《易传》以包牺氏、神农氏为理想人格；《淮南子》以伏羲、女娲为神圣楷模。还有被抽象掉具体人格的"皇""帝""先王""圣人""古者圣王""真人""至人""神人"等。

这些古圣和他们所代表的时代,作为价值标准和理想状态,包含以下内容:

(1) 古代圣王治下的政治是最完美的,即所谓"古之治天下者必圣人"①。孔子对周文化推崇备至,对尧舜之政更是五体投地:"巍巍乎!唯天为大,唯尧则之。""巍巍乎,舜禹之有天下而不与焉!"②孟子精心设计了一个仁政理想,并称先王之世就是这种理想状态;墨子把他的社会理想——兼爱、尚同、尚贤,寄托在"昔三代圣王"身上;庄子赞扬"古之王天下者",顺应天地法则,如日月四时之运行,如云行雨施③;陆贾断言,虞舜"弹五弦之琴,歌南风之诗",使天下大治④。

(2) 古代的道德风尚最为完美。墨子相信三代圣王之时,人们兼相爱,交相利;孟子盛赞先王"不忍人之心""不忍人之政"充分体现了仁义礼智;《礼记》夸耀三代以上大道流行,"天下为公"⑤;《淮南子》认为古之王天下者,"其德生而不杀,与而不夺",天下共怀其德⑥;朱熹声称三代以上"天理流行"。

(3) 古人、古圣最合乎道、自然或天性。老子认为古人有像赤子一样朴素的品质和混沌的天性;庄子认为古真人之智臻于"至矣""尽矣"⑦,能"不知恶死,不知悦生",与天同一⑧;《淮南子》描述天地未分,窈窈冥冥之时,"圣人法天顺情,以天为父,以地为母"⑨。就连古人的养生法则也完全合乎阴阳自然之理。《黄帝内经》形容上古真人能

---

① 《大戴礼记·诰志》。
② 《论语·泰伯》。
③ 见《庄子·天道》。
④ 《新语·无为》。
⑤ 《礼记·礼运》。
⑥ 《淮南子·汜论训》。
⑦ 《庄子·齐物》。
⑧ 《庄子·大宗师》。
⑨ 《淮南子·精神训》。

"法于阴阳，和于术数"①，完全按照天道规则生息。

（4）古代圣贤是文明制度的创立者，即所谓"作之谓圣"的观念②。这里又有两种情形：一是举凡一切礼仪、道德、法度、文明生活方式，都是古圣有目的建构的。例如荀况和韩非就认为，古圣人制定礼仪伦理法则，教化人民。后世所谓"天不生仲尼，万古如长夜"之说，也是这种观念的变种；二是举凡一切技术、器具，都是古圣创造的。《越绝书·外传记地传》云："神农尝百草水木甘苦，黄帝造衣裳，后稷产穑制器械。"《韩非子·五蠹》云：圣人教民"构木为巢，以避群害"，"钻燧取火，以化腥臊"；《周易》言包牺氏观物取象，制作百工；韩愈认为是古圣人对民众"教之相生相养之道"③。

（5）古人古言是真理的标准。思想家们论理述义时，习惯从古人那里寻找根据。所谓"上本之于古者圣王之事"④；所谓"毋剿说，毋雷同，必则古昔，称先王"⑤；所谓"故为道者必托之于神农黄帝而后能入说"⑥，就是指此。这种十分奇特的"逻辑"的"格"可以简要地表述为：

∵ 先王（或上古）A，
∴ A。

这种不是逻辑的"逻辑"充斥着中国历史文献。有趣的是，这种逻辑规则的运用常常是下意识的，不假思索的，甚至那些革新人物也是如此。人们论理述义时引古据圣，也都明白这不是在做信史考据。明知不

① 《黄帝内经·素问·上古天真论》。
② 《礼记·乐记》。
③ 《原道》。
④ 《墨子·非命上》。
⑤ 《礼记·曲礼》。
⑥ 《淮南子·修务训》。

是信史，大家却都这么假托，这么默认，以至于形成一种思维规则，这就令人深思。

与崇古义时相伴随的是不断衰退的文明史观。老子谓："失道而后德，失德而后仁，失仁而后义，失义而后礼。"① 孔子美尧舜，赞古人，视后人都是"斗筲之人"，微不足道②。庄子断言混芒时的古人最合乎自然，至燧人、伏羲，只能"顺而不一"；至神农、黄帝，只能"安而不顺"；至唐虞时，则离道去德，民心惑乱了③。《礼记》借孔子之口，感叹三代以上，大道流行，天下为公，三代以后退至小康了。邵雍形容三皇之世如春，五帝之世如夏，三王之世如秋，五伯之世如冬。朱熹认为三代以上，天理流行；三代以下，人欲横流，"后世只是无个人样！"④ 总之，越往上古，人越纯真，越合乎道；越往后世，人越堕落，越退化，人的本质越丢失。

对这一崇古现象，学界一般用"守旧""复辟倒退的历史观"等来解释，这不能令人满意。我认为，我们应该把这一现象放到民族文化的大背景中去作完整的分析，挖掘出它背后更深刻的历史基础和文化前提。从方法上说，就是要透过思想家们的表层语义，发掘他们的真正意谓：他们实际上在说什么？进而，决定他们这种独特的语义形式和思维习惯的根源是什么？

二

分析那些公开的怀古主义者的表层语义时，我们遇到了理想与史实、应然与实然的矛盾；所谓先王圣德、圣人御极、尧舜禅让、三代盛

---

① 《老子》第38章。
② 《论语·子路》。
③ 《庄子·缮性》。
④ 《朱子语类》卷108。

世、远古大同社会，都不是信史，没有事实根据。即使历史上确有其原型，真实情景也不会像人们鼓吹的那样美好。从史实说，史前时代极其落后的生产方式和生活方式不可能是自由的和美好的，原始共产主义不是人们道德高尚的产物，而是自然制约的结果：只能如此；不如此，人类就会被自然淘汰。一旦人们摆脱了史前时代的艰难困苦，残酷的争斗、掠夺和征服就接踵而来。从神话角度说，关于尧舜三代等传说只能是"姑妄说之姑妄听之"而已，相反的说法也不少。例如《韩非子·说疑》云："舜偪尧""禹偪舜"；《史通·疑古》云："舜放尧""禹放舜""舜为禹放逐而死"；《竹书纪年》亦有舜放丹朱以争帝位之说，都与正统的"尧舜禅让"说迥异。从严肃史学的眼光看，这些非正统的说法似乎更可信。还有，尧"流共工于幽州，放驩兜于崇山，窜三苗于危，殛鲧于羽山"[1]，这不能说没有暴力；"人有田土，女反有之；人有民人，女复夺之"[2]，这不能说是仁义、博爱。

同样，道家设想遥远的古代，先民与道同体，圣王无为而治，也没有史实根据，因为那需要人性的高度自由和高度完善。对被盲目的必然性束缚着的远古人类来说，这当然不可能。我们能设想那些蒙昧未开的祖先隐机而坐，作"逍遥游"吗？我们能设想时刻为饥饿、寒冷和灾异威胁的初民领略"天乐"和"大美"吗？

不用一一证明：举凡一切古圣——伏羲、女娲、神农、黄帝、尧、舜、禹，都是假托和理想化的形象，而不是史实。

既然我们不能把它们当作信史，那应该怎样理解？在这些字眼下隐藏的实质究竟是什么？透过思想家们的表层语义，他们实质上在说什么？

当我们思考这个问题时，孔子的思想为我们提供了一把钥匙。大家知道，孔子特别推崇周。但他为什么推崇周？其实他推崇的是周代保存

---

[1] 《淮南子·本经训》。
[2] 《诗经·大雅》。

价值与文化
——人类社会的双重密码

下来的更古老的礼仪制度，所以有"周鉴于二代"之说。

还有：殷因于夏礼，所损益，可知也；周因于殷礼，所损益，可知也。① 行夏之时，乘殷之辂，服周之冕，乐则《韶》舞。② 这种一代代继承下来的礼仪制度，溯起源，当是史前时代。孔子欣赏它们，因为其中积淀了原始文化的精义。就是说，孔子实际上不是推崇周本身，而是推崇周继承下来的原始文化。在"三代""周"等字眼下面蕴藏的是原始文化本身。

进而我们发现，各家各派对远古状态的假托、描绘虽各不相同，但如果我们抽象掉这些表层的差异，就会发现它们有共同的底蕴，即某一部落首领（多为男性首领）统治的时代。当时道德纯真、民俗淳厚、人际关系和谐，合乎"道"。从这些描写中，我们不难看出氏族社会（主要是父系社会）原始文化的痕迹。就是说，不同思想家们崇古意识底层有一个共同的基础：崇尚原始文化。我们还可以从神话的角度证明这一点。在神话中，这些古圣的面貌如何呢？他们大体有三大特征：

（1）半人半兽。包牺、女娲、神农、夏后氏"蛇身人面"、"牛首虎鼻"③；伏羲"龙身蛇首"④ 等，分明是对远古人类漫画式的描绘：他们脱胎于动物界，身上还带有某些兽的痕迹（这与原始人的图腾崇拜是一致的）。

（2）蒙昧混沌。"伏羲女娲不设法度"⑤；"民知其母不知其父，与麋鹿共处"⑥ 等，这种没有法律，没有强权政治，甚至没有伦理道德的时代，不就是我们所谓原始社会吗？

（3）草创文明（前文已列举例证）。剥开其神话的外衣，这些发明

---

① 《论语·为政》。
② 《论语·卫灵公》。
③ 《列子·黄帝》。
④ 《春秋纬合诚图》。
⑤ 《淮南子·览冥训》。
⑥ 《庄子·盗跖》。

礼仪、法度、技术、器械的先王们，不正是从蒙昧、野蛮走向文明的先祖吗？

总之，所谓古圣、先王，本是史前中国人的形象；所谓先王之世，本是先民所处的原始时代；思想家们对先王、古时、古风的推崇，实际是对原始文化的推崇。明确了这一点，就可以进一步推论：各家各派所推崇的古圣、古时、古风，只是表层语义的差异（这种差异是他们的自由创造所致），其深层含义却是共同的（这是由积淀到民族心灵深处的历史因素所致），即远古人物、远古时代、远古文化。在伏羲、黄帝、神农、尧、舜等字眼下深蕴的是超出他们之上的一般完美人格；在夏、商、周等表层语义里深蕴的是远古时代本身。人们的表层语义是说伏羲、黄帝等圣人伟大，实质是说先民伟大；表层语义是向往尧、舜、禹三代，实质是怀念史前社会；表层语义是以古风、古圣、古代社会为价值准则，实质是崇拜远古文化之心理的下意识表露。

分析了怀古主义的表层语义之后，我们再分析那些主张变法、革新和历史进步的人物的语义。在他们身上，我们遇到了自觉意识和下意识的矛盾。荀况、商鞅、韩非、王安石、康有为等人本质上是厚今薄古、面向未来的，却下意识地以古时、古圣、古制为价值标准，论理述义，托古改制。

荀子的表层语义是变法，是"法后王"。"法后王"当隆礼和重法。一讲到礼、法，他潜意识中的崇古观念便显露出来了：礼仪法度是先王所制，用以教化人民的。所以，"凡言不合先王，不顺礼义，谓之奸言。"[1]

韩非是个"上小尧舜，下邈三王"[2]的异端人物，但又用杜撰的先王的掌故为自己的变法辩护，说它们是由"先王贵而传之"[3]云云。

---

[1] 《荀子·非相》。
[2] 《韩非子·质疑》。
[3] 《韩非子·有度》。

价值与文化
——人类社会的双重密码

王安石勇敢地呼喊"祖宗不足法",要求趋时应变。然而他又力图证明自己"固已合先王之政"①,不过是从古老的经传中焕发新意。

同样,晚清的知识分子们在设计工业文明的蓝图时,也试图从唐虞三代中寻找"变"的根据。例如康有为就自称他在重新发现孔学的真谛,恢复三代以上那个光灿灿的"太平世"。

从论理方法上,这些革新人物完全遵循"∵ 先王(或上古)A,∴ A"的逻辑规则。例如商鞅的推理方式:

∵ 周不法商,夏不法虞,
∴ 圣人不古,
∴ 变法合理。

王安石的推理方式:

∵ 窃以为先王之法如何,
∴ 如何。

或

∵ 自古治世怎样,
∴ 怎样。

由此可见,中国历史上的革新人物,表层意识是在申述自己的变法主张,深层里却暗含着崇古的观念。这种内心深处的观念难道不是超出具体学派之上的一般民族心理吗?难道不是整个中华民族对原始文化景

---

① 王安石:《上仁宗皇帝书》。

仰之情的自然流露吗？所以，抛开表层语义的差异，我们发现，他们也和公开的怀古主义者一样，内心深处蕴藏着对原始文化的崇拜心理。

三

这种作为价值楷模的原始文化，具体说究竟指什么？它对中国文化产生如此大的影响，其魅力何在？中华民族童年时期应有某种原始因素、"本能意识"，被历史地遗忘了，被沉积到民族文化深处，用弗洛伊德的话说，被压进了"无意识"，在一定条件下便以崇古意识的形式表现出来。这种原始因素究竟是什么？

纵观历史，人们对远古文化的神往，主要集中在两点：

一是没有欺诈，没有压迫，没有暴力和不平等的、充满仁爱的道德风尚。孔子崇奉的周礼是充满仁爱、和谐的伦理秩序；墨子向往的三代圣王之政是平等无差地爱一切人、利一切人的社会；孟子向往的先王之政是充满仁义、博爱和富足的乐土；《礼记》向往的是没有私有观念，互助互爱的大同社会；韩愈向往的"先王之教"是仁义道德。抛开表层语义的差异，我们就会发现它们有共同的内涵，即私有制产生之前的原始道德。

二是没有虚伪，没有矫揉造作，没有人为的破坏，一切天然、自然、质朴、素朴。老子设想没有智慧、技巧和仁义道德的混沌状态，庄子设想与草木禽兽浑然一体的自然状态，黄老学派设想没有政治和法令的无为而治的社会。如果同样撇开表层语义的差异，就会发现它们是在模模糊糊地描写原始道德和风俗。

由此可见，思想家们"无意识"中的共同境界和价值标准，就是原始道德风尚；沉积到民族心灵深处的"本能意识"，就是原始道德风尚。这种心理跟欧洲启蒙思想家所谓"自然状态"有异曲同工之处。事实上，混沌未分的原始文化，其核心内容是原始的宗教和道德风俗。由于

价值与文化
——人类社会的双重密码

中国是一个宗教观念相对淡薄、宗教为伦理服务的国家,所以史前文化影响后世的主要是原始道德,就不足为怪了。

中国远古确曾存在过强大的父系社会,这个制度的上限可以追溯到6000多年前的仰韶文化①。在数千年的历史中,我们的祖先创造了灿烂的原始文化,其强盛程度是世界各民族中少见的。如此强盛的原始文化和原始道德,必然会沉积到民族传统之中,对传统文化产生深远影响。这就是原始道德感染力如此强大的原因之一。

更为重要的是,一种质朴、自然、淳厚、和谐的原始道德消失了,代之而起的是虚伪、狡诈、斗争和暴政。这种强烈对比所造成的心理效应,是加深原始道德对后世文化影响的又一原因。面对极端的不平等和不公正,人们就更加向往被他们理想化了的原始的平等和公正;面对战争、征服和掠夺,人们就更加留恋起原始和谐。正因为如此,历代思想家们总把当代的道德缺陷和社会痼疾作为镜子,反衬他们心目中的理想国、乌托邦,并把它寄托在远古圣王的时代。老子有感于"争""盗""损不足以奉有余"②,才更加向往自然朴素状态;墨子愤怒于"强之劫弱,众之暴寡,诈之谋愚,贵之傲贱"③,从而向往古老的平等与博爱;孟子厌恶于"上下交征利"④的风尚,便思慕先王仁政;庄子也因不满于"天下大乱,圣贤不明,道德不一"⑤,所以鼓吹原始混沌。

总之,中国文化中如此强盛的崇古意识,正是民族心灵深处发出的对父系社会朴素道德的呼唤,是中国人"无意识"深处对远古文化和道德的眷恋心理表露,是整个民族追宗思远的反映和缩影。

---

① 参见《河南濮阳西水坡遗址发掘简报》,载《文物》1988年第3期;《六千年前中原地区已进入父系社会》,载《光明日报》1988年1月17日。
② 《老子》第77章。
③ 《墨子·兼爱》。
④ 《孟子·梁惠王上》。
⑤ 《庄子·天下》。

四

不过，对原始文化和道德的眷恋之情并不必然演化成崇古意识。例如希腊文化也有对远古"黄金时代"的描绘，但并未因此形成普遍的价值观念。中国文化的这种眷恋之情为什么能如此完好地保存下来，并转化成崇古意识？产生崇古意识的思维机制是什么？我认为：这是由于祖先崇拜观念及其心理机制所致。

华夏文化源于史前父权制社会，这个社会的精神支柱是祖先崇拜。祖先崇拜观念是父系社会乃至整个宗法传统社会的最高意识形态，对此前人已有定论，不必赘述。

祖先崇拜观念的特征是把祖先偶像化，把父系血统神圣化，敬祖崇宗，追思先辈，恪守祖训祖制。这种思维模式和价值取向是崇古意识滋生的精神条件，因为祖先崇拜观念有强大的历史回复倾向，即追索和崇奉初始状态的倾向，这种倾向与崇古意识的思维机制显然一致，与中华民族眷恋原始文化，向往原始道德风尚的心理显然能产生共鸣。

不仅如此，崇古意识实际是追思原始朴素的道德风尚，这个目标与祖先崇拜也正好吻合。因为按照儒家的逻辑，敬祖崇宗，追思先辈，是回到质朴、淳厚的道德风尚去的重要途径，故孔子云："慎终追远，民德归厚焉。"[①] 儒家反复宣扬孝悌乃仁义之本，其原因亦在于此。就是说，通过历史的回溯，以求复归质朴淳厚的道德，既是祖先崇拜的思维模式和价值目标，也是崇古意识的思维模式和价值目标。

先辈和古圣的观念直接源于祖先的观念，因而先王崇拜是祖先崇拜观念的演变。在氏族社会向文明社会演变的过程中，统治者的祖先演化成"先王""古圣"，祖先神演化成"帝""先帝""上帝"，祖先崇拜

---

① 《论语·学而》。

亦演化成对先帝、先王和古圣的崇拜。这个演化过程有大量文献为证。《礼记·祭法》云："有虞氏禘黄帝而郊喾，祖颛顼而宗尧；夏后氏亦禘黄帝而郊鲧，祖颛顼而宗禹；殷人禘喾而郊冥，祖契而宗汤；周人禘喾而郊稷，祖文王而宗武王。"《国语·鲁语》："商人禘舜而祖契，郊冥而宗汤。"可见中国文化中被当作古圣崇奉的人物，本是先民的祖宗或族祖神。又，司马贞《殷本纪索隐》引《古史考》："谯周云：夏殷之礼，生称王，死称庙主，皆以帝名配之。"亦证明祖宗神、先王和帝是相通的。在商代的神话中，"帝"与子姓的远祖之间并没有明显的分别，有的远祖同时也是先帝或上帝。如殷人的高祖夔，在东周时成了帝喾、帝俊乃至帝舜。

总之，中国文化史上的先王、古圣、三皇五帝，乃是祖先形象的演变，祖先崇拜的观念决定了崇古意识的思维习惯。

五

或许要问：祖先崇拜观念是父权社会的普遍现象，古印度、古希腊、古罗马人都曾有过这种观念。唯独中国人的祖先崇拜观念演化成崇古意识，这是为什么？笔者认为，主要归因于各自不同的自然条件、生产方式，以及由此造成的社会结构。中国地域辽阔，四周有高山、荒漠和大海形成的天然屏障，这大大减少了与其他民族交往的可能性与必要性；中国经济的基础主要是特别早熟的和特别典型的农业生产。这两个独特的因素造成了中国社会强大的稳定性。由于这种稳定性，中国原始的血缘组织在没有经过强大的冲击和重组的情况下，直接过渡为国家组织和社区组织，并且完整地保存和延续下来，形成世界上独特的宗法社会。这可以从两方面看：

一方面，中国的国家组织直接源于原始的血缘组织。中国早期的"国"，实即氏族部落。原始的氏族组织由穴居而宫室，形成屯、邬或村落。村落之间"起土为界",封疆划界,封土为台,以示区别,于是有了"封"或"邦"。我们今天所谓"国",原指城邦(非古希腊所谓城邦);而城邦又是由上述更原始的村落组织演化而来的①。后世"国王""皇帝"等称谓,有些也源于氏族首领的称号。例如近人王献唐考证:"皇字初义为雄长……犹云酋长。"② 早期太昊、少昊、炎帝统治的国家,实是氏族部落。《墨子·非攻》提到古代诸侯国"万有余",《吕氏春秋·用民》说商汤时还有"三千余国"。这么多国家,只能把它们理解为氏族组织或氏族组织的孑遗才是合理的。甲骨卜辞和《尚书》中有所谓"多方""四国多方",如土方、鬼方、吉方、羌方,还有三苗、昆吾、蜀等方国,大概包括在内。经过战争和征服,许多方国消失了,氏族部落也开始向国家组织过渡。黄帝、颛顼、帝喾、帝尧、帝舜等的部落大概就处于这一过渡时期。到夏、商、周三代,氏族组织向国家组织的过渡才最后完成。

另一方面,中国的家族组织也相当完好地保存下来,过渡为社区组织,形成"家族—社区一体化"的社会基础。从早期的氏族组织,到魏晋时期的门阀制度,再到宋以后的宗族制度,中国的家族组织历经几千年沧桑而绵延不绝,直到今天,我们仍随处可见既是社区群体又是宗族血缘群体的村落,如李家村、王家湾、庞各庄,等等。

不仅如此。中国的宗法国家组织和宗法家族组织之间还互相影响:首先,宗法王权组织以宗法家族组织为社会基础,并按照家族模式进行建构、统治与修复,家族组织不断向国家组织进行文化辐射;其次,宗法王权组织利用国家机器,维护宗法家族制度,宣扬家族文化,把以儒家为核心的伦理道德奉为官方哲学,这就进一步加强了中国社会宗法特征的稳定性。

综上述,本文的结论是:在农耕文明和宗法社会的基础上,中国远

---

① 参见蔡枢衡:《中国刑法史》,南宁:广西人民出版社1983年版,第6—11页。
② 王献唐:《炎黄氏族文化考》,济南:齐鲁书社1985年版,第454页。

古强烈的祖先崇拜观念演化成对先王、先帝的崇拜观念,这种观念与人们对原始时代朴素淳厚的民风之眷恋情绪结合在一起,演化成中国文化史上普遍而强烈的崇古意识,并深刻地影响了整个中国文化。

原载《孔子研究》1993年第3期

文化与价值内在逻辑的辨析

（2024）

文化问题与价值问题常常纠缠在一起，但是二者的内在关联究竟如何？学界的研究还有待深入。笔者认为，价值是一种文化现象、人文现象，它本身具有文化的品质。如果离开人文视角和语境，把价值泛化为自然界的一般现象，那就很不严谨。问题还需要反过来看，文化只有贯穿了价值才是真正的文化，我们只有把握了文化的价值内核，才能对该文化做精准和深刻的诠释。文化和价值的这种互渗关系，势必追溯到这两个范畴的"合题"——文化价值。文化价值不仅是学理的逻辑之必然，也是一个十分重要的现实问题。

一、价值的文化品质

我们先从价值的文化品质说起。价值是一种人文现象，只有在文化语境下我们才能合理地阐释价值的本质；离开文化情境谈价值，就会把价值与物理现象、生物现象和其他自然现象混同，导致价值范畴的不严谨、泛化，这样的理解方式会面临诸多理论与事实上的困境。

例如被学界称为"属性说"的价值定义思路，把价值视为事物的某种固有属性，与主体、文化无关。如鲜花美，是因为鲜花有美的属性；

再如粮食有"可吃性",衣服有"可穿性",总之价值是价值对象自身的固有特性。这种观点的问题,除大家批评的主体性缺失问题外,还有一个主要问题就是:离开文化情境,价值就成为自然现象或者其他抽象的特性。例如鲜花之"美",不是指植物学意义上的颜色,而是与人文氛围中的审美感受相关。即使"可吃""可穿"的价值,也不是抽象的,而是有其具体历史语境。如果把价值解读为事物的固有属性,那也许就不是价值,而是物理现象、生物现象以及其他各种自然现象。

再如一种广泛的说法:自然的"内在价值",即自然本身就有价值,与人的文化和立场无关。这种观点最有代表性的是在环境伦理学领域。这派观点认为,即使维持生态平衡、主张可持续发展,也犯了人类中心主义的错误。因为"平衡"也好,"持续"也好,其价值标准是人的,其目的是为了人。但是,每一生命有它自己的"内在价值",这种价值是生命体自己的,与人无关。从价值与文化的关系来说,这种解释最大的问题是把自然现象与人文现象混同。所谓"内在价值",其实是作为自然事实的生命现象:各种生命体自生自灭、整个生态圈繁荣与毁灭,这是自然之道,是生物学、生态学甚至是地质学的问题,不是价值问题。同样的道理,有些学者还把主体泛化,认为凡有"自主性""能动性"的都是主体。问题是,他们理解的自主性和能动性不是指自觉自由意识支配的行为,而是泛指任何生命体的反应动作,是与僵死性和机械性相对的动植物生存特点。例如动物逃避天敌,甚至植物进行光合作用,因而动植物也是主体。把"造化"生成的自然现象与人自觉自由的生存方式混淆,这种过度泛化的界定显得很不严肃。

最后一个例子:一度有学者把价值定义为"负熵"。根据热力学第二定律,能量总是自发地耗散并趋向平衡,这是熵增。用符号表示就是 $\triangle S > 0$。熵与系统的组织性相关:熵增意味着无序度的增加、组织度的减少;反过来,负熵就意味着有序性和组织度的增加。熵的概念被推广,成为描述宇宙的一种新观念。"熵"之所以与价值联系起来,价值被解释为负熵,也是因为自组织的原因。熵减,或者说负熵增加($\triangle S<0$),意味着系统的组织度提高、有序性增加;而(正)价值也意味着对象的自组织和有序性得到提升。显然,这也是离开社会文化限域,将价值过度泛化的结果。如果因为自组织性提高,就把负熵等同于价值,那宇宙中就没有什么不是价值了。

科学、严谨的概念,在于它指称的对象边界清晰、视角明确、内涵精准。如果外延过于宽泛,这样的概念必然模糊、混乱,失去严谨性。定义和讨论价值概念时,一个重要目标就是将价值与自然现象相区别,讨论对象对人的主体性的影响和改变:人的主体性是否得到提升、在何种意义以及何种程度上得到提升?这个问题也就是说:价值表征人在何种程度、何种意义上"更是人"?从这个角度看,价值与人、与文化有本质的内在关联。

的确,用负熵的眼光看,环境的改善、生态的繁荣、某个生命体获得滋养后成长壮大,似乎也是有利的事,也有某种价值。但它们毕竟在自然领域,是物理或生物现象,而不是价值。这时,一个星球是物种繁茂生机盎然还是遍布大漠戈壁,这跟其他星球是处于核裂变状态,还是冰冷死寂的小行星,意义差不多,因为它们都是自然现象,无所谓价值。价值概念的提出,恰恰是要与这些现象相区别,把对象对人的肯定(或否定)关系说清楚。总之,讨论价值问题的前提是将自然与文化区分开来,凸显不同于自然现象(如负熵)的、专属于人文领域的"好坏""利害""善恶"等问题,为人的生命存在和文明发展确定意义。也就是说,价值哲学有价值哲学的使命,它是对人的生命存在的意义做"终极"思考和追问。把诸如阳光对青草有价值、青草对牛羊有价值这样的问题,交给生物学、生态学吧!

价值的关系说认为:价值既不是孤立的主体要素也不是孤立的客体因素造成的,而是客体及其属性对主体发生关系的结果,这无疑是对的。不过笔者进一步认为,这里的主体和客体也不是孤立的和抽象的

"在手之物",它们也是由一系列现实和潜在的要素构成的系列。这意味着价值是在一系列"关系"和环境中显现的。这种"关系"是文化的。具体说:

(1) 任何价值主体都不是孤立的原子,而是"一切社会关系的总和";不是抽象的概念式的"人",而是具体历史条件下的人,是文化和教育培育的人。社会文化品质是主体的重要属性。如果离开了文化维度,孤立和抽象地理解主体,那样的主体会成为不食人间烟火的空洞概念,成为超时空的绝对物。既然如此,主体与价值对象发生关系时,主体的复杂而具体的社会文化属性,必然影响主客体相互作用的结果和效果,亦即影响价值的生成、价值的具体特质。易言之,客体作用于主体而显现价值时,主体的社会文化因素或隐或现地参与进来。

(2) 价值客体既不是抽象孤立的"单子",也不是与主体绝对无涉的"自在之物"。它是系列潜在因素促成的"显现物",是主体生活中的"对象"。因为,价值对象虽然作为"此物"存在,但它的根源延伸到无数复杂的"他物"。例如一件衣服表面看只是衣服,但它的根延伸到纺织、印染、缝制,进而延伸到棉花种植、化纤产品的生产、养蚕缫丝;它还涉及特定社会历史语境下的审美观、风俗习惯等。如此追溯,无穷无尽。这些内涵都不是抽象的自然属性,而是人的本质力量的对象化,是人的智慧与能力、价值观与认知图式、思维方式与行为方式、伦理道德与风俗习惯等一系列因素外化和凝聚的结果。总之,如果我们不是把价值对象理解为"自在之物",而是理解为人活动的对象、活动的产物、活动的一部分,则价值对象也具有文化属性。

(3) 主体和客体的关系也是具体历史的,是文化的。人如何与世界打交道,如何将事物转化为自己的价值对象,如何在世界中发现和创造价值,这些都逃匿不出文化。也就是说,价值是在一定的文化语境中显现和生成的。

二、文化的价值内涵

"文化"一词在不同语境、不同意义上使用,歧义很多,但它有一个基本的内涵:与天然、自然相对而言。也就是说,文化是人造成的,是人将自己及周遭的世界按"人"的标准加以解释与重塑的结果,甚至是人凭自己的理想创造出来的产物。这种创造活动及其效果,就是文化。由此可见,文化就是"人化"——人按自己的价值标准和理想"化"自己及周遭的世界。把天然的改造成人的,把自然状态变成社会历史状态,这个过程及其效果就是文化。或者说,文化就是按"人之为人的理应如此"的标准和理想,改变自己和周遭的世界,使之更适合人。学界关于"文化"的不同理解和界定,如果追根溯源,都可以在这个点上统一起来。所以"文化就是人化",是关于文化的各种理解和阐释的"万法归一"的那个"一"。

问题是,当人将自己和周遭的世界按照"人之为人理应如此"的模式去重塑周遭的世界,创造文化世界时,它实际上是为了什么?创造文化的目的和宗旨是什么?通俗点说,相比于纯天然的世界和纯天然的生活方式?文化的世界和生活方式的本质和意义是什么?

人一旦意识到自己是人(而不是动物),亦即有了"人应当如何"的自我意识,就要把自己与动物区别开来,把自己的生存方式从纯天然的存在方式中独立出来。自然的和动物的存在方式是丑的,人要追求美,"按美的方式建造"。从原始人的文身、舞蹈到日益复杂奇幻的现代艺术,都有美的追求;自然和动物的存在方式是野性的和粗鄙的,人则追求优雅和文明。例如动物式的交配方式是粗鄙野蛮的,人则发展出爱情、婚姻、伦理道德等形式,两性结合与种的繁衍就成为文化的。自然法则是野性的、野蛮的,人则建构其伦理道德宗教和法律,是以人的生活与交往方式被称为有秩序有规则的,且这些秩序和规则渗透着人对

价值与文化
——人类社会的双重密码

"人应当如此"的思考。自然、野性的生存是蒙昧混沌的,牲畜既没有知识的考察,也没有价值的追问。人则对他们生活中的一切(现实的和想象的)进行思考,追问"是什么""为什么""怎么办""意义何在",在追问和探索中发展出科学知识理论等。自然、天然的生存对人来说是短缺的、匮乏的。动物以洞穴、树杈、露天旷野为居,以生冷、腥膻、粗鄙为食,而且总是处在饥饿状态。人则发展起生产活动——从原始时代满足基本生存需要的渔猎、农耕,到今天日益丰富、复杂和先进的高技术产业。人还不满足自然状态的心智愚昧和精神贫乏,发展起无限丰富和复杂的科学、宗教、艺术、哲学等精神文化。

以上表明,人类文化生活的各方面、各领域,都贯穿某种价值标准和追求:人们以为"如此这般"就是"好"的、正当的、有意义的,才是人之为人应该有的样;不如此就不"好",就"不像人样"。因此,文化的根本是人要求自己的生活追求和创造"人之为人理应如此"的价值,依据这样的价值生活。人按照价值生活,按照价值改变自我和世界,这种创造性活动本身及活动的成果,这就是人"向人而化""向文而化"的历史,是人从蒙昧、野蛮向文明发展的历史。

由于人类划分为不同族群,由于血缘、地域、自然环境等因素的影响和制约,人们(尤其是早期人类)对应当"如此这般"地生活方为"人样"的理解和设定,必然存在较大差异——越是远离直接物质生活的领域,越是形而上的精神生活领域,人们对"应当怎样生活才是人样的"这类问题的理解差异越大。这种差异使得不同族群的生存方式及其背后的价值观念渐行渐远,结果导致了人类社会丰富和复杂的文化圈,导致了人类文化的多样性。由此可见,不同的文化圈、人类文化的复杂性和多元性,原因之一是由于不同族群对"人"及其价值的设定和追求不同而造成的,文化差异的关键是价值体系的差异。

人"向人而化""向文而化"是具体历史过程,是由蒙昧、野蛮向高级文明阶段发展进化的过程,于是不同族群遵循、追求和创造的价值，达到的程度和水平也不同。有的族群比其他族群的生活样态"更像人样"——更美、更优雅、更有知识和智慧、创造的财富更丰富、解决问题的方式更文明，等等。文化与价值的这种差异就是文明等级的差异。如果说文化相对于天然、自然、动物本能而言，那么文明就是相对于蒙昧、野蛮而言。"文化"标志人的生活"像人样"，"文明"则指称这个族群比其他族群生活得"更像人样"。文明是一个相对的概念，指"人化""文化"达到了较高程度。一个族群比另一个族群发展得"更像人样"，它就比那个族群更文明。由此可见，文明的差异根源于价值的差异，亦即"人样的生活如何才好"的设定与追求的差异。

人类社会中不同族群，一方面由于自然环境和物质生活条件千差万别，另一方面由于价值（特别是远离直接物质生活的精神价值）的设定具有主观性，于是各文化圈都"自我感觉良好"，以为本族群的文明程度比其他族群的文明程度高。中国传统文化中的"华夷之辨"、很多宗教把异教徒贬低为野蛮和邪恶，原因就在此。文化人类学有以斯宾塞、孔德、摩尔根为代表的文化进化论，以博厄斯为代表的文化相对论两大派。前者承认文化按文明等级发展进化，不同文化圈的价值可做优与劣、先进与落后的比较；后者则认为每一种文化模式都是适应它所在的环境的结果，是对该环境的最佳选择与创造，不同文化圈无法进行价值优劣的比较。对文化进化论和文化相对论的讨论，超出了本文的范围，我们这里只是简要表明以下意思：文化进化论和相对论是两个不同维度，历史和现实中的文化差异，是这两种情况混合造成的；文化的差异根源于价值的差异，不同文化模式的差异，根源于价值系统的差异。

三、文化与价值的合题

价值具有文化品格——它本身是一种文化或人文现象；而文化又以价值为内核——决定文化模式和特质的主要是价值，二者相互贯通，逻辑上必然导出"文化价值"这个概念。文化价值可以说是文化和价值两个范畴的整合，它处在二者的交汇处。当然，文化价值不是文化与价值的简单组合，而是一个独立范畴。借用黑格尔的说法：文化价值是文化与价值二者的"合题"。

文化价值的主体是被"文化"的人，即那些自身的文化品质、文明程度因受到事情和行为的影响而发生改变的人们。文化价值不是某物的"内在价值"，不是自在和自足的，而是对象在主体那里显现的价值，是相对于特定的主体而言。某种宗教活动、道德行为、科学探索、法律措施等，影响人们的价值观、思维方式和行为方式，改变人的文化品质，提升人的文化层次和境界，使人更加美善、智慧、优雅，我们就说上述诸活动对主体产生了文化价值。所以，文化价值是文化事实和文化行为对主体产生的效果、结果、意义、功效等。当然，人是自我教育、自我提升、自我改造的，人自己把自己创造为"新我"。文化价值的主体也是自己的文化活动的客体。易言之，从宏观上和根本上看，人用自己的行为创造新的自我这个事实表明：人既是自己行为的主体也是自己行为的客体。

文化价值的客体是指作用于主体的价值对象，包括事物、事实、事件、行为、心理、知识体系和价值观等。文化价值对象进入人的活动领域，以各种方式与人发生关系，并对作为社会文化的主体产生这样那样的影响，使之更"文"，更美、善、雅，更符合"人之为人"的理想状态。价值对象或多或少、或这样或那样地改变了人的文化品质和属性。这样的对象就是价值客体。

就价值的性质来说，文化价值是价值对象在规范和优化人的生命存在方面所具有的"好"的特质，是人的创造性活动及其成果在改变主体的文化属性方面所具有的功能、意义、效应。文化价值与其他价值类似：是指文化事实和文化行为对人的主体性在"向文而化"的意义上所发生的改变。用"人化"和文明的标准衡量，人的主体性原先处于较低水平，智慧、优雅、文明、自由等潜质都发展得不充分。但特定的价值对象使人的主体性发生改变，提升（反之是降低）人的主体性，包括人的品质和能力、智慧与"本质力量"。这种改变使得特定的价值主体较以往"更是人"。文化行为在主体那里引起的这种效应、结果、意义等，就是文化价值。

文化的本质是"人化"。自然原本是自在的、混沌的、天然的、野的；文化则是属人的、美的、雅的、自由的、有秩序的。文化就是改造原本的野性、兽性、天然性，使之美善、高雅、智慧、"好"。一句话，使人及其周遭环境更符合"人"应有的标准，趋向"人"的理想。一定的价值对象（事实、观念、行为等）与主体发生关系，并以不同的方式改变了主体原先的文化品质，使得主体更加远离野性、兽性和天然的规定性，而变得更加美善、智慧、文明、优雅，更符合人的理想标准。这样的效果就是文化价值。由此可见，文化价值是对人的文化结构和品位之改进产生"好"效果的那种价值，它指示主体的文化能力和文化素养的改变情况。

文化价值兼有功能、意义和意向（布伦塔诺语）之意，但又不归结为其中的某一个概念。作为一种功能，文化价值对人的优化、规范化有益、有好处、有意义，能产生让人美善、文雅和文明的功效。作为一种意义，文化价值是我们生活中的理想性和超越性的内涵，这种内涵为人提供高于和优于流行的、世俗的和既定的生活品位与境界，展示"应当如此"的和"好"的生活理想。作为一种意向，文化价值表现为引导人、驱使人朝"文明""文化"的方向发展的张力或特点。

人的生命存在的展开，需要从两方面着手：规范与优化。文化价值是规范人的生命存在的价值，是对人按"人"的标准生活有价值。人有符合人的规范、按照"人"的标准生活的需要。这种需要包括：不满足自然的、动物式的、本能式生活，不能让自己降格到禽兽似的，而要活得"像个人样"；不满足于蒙昧、野蛮的生活，不能把自己降低到与

"野蛮人"同样的档次；不能像异民族、异教徒那样生活（在交往不发达的时代，人们比较注重这点），而要按照自己文化传统那样生活。人有做人的伦理规范、法律规范，有做人遵循的风俗习惯。我们因遵循这些规范而活得"像人样"。一种对象有助于人的规范化，则它具有文化价值。

文化价值是优化、提升人的生命存在的价值，是促进人"更是人"的价值。人成为"人"是一个过程，人的文明程度是相对而言的，人有一个不断优化、完善与提高的问题，表现为人不满足于世俗、市侩、平庸生活，而追求高品位、高境界的生活；表现为人设计和创造自由、理想状态。文化价值就表现为一种意义和境界，起着提升人格的建设性工作，借此使人进到更高层级、更文明的状态。

这里讲的是文化价值的本义，其他意义都是从这里引申出来的，是以它为基础的。例如：人们（一般以民族为单位）世代按照"人"的标准和理想生活，创造和推进民族文化传统。这时，他们关于"人"的价值理想也就渗透在民族生活和民族文化之中，成为这个民族文化深层的底蕴。就这个意义上说，文化价值是一种（民族）文化所包含、拥有的价值系统。

文化总以道德、宗教、科学、艺术等形式存在，因此文化价值不是在道德价值、审美价值、宗教价值、科学价值等之外的另一种价值，它实际上就是这些具体价值，只不过它从特定角度指称这些价值。道德价值、宗教价值等都有优化人的生命存在、符合人的理想生存样态的意义，所以这些价值从这个意义上说也是文化价值。

四、文化价值的理论意义

文化价值的理论意义和学科意义是：进一步明确和强化价值的人文性质，给予哲学价值论更准确、更清晰的文化定位，这有助于从"人的关系"视角确立哲学世界观和方法论。

1. "文化价值"范畴有助于"价值"范畴的深化和精准化

价值意味着某对象对人"好"——有用、有功效、有意义、有帮助等。在所有的"好"中最好的"好"就是肯定人的主体性，包括改善人的物质生活条件，优化人的生活质量，尊重人的价值、尊严与自由，提升人的道德境界和审美品位，让人更美、更优雅、更智慧、思想境界更高。只有追溯到"使人生活得更好"这层含义里，才真正把握住价值的精髓。而从"使人生活得更好""使人的生活质量更高"这层含义说，它就进入文化价值领域。所以，对价值范畴的深化和具体化，必然关涉文化，价值范畴必然通向文化价值范畴。各种价值都或多或少、或直接或间接地有人文价值、文化价值的性质，价值范畴和哲学价值论的研究，离不开人"向人而化""向文而化"的视角。

如果离开了"对人这个主体来说意味着什么"这样的视域，谈某物的"内在价值"、价值"本身"，那样价值就会被抽象化和泛化，仿佛一个叫"主体"的某物与另一个叫"客体"的某物发生关系，就自然生成一个叫"价值"的某物。如果离开"优化人的生命质量""提升人的生活品位"这样的总体追求，把价值降格为一时一事的满足，这也会把价值降格。20 世纪八九十年代，曾有学者批评价值的"需要"说，以为用"满足需要"说来定义价值，就会把动物式简单需要、把有害需要都等同于价值。这种批评自身带有很多错误和混乱的预设，总体说笔者不赞成（限于主题和篇幅，本文不展开讨论）。但它也提醒我们：如果离开人"向文而化"的大背景，孤立和抽象地理解价值，会丢失价值问题的精髓。

2. 文化价值要求哲学价值论把价值问题置于人的生命质量提升、人的文明进步之历史发展过程中去考察

从文化价值的角度反观价值哲学，我们可以说：价值不是现成的

价值与文化
——人类社会的双重密码

"在手之物",不是有某种叫"价值"的东西(实体、属性、状态)现成地摆在那里,也不是仅仅作为孤立的一件事、一次效果,满足主体当下的需要而已;价值是在人的实践和生活中生成与存在的,而人的实践和生活是动态的完整系列。我们的生活实践总是历史地展开的,其大趋势是从低级到高级、从野蛮到文明的发展过程。即使是纯粹个体的价值活动,也是类存在和类生活的历史序列的一部分。人的每一次满足需要、提升自我的价值活动,都是人类总体生活的一个必要环节。即使是最简单最直接的物质消费行为,也应该放在人类文明进步的整体语境和历史序列中理解。例如我们通过饮食获取营养价值,它也因为延续了个体的生命,并由此而延续了人类的生命,为人类文明的生存和发展提供了基础。不但如此,我们的饮食行为其实蕴含着整个族群的饮食文化,进而蕴含整个族群的生产和生活方式,是该族群的生产生活向新的文明状态延伸的必要环节。由此可见,即使我们生活中偶然的、一次性满足需要的价值活动,从长远看,也是人类迈向新的未来、新的文明高度的一级小小梯级。

我们承认,主体性的价值的基本特性,但价值论不能追溯到主体性就打住。主体性是一个开放的、面向未来的事实。易言之,主体性是文明发展程度的标识,是人在"向人而化""向文而化"的历程中生成、培育和提升的。透过特定个人和共同体的主体性的构成要素及其发展高度,我们能够窥视这个主体的文化进化状况。由此可见,价值本质的追问必然深入人的主体性,主体性的追问必然涉及时间、历史和文化发展程度。人的主体性是以历史和文化的形态具体地存在着的。

当主体与价值对象发生关系并生成价值时,例如人利用、消费、欣赏、领悟某种价值对象时,该对象就以某种方式对人的主体性施加影响,改变人的主体性。例如饮食改变人的饥饿状态,使人获得水、淀粉、维生素等生命必需品,改变了人的身体素质;读书改变了人原先知识贫乏的状态,增加人对特定领域、特定问题的了解,改变了人的知识结构、思维方式和精神境界；技术训练让人获得以前没有的技术和工艺，提高了人的技艺和工艺能力，等等。总之，价值是在主体对客体的能动活动中生成的，而价值生成的本质是人的主体发展状况得到改变。从这个角度我们可以把价值理解为这样的一种事实或现象：客体被主体接受并改变主体的具体规定性。主体的品质和能力被改变，主体的具体规定性得到肯定和提升，这样的事实（现象）就是（正）价值，反之就是负价值。

主体每一次利用（欣赏、消费等）客体及其属性，从中获得价值的过程，既是自己的主体性肯定和提升的过程，也是人类文明进步的有机组成部分。人满足需要的行为不是孤立的和静态的，而是主体发展完善的历史实践中的一环，是人的主体性不断提升、人格不断完善的历史追求中的一环，是人走向更美、更善、更智慧、更优雅、更文明的文化进化中的一环，是人走向伦理道德更美善、审美品位更高、技术和工艺更先进、生存能力更强的历史系列的一环。反过来说，文化发展进步的历史事实，不是外在于个体生命存在、外在于人满足直接物质生活需要之活动以外的；它就存在于我们的每一次消费、欣赏、学习、体验的活动中，文明发展和历史进步与我们每一次当下的价值活动须臾不离。

从一定意义上说，人类历史的发展、文明水平的提高，根本原因是人本身的发展和提高。而人本身的发展与提高，就是人的主体性不断丰富和提升、人的人格不断完善。人的主体性的改进、提升与完善，是在价值主体与价值对象发生互动关系中逐步实现的。主体每一次满足需要、实现理想的价值活动，都会改进自己原有的主体性，提升自己原有的文化品质。个体的一生、共同体的历史，都是通过获得价值而发展自己的历史，这个历史也就是文化、文明的发展演化史。

总之，以文化价值为鉴的价值论研究路径，需要在人的文化和历史发展中理解主体和价值，把价值理解为在价值对象的作用下，人的主体性不断改进和提升的历史、主体人格趋于完善和自由的历史；把价值的主体性视为开放的和历史的，把价值哲学的研究更紧密地置于人类文明史的整体情境中考察。

3. 从文化价值看价值论的致思路径，也是从主体出发向外投射的哲学致思路径

哲学史上的大多数理论体系，总习惯从至高无上的绝对范畴出发引出具体和特殊的范畴，先预设形而上的原点并从中演化出形而下的体系——无论那个绝对范畴是物质的、精神的或者是其他神秘物。这种致思路径流行是有原因的。由于哲学是一种超越性智慧，哲学的追问是穷根究底的追问，是对常识和经验之上的更高远、更根本的追问，所以人们习惯以为具体的、经验性的规则服从普遍和根本的法则，形而下的根据来自形而上。仿佛哲学的起点越玄妙越抽象，哲学就越深刻。如果我们提出从人、人的实践和生活出发，就会遭到不少人的反对，以为这是狂妄的人类中心主义，是人类不自量力的表现。人在宇宙面前那么渺小卑微，我们的价值观和认知体系，怎么可能决定伟大的宇宙法则！这种反诘其实是基于一种"场外观"：它假设哲学家外在于人和人的世界，像上帝一样远远地冷观整个世界。如是观，宇宙确实无限伟大，人类的确无比渺小，是自然为人立法而不可能是人为自然立法。但是这种反诘的前提和路径是不能成立的，因而这个反诘是无效的。

其实，哲学家设定的某种绝对物，如存在、太一、实体、自然神、绝对精神，或者是"自然、社会和思维规律的概括与总结"，并不是自然本身的法则，而是人以为如此的自然法则，它也是主体探索和思考的结果。哲学范畴和命题，不因为人自己认定是绝对的和纯客观的，它就是绝对的和纯客观的了。哲学家的"自我感觉"与人类心智发展的客观路径是两码事。

我们所谓从主体出发、从实践和生活着的人出发，不是依据哲学家的自我感觉，而是依据人类心智发展的客观路径；不是用主观决定客

观、用人的意志决定外部世界、用微观存在决定宏观存在，而是遵循人类探索真理和价值的实际路径。正因为人的生命存在相对于伟大的宇宙来说微不足道，所以我们不可能事先确立关于宇宙人生的绝对真理和普遍状态，再用那种绝对超然的和至高无上的范畴和规律来规定形而下；相反，我们只能站在主体既有的基点上，一步步向宇宙深处前进。也就是说，人对知识、智慧和价值的追问，不是由远而近的"分有理念"路径，而是由近及远的向外投射的路径，是"猜想与反驳"的路径。这种路径就是以自我为中心，逐步外推。作为出发点的这个"基点"不可避免地带有"自我中心"特有的局限与错误，人不可能根本摆脱人类中心论的"同化错失"（皮亚杰语），只能在不断的探索中逐步矫正。主体将自己的视野不断投向更加浩渺的宇宙深处、更加精微的神秘世界和更加悠远的过去与未来，它就不断发现我们需要重新解释外部世界、重新解释自己。

主体以自我为中心向外投射的过程，也就是主体将"自在"存在转化为"为我"存在、将抽象世界转化为对象世界的过程。人借助工具将自然物制造为劳动产品，通过技术、工具等中介手段深入直接交往无法进入的宏观和微观世界，用神话、宗教、科学等符号系统对外部世界进行阐释，使之成为可理解的世界等。由于这个转化，周遭的一切不再是自在的、混沌的，而是"为我"的，是人的对象，人与外部世界的关系成了对象性关系，或者说是主客体关系。如果没有这个转化，人与世界就构不成对象性关系、构不成主客体关系。不难看出，经过创造性转换而形成的主客体关系，是文化状态；没有形成这种关系的是自然状态。马克思说：动物对世界没有"关系"，人则相反；"凡是有某种关系存在的地方，这种关系都是为我而存在的"。[①] 就是因为人以自觉自由的劳动建构起人与世界的主客体关系，而动物却没有。

---

① 马克思恩格斯：《费尔巴哈：唯物主义观点和唯心主义观点的对立》，北京：人民出版社1988年版，第25页。

人通过创造性实践,将客观世界客体化、对象化,建构起主客体关系。人的这种能动的创造性活动赋予外部世界以某种文化和价值,将自在的混沌世界转化为"为我"世界、自由的和文化的世界。列宁曾说:"在人面前是自然现象之网。本能的人,即野蛮人,没有把自己同自然界区分开来。自觉的人则区分开来了。范畴是区分过程中的梯级,即认识世界过程中的梯级,是帮助我们认识和掌握自然现象之网的网上纽结。"① 列宁是读黑格尔《逻辑学》范畴篇写的,所以主要谈范畴。其实人类文化的发展提升,普遍是这样:借助网上纽结深入到世界的遥远和精微处。

五、文化价值的现实意义

从现实性说,由于科学、技术和经济的发展,以及人类生活出现的各种困境,文化价值因此比以往任何时候都更加突出地摆在我们面前。当代人面临的最大问题之一就是文化价值的冲突、困惑和危机,对这些问题的反思不能缺少文化价值的维度。

1. 科学技术对人性和"人"的理念的挑战

科学技术越发达,越是高新技术,它带来的价值风险也越大。例如器官移植、安乐死、基因重组引出的道德、人性和价值问题;智能机器人对人的智慧的挑战等。人的器官可以任意置换吗?人可以合法和合道德地"处死"垂危病人吗?牺牲一个"潜在的人"(干细胞)来医治其他人是道德的吗?人类将可以随意"设计和制造"生命吗?机器也可以跟人一样拥有"灵明之性"从而为万物之灵吗?科学技术越来越触及人最深层、最"神秘"之处,使传统的人性观、"人"的理念和"人"的

---

① 《列宁全集》(第55卷),北京:人民出版社2017年版,第78页。

意义发生了危机。

2. 现代化的"陷阱"引发的价值冲突、困惑和危机

现代化是我们这个时代的基本特征，也是文明和历史发展的大趋势。我们享受现代化带来的便利和福祉的同时也强烈感受到现代化的风险。具体说：

——"发展""强盛"理念的负面影响。"发展""强盛"是当今世界最盛行的话语，GDP 或 GNP 增长、综合国力竞争，是各国政府和人民生存的基本动因和使命。这当然也是需要的。但是，当我们把焦点放在物质经济和技术指标增长上时，却偏离了人本身的尊严、幸福和生活意义；物化的和高速度的生存方式，使现代人的人格扭曲；在资本崇拜、信息崇拜、技术崇拜中，人的本质和价值失落。

——现代化对传统的冲击和解构，留下文化价值的空白。我们在追逐时尚的同时，却丢失历史长期积累和蕴含着的许多珍贵遗产；商品化和市场化越来越深刻地打破原有的宁静、和谐、质朴与纯真，我们越来越浅薄和势利，越来越浮躁和焦虑，越来越索然无味；在努力实现现代化的同时，我们不可避免地与传统断裂，并形成了价值空场，找不到文化的根基和家园，成了精神的放逐者。

——现代化和科学技术引发的全球性问题，如核战争威胁、地球资源枯竭和生态环境破坏。这些问题危及人类生存的基础，危及人作为一个类能否继续存在，由此引发深刻的人性和价值问题。

——人类的科学、技术、经济惊人地发展了，但人类的道德并没有相应地提升。生存竞争、弱肉强食、强权即公理，这些生物界的游戏规则在世界范围内流行；物欲、性欲、攻击性等反文化、反人道现象流行。在某些场合，人实际上是以技术化的形式扩展动物的本能，特别是攻击本能。

3. 全球化时代的价值冲突与整合问题

现代化和全球化使文化传统和宗教信仰迥然不同的人们不得不拥挤在一个"地球村",不同文化和价值之间的关系就比以往任何时候都突出。主流文化对边缘文化的挤压、对少数民族文化传统的吞噬,不同文明和价值之间的冲突,是今日世界最令人揪心又无可奈何的局面。人类能找到一种"全球伦理"或"全人类价值"吗?谁有权力决定这种价值?不同文化特别是边缘文化如何获得平等的生存和发展权?现代化导致弱势文化逐渐认同强势文化,世界文化逐渐趋同,这也是不祥之兆:如果少数族裔的文化价值失传、毁灭,将是人类共同的损失。人类有可能、有必要拯救这些文化价值吗?

这些问题看似风马牛不相及,但它们都涉及人与文化的深层价值:作为宇宙中的唯一(至少目前已知)的文化存在和智慧生命,我们的存在和本质究竟是什么?我们期待什么?我们该追求什么以及不该追求什么?这个时代的一切变化太快,以致我们还来不及品味和琢磨新事物的意义,来不及建构新事物的解释系统;技术、信息等引起的变化太深刻、太彻底,以致我们难以用原有的价值体系吸纳、整合、诠释新的事物;这个世界的文化和价值冲突与交融太剧烈,以致我们目前实施的促进多元文化的交往、对话、协调与整合的办法,显得力不从心。今日人类生活的各方面,似乎都越来越被"人"以外的某些东西所左右、支配。希望我们关于文化价值的研究,有助于对这些问题的反思。

本书首发

第三篇

学术随笔

说天话：知识分子责任担当的方式

中国的知识分子有"经世致用""以天下为己任"的传统。远到孔夫子"学而优则仕"，近到"五四"救亡与启蒙的双重奏，都把"治国平天下"作为目的，读书、求知只是一种手段。在求知、为学方面，中国知识分子以悟道、明德、修身为目的，对纯粹的知识不大感兴趣。而人们要把握的那个"道"，神妙无穷。你要"穷神知化"，唯靠一心。这样，中国知识分子就不像西方人那样追求知识的普遍性和确定性，不是向外夯实知识和价值的客观基础，而是向内揣摩知识和价值的灵活与神奇。这个特点对中国知识分子责任担当的方式影响深远。

希腊人开创的是求知的传统，这个传统以追问大全的和根本的知识为目的。知识只有达到普遍性和确定性才是真实的、可靠的。对苏格拉底或柏拉图来说，"爱智慧"的目的是追问到万事万物"本身"（美本身、正义本身、人本身）。如果把个别事物和事物表象当作知识，那无异于把黑暗洞穴里的影子当作真实的人。亚里士多德追问了physic还不满足，非得找出它背后的Meta-physic不可，非得追问第一因不可，也是要达到知识的普遍性和确定性。只有达到普遍性和确定性，知识才是可靠。希腊人的传统对西方文化影响深远。例如中世纪基督教神学家，信上帝就信上帝呗，非得使劲证明上帝存在，证明他全知全能不可。牛顿晚年几乎花全部精力去追问宇宙的第一推动；培根以为科学的标准是

价值与文化
——人类社会的双重密码

完备性和确定性；霍布斯、卢梭等构想自然状态下的天赋人权；理性主义以第一原理清楚明白为学术使命；经验主义要从个别经验中得出普遍必然结论，都是追求普遍性和确定性。

为了达到知识和价值的普遍性与确定性，西方思想家会以纯概念为对象进行逻辑推演，习惯对知识大厦的基础进行反思。这种反思看似不食人间烟火，仿佛上帝在远远地冷观人类，但其社会效应是革命性的。例如："我思故我在"——我怀疑一切，但有一点我不能怀疑，就是我在怀疑这个事实。既然如此，有一个正在那里进行怀疑的我，就是一个清楚明白的事实。笛卡儿简直在说天话，与人间无关！但这几句"天话"却导致思想领域的哥白尼革命，因为它颠覆了以神为中心的思想格局，转到以人为中心，把流行了多少代人的宇宙秩序和价值框架给颠覆了！

说"天话"的习惯在西方知识分子是很普遍的。康德问先天综合判断是可能的吗？谢林哲学的基石——最后的存在是"一""绝对""上帝"；黑格尔确立"绝对说不出什么"的绝对精神，都给人不食人间烟火的感觉，但西方社会完成自己的启蒙和现代化，离不开这些"天话"。

人们对中国有没有真正的知识分子表示怀疑，这个怀疑是有道理的。中国的士人不像西方的知识分子以追求普遍性和确定性为天职，也不习惯推演纯概念，追问知识的前提，不习惯讲"天话"。他们不以自己为纯知识的生产者，而是维护纲纪、匡扶社稷、忧国忧民的儒生。这个传统常常导致知识分子不能坚守自己的阵地。

中国思想文化的灵魂是"道"而不是"知"。道是神妙无穷的，没有任何规定性。或者说，"道"的唯一规定性就是免受规定性所累，以至神妙无穷。所以"道"无色、无声、无味、无形。兵家讲"兵无常势，水无常形"；医术讲"加减临时在变通"，和尚讲"破执"，都是要打破确定性。中国文化的最高境界是"化境"。"化境"唯有中国文化才有，它是把确定性消解到至极才有的奇妙境界。中国知识分子参透宇宙人生的最高境界就是能"穷神知化"。

中国文化不分"此岸"和"彼岸",具体的和相对的东西不需要有一个永恒的和绝对的根基,绝对性和确定性就在相对性和多样性之中。"道不离器","穿衣吃饭即是人伦物理","砍柴挑水无不是道"……总之,形而上与形而下须臾不离。这种思维方式对知识分子的人格塑造起的作用是很大的。因为彼岸的东西自己掌控不了,此岸的东西则可以从心所欲,这就促使中国知识分子向内心开拓,走所谓"内在超越之路"。然而,缺少客观普遍依据、缺少外在确定性的"本心",是真是假,难以把握,这为伪善和故弄玄虚提供了机会。还有,中国知识分子对纯粹知识没有兴趣,不习惯形式化的概念辨析和逻辑推演,没有为科学而科学的求知精神,没有冥思、讲"天话"、于三界之外冷观世界的习惯,在科学理性基础和求真务实精神相对欠缺的情形下,心思过多放在出谋划策、设计"救世良方"上。

今天,下意识地拒斥知识与价值的普遍性和确定性,仍然是中国知识界的特点。只要有人试图为知识和价值建构某种普遍和确定的基础,例如人性、人道主义、普世价值等,立即有人祭起"阶级性""具体历史性"等大棒将其打死。把知识和价值主观化、片面化,为当下辩护,倒成了合理的!顺便说及,马克思、恩格斯所批判的,是当时的资产阶级思想家吹嘘的永恒、绝对的价值,他们认为阶级性恰恰是人类生产和交往水平低下的产物,是人的独立自由状态尚未彰显的表现,因此它是要被否定和超越的。他们所追求的"人的自觉自由的类本质""解放全人类""真正人的道德"等,都是普世的。不理解马克思的历史视野,把历史发展环节中暂时的、不完善的、需要否定和超越的东西绝对化,这种流行的误读,强化了中国知识分子轻视知识与价值的客观普遍性的习惯。下面这个案例值得思考:人们为什么那么热衷于反对"抽象性",以至于把"反抽象"抽象化,把"阶级性"和"具体历史性"抽象化?为什么对马克思历史逻辑中包含的追求普遍性的努力视而不见?撇开表层话语,恐怕与我们抵制普遍性和确定性的文化潜意识有关。

价值与文化
——人类社会的双重密码

知识和价值没有普遍和确定的基石，人们习惯随意和武断地下判断、得结论，很少有人对判断和结论的前提进行批判。结果，学术界、思想理论界的很多话语，看似振振有词，实际含混不清，经不起推敲分析。要用这样的话语去指导生活，要么是无关痛痒的点缀，要么"以其昏昏使人昭昭"。

这一特点如何影响了今天中国知识界和知识分子？恐怕三两句话说不清楚。我想，从良知和责任的角度说，有几点应该是显然的：第一，相对其他民族，中国知识分子更缺少某种普遍和确定的信念与信仰，对"我应该是谁"这种文化认同的问题，并不像其他民族那样看得很神圣，更多持"随机应变"的处世哲学。极端者甚至信什么都可，说什么都行，谁当道帮谁说话，谁落井下谁的石。第二，"坐而论道""为学术而学术"，被视为很坏的评价，与不切实际、空洞迂腐、毫无价值是同义的。似乎只有学以致用，理论联系实际，才是正道。当然，知识和思想终究是社会生活的表达，终究要为社会服务，理论联系实际是对的。但是，知识分子切入现实生活、担当社会责任的独特方式是什么？如果学以致用就是从政做官、经商下海、做工种地，"知识分子"桂冠唯一的优势是，我有个教授、专家、博士的头衔，在市面上比别人混得更好，那就没有起到知识分子应该起并且只有他们才能起的作用，没有把知识、学术的独特功能发挥出来。

我不反对有些知识分子去"经世致用"，但那不应该成为知识分子的一般模式，知识分子应该有自己的本行，有自己担当社会责任的独特方式，这种方式是社会必需而其他群体又不可能胜任的。显然，这只能是知识的生产与传播。为科学而科学，批判知识的前提和追问知识的基础，敲定知识、价值的普遍性与确定性，以概念辨析、理性建构、逻辑演绎等纯知识的方式来更新人们的视野，以"说天话"的方式来建构新的理念，这才是知识分子应有的常态。

原载《中国社会科学报》2010年1月26日（第5版）

从科学范式看学术的品质

（2015）

写文章、写书，与是否基于学术自觉做研究，是两个不同层次的问题。如果没有自觉的学术意识，写出的东西很难说是学术成果，至少其学术价值会打折扣。那么，什么才是学术呢？学术的品质是什么？这又无明文规定。个人揣摩，科学哲学对科学的界定，有助于我们理解学术的品质。当然，我不是把学术与科学等同，我只是借鉴、参考，并根据自己的心得谈谈我对学术品质的理解。

一、知识、思想的生产活动

学术研究，是精神生产，是知识和思想的创造性活动。如果说农民进行农业生产是为社会提供农产品，工人做工是为社会提供工业用品，那么知识分子从事学术研究，就得进行知识和思想的"生产"，提供社会文明进步所需要的知识、理论、学说、思想，以及相应的视角和方法等。真正的学术，是以指称现实的概念、符号、理论、逻辑、方法等形式进行的精神生产，它生产出人类既有文明宝库中尚未有的产品，给人类的思想、文化、文明增添新的产品、成果。人类因为有了学术，才真正有了文明。按这个标准，凡学术，必须能在促进人类知识之丰富、思想之深刻、方法之更新方面，必须在促成文明和文化的进步方面，提供自己独有的价值。当然，每个学者的功力有大小，学术成就有高低，不可能要求人人成大家，每本书、每篇文章载入史册。但既然是学术，多少得有自己特有的贡献。课题论证、开题报告，都有"创新点"一栏，正是这个道理。

学术研究的创新，或者说新贡献，主要表现为以下三个方面：

第一，新观点、新思想。学术成果需提出并系统论证一种此前学界没有过的说法、解释系统，它有助于人们澄清问题、释解困惑、加深认识、明确道理、提高理论水平等。形式上看，它至少有一套清晰而完整的观点，能构成一种解释模型；其成熟形式则是一套完整的学说或理论体系。

第二，新材料。你提供的事实、档案、资料、观察实验数据、调研考察信息、考古发现等论据，是你独立的新发现，由它或者能得出某种结论，或者为既有的观点、学说提供更强有力的支撑，或者解答悬而未决的学术疑案，或者否定此前的错误观点和学说。

第三，新视野。你的发现改变了人们"观"世界的视角、理解问题的思维方式，使学术研究的视角、维度、方法，发生重大转型。黑格尔把世界不再看成**事物**的集合，而是辩证运动的**过程**的集合；马克思通过对历史唯物主义的阐述，把人们"观"世界的角度由立足于理论的抽象思辨转到立足于历史实践的创造和生成；爱因斯坦用相对时空观取代经典物理学的绝对时空观，就是全新的视野。

一般说来，你贡献了新观点、新思想，是小家；如果你提出了全新的视角，推动了人们"观"世界视角和方式的转变，就是大家。明白了学术的这个品质，我们反过来看看许多常见的问题。

第一，落后于学术前沿的写作，不是学术。学术既然是创新，它的前提是需把学界对于这个问题的研究过程、来龙去脉搞清楚，在前人基础上，在学界既有成果的基础上，再向前走。学术研究好比接力赛跑，人家跑到第 800 米了，你需从这里接着往前跑，而不能从起点或者 50 米开始；或者比作新产品开发，你得先做市场调研，看人家尖端的产品已经发展到什么水平了，你再开发的得超过现有的。现在学术界有一现象，称之为"自话自说"。不管学界已经讨论和回答过什么，不管学术圈关于这个问题的研究进展怎么样了，只顾把自己想说的说出来，殊不知他说的人家早已说过了。严格说，这样的做法不是学术研究，至多只能算练习，就像中学生做物理习题不是发现物理定律，而是把学界早已熟知的东西拿来练练手一样。

第二，重复性话语不是学术。这个问题与上述问题近似而略有不同：上述问题是说了但没有新意，这里是根本不想说新意；人云亦云，一遍遍重复众所周知的话语，比如说那些假大空的套话、编那些老套教材等。这种情况通常不是以学术探讨为目的，而是以学术以外的目标为目的。

第三，政治宣讲型语言不是学术。政治宣讲型语言有三种：一是规定语言，二是政治交际用语，三是意识形态话语的宣讲。这样的话语，用信息科学的话说：尽量不增加新的信息量，避免负熵，以规避风险。这样的话语不是学术。

二、按照严格范式展开的思想体系

学术研究必须有新观点、新材料，但不能说凡提出新观点、新材料就是学术——未经专业训练者也能提出与别人不同的或者没人说过的观点。真正的学术思想、材料和方法，是经严格、系统和合乎规范地论证的，必须逻辑严谨，有理论穿透力。从这个意义上说，学术必须有自己的范式，是按照严格范式展开的思想体系。

大家知道，"范式"是库恩（Thomas Samuel Kuhn）用来解决科学划界问题的核心概念。在他看来，科学有一套解决难题的传统，这套传统就是范式。范式是由一定的科学共同体所持有的信念、理论、方法、现象与实验事实、价值、技术乃至一般世界观所构成的有机整体,它包括科学之所以为科学的标志性要素,如规律和理论、模型、标准和方法、模糊的直觉、形而上学的信念等。库恩对范式有许多说法,如范式是"公认的模型或模式(Pattern)"①;"类似标准的实例,体现各种理论在其概念的、观察的和仪器的应用中"②。库恩的范式概念有点类似于中国所谓"行话""行规"。你掌握了某一行的行话、行规,你就是内行,不懂的就是外行。

"范式"概念与"科学家共同体"这一概念又是紧密相关的。范式的创造、运用和重新选择,科学由"前科学"到"常规科学",经"科学危机""科学革命"再到"新的常规科学"之发展过程,均以科学家共同体对特定范式的认同与否为标志。库恩说:"科学家共同体是由一些科学专业的实际工作者所组成。他们由他们所受教育和见习训练中的共同因素结合在一起,他们自认为,也被人认为专门探索一些共同的目标,也包括培养自己的接班人。这种共同体具有这样一些特点,内部交流比较充分,专业方面的看法也比较一致。同一共同体成员在很大程度上吸收同样的文献,引出类似的教训。不同的共同体总是注意不同的问题,所以超出群体范围进行专业交流就很困难,常常引起误会,勉强进行还会造成严重分歧。"③

哲学社会科学有自己的范式——虽然不能与规范科学的范式等同;学术研究必须懂得自己领域的范式,包括话语、逻辑、方法、价值等。

---

① 库恩:《科学革命的结构》,金吾伦、胡新和译,北京:北京大学出版社2003年版,第21页。
② 库恩:《科学革命的结构》,金吾伦、胡新和译,北京:北京大学出版社2003年版,第40页。
③ 库恩:《必要的张力》,范岱年等译,北京:北京大学出版社2004年版,第288—289页。

1. 学术研究必须以专业术语、命题、话题为基本要素，按学术规范进行叙述

每门学科中都有自己专门的概念（范畴），如经济学的价值、利率、边际效用等，哲学的存在、主体、现象等。各学术传统中还有自己特有的命题，比如哲学中，老子的"上善若水"、笛卡儿的"我思故我在"、维特根斯坦的"语言的意义在于使用"，等等。每个时期、每个学术圈还有这个时期讨论的话题、热点问题。

为什么学术研究要用专业术语、要讲"行话"？因为，学术要有自己的"学"（知识系统等）和"术"（治学方法等），有解决疑难问题的传统，话语就必须符合两个条件：一是含义准确清晰，经得起推敲；二是可用于学术圈的公共交流。为此，学术话语经历代学者尤其是大家精心推敲、检讨、琢磨、锤炼而成，学术话语背后有透彻的分析、深刻的内涵和深厚的学术积淀。一个概念常常是一个思想家全部思想的浓缩和凝聚。如"资本"一词，从古典经济学家到马克思，千锤百炼。可以说，马克思《资本论》三大卷，都是在阐释一个概念：资本。再如柏格森。其《心力》的译者胡国钰先生引柏格森自己的话说："凡真正的哲学家，一生所讨论的，只是一件事。"柏格森一生研究的就是"创化"[①]。海德格尔终其一生，就是追问"存在"一词。而日常语言、非专业训练的议论、未经批判地审视的语言，含义不明，歧义丛生，对起话来是鸡同鸭讲，构不成真正的"学"和"术"，形成不了解决问题的传统。当然，这不是说学术语言与日常语言之间有不可逾越之鸿沟。应该说，日常语言是源，学术语言是流，日常语言经严格的批判重构，赋予它特定解释，也可成为学术概念。黑格尔的"扬弃"（abheben），维特根斯坦的"游戏"（play），就是典型例子。

既然如此，我们要做学术研究，就必须弄懂和掌握既有的学术话

---

① 柏格森：《心力》，胡国钰译，北京：商务印书馆1923年版，译者序第1页。

语，一个概念、一个命题、一种说法，其内涵和历史演变过程是什么？我是在谁的意义上理解和运用这个词、这个说法？必须落实。易言之，要研究哲学社会科学，就得懂得这个领域的"行话"，掌握和使用该学科的共同体所普遍理解和使用的概念、命题和话题，不能望文生义，不要随便生造概念，也不要置学术共同体于不顾，自己做与众不同的理解。

为了掌握学术规范，任何进入学术殿堂的人，必须读"打底的书"，就像开药铺，当归、地黄、白术、茯苓、陈皮、甘草等，你必须具备。以我体会，学术研究所要读的书，主要是：（1）该学科的经典名著以及具体研究方向中的经典名著；（2）必要的档案、数据、资料；（3）学术史和述评；（4）当代学界同行的主要著作、文章；（5）本学科领域之外但为人文素质之基本、学术素养之必需的其他名著。通过读书，你不但积累了知识，还了解学术界在各个领域使用什么样的词，讨论什么样的话题，怎样分析和区别各种问题，等等。

既然学术研究需要遵循严格的范式，那么，假如我们真想诚心做研究，就切忌使用假概念，说假命题，提假问题；切忌用假大空的话语；切忌生造概念和命题，尽量避免使用没有（学术）公共性的各色的话语，不要炫耀那些看似高深，实际上是没消化好的洋概念、洋命题。

掌握和使用专业术语，讲"行话"，不是说你不可以对前人的话语进行批判。你当然可以不同意前人，批判前人，但必须在理解基础上按人家的本意进行分析评论，不能曲解人家的意思，把人家没有的意思强加给别人，然后批判。你也可以创新话语，但你必须在充分掌握前人成果的基础上进行创新，创新需在前人基础上累积式地前进，而不是摆脱前人自话自说。你必须确有高于前人、优于前人的发现，不能是无知的狂妄。

2. 学术研究必须按严格和规范的研究方法进行

方法是学术研究的基本手段，是学术共同体长期探索归纳的结果，成熟的学科是与规范的方法相联系的。学术研究究竟有哪些方法？或者说哪些是学术研究方法？这似乎又是难以说清楚的事。

大体说，按学科门类分，每门学科有自己的研究方法：哲学有哲学方法，经济学有经济学方法，宗教学有宗教学的方法，考古学有考古学方法。而且，这些方法还可以进一步具体化，包含更多更专门的方法。按学术思想流派分，不同学派有不同的方法，例如解释学有解释学方法，马克思主义有历史唯物主义方法，逻辑实证主义有分析方法，弗洛伊德主义有精神分析方法，年鉴学派有整体主义历史方法，等等。

学术研究方法还可以分成不同层次。第一层次是抽象的原则性的方法论，如逻辑与历史统一的方法、阶级分析方法、历史主义方法等。这些原则性方法论提供了学术研究的基本思路和原则，提供了理解和把握对象的基本观点和立场。不过，只是这样的原则，还构不成研究方法，还必须把它具体化。第二个层次是一般的或通用的研究方法，如比较方法、模拟方法、分析方法、归纳推理方法、类比方法、辩证逻辑推理方法、概率统计方法、预测方法、系统方法、解释学方法、社会调研、数据统计分析等。相对于一般性方法论而言，这个层次的方法要具体些。但真正作为每位学者、每个研究课题或文章的研究方法，还需具体到第三个层次，即可操作性的方法，如中国语言文字研究中的训诂方法、历史学研究中的档案查阅和处理的方法、考古学中的文物甄别鉴定方法，等等。

其实，程式化、形式化的方法是基本格式，真正的研究方法是与研究的内容、思路紧密结合在一起，是非常具体的。如马克思研究资本主义生产过程时，他的研究方法就是像物理学那样，设计典型环境——英国，抓住典型要素——商品，并借鉴黑格尔整体辩证法，从一个概念过渡到另一个概念，从而展开资本的不同环节。

3. 学术研究必须是完整严密的逻辑体系、逻辑推理过程

学术研究不是议论，也不是哗众取宠。无论哪门学科，基本规则都

应该是：摆事实讲道理。

20世纪兴盛一时的逻辑经验主义，把知识还原为两大基本要素：一类是经验，包括各种实证性事实，其话语形式就是陈述语言；另一类是逻辑，或者说按照严格逻辑推演得出来的结论。在逻辑实证主义者看来，那些既不能诉诸实证经验（观察、实验），也不能按严格逻辑推导出来的说法，是无病呻吟。当然，这种强逻辑实证主义的说法不一定完全合理，不一定适合学术；但强调逻辑的严谨和事实的充分，倒是学术与科学的共性。

学术研究的论据必须充分、充实、有说服力。这里的论据包括经验性事实、数据与统计资料、文献档案、影视图片，等等。从一定意义上说，论证好比盖楼房：地基打得越牢，房子越稳固。我们的文章和著作，论据越充分、充实，结论也就越牢靠。

什么资料可作为论据？任何资料都有同等的逻辑力量吗？这是个有趣却又很难一语道破的问题。大体来说，论据存在逻辑力量递减现象：越是原始的、原生态的资料，就越能说明问题，越令人信服，越有逻辑力量；二手、三手资料，经过别人包装甚至篡改了的资料，逻辑力量就大打折扣，甚至根本就没有学术价值。例如你要研究历史，凭教科书、宣传品上流行的说法，很难说它有学术价值。如果真想做研究，就得依据原始材料、调研事实、档案资料等原生态论据。要提高学术研究的逻辑力量，还得善于运用"以子之矛攻子之盾"的"战术"。论敌的观点和资料也许存在自相矛盾之处，此时分析这种矛盾，就比你自己另行反驳更有分量；论敌的观点和论据也许有明显违背常识处，点这个"死穴"也是非常有逻辑力量的。

学术研究的逻辑力量还来自它的理论抽象。一个典型例子就是黑格尔的"具体的整体性"辩证法。我们知道，黑格尔把自然、历史和精神都视为绝对精神的外化，他实际上是把现实世界的感性杂多抽象掉，将其内在深刻的本质上升到"绝对精神"这个概念，用概念辩证法来代替现实世界的演化逻辑。"绝对精神"起初是纯粹的抽象，什么规定性都没有，但后来的任何规定性都已潜存于其中：逻辑阶段（存在、本质、概念）、自然阶段（机械、物理、有机）、精神阶段（主观精神、客观精神、绝对精神）都是绝对精神的自我展开，是它的一个环节。绝对精神的展开过程是现实世界的发展过程的理论抽象。黑格尔具体的整体性辩证法对学术研究的启示是：研究问题，就要抽象掉对象的感性杂多、个性和偶然性，提炼出表现本质和整体的概念。这种概念应达到这样的程度：概念的内涵与对象的本质规定性统一，概念的矛盾展开与对象的发展演进统一，分析和展开概念中包含的矛盾，也是呈现对象的历史发展与演进过程，是对象的本质规定性生成与完善的过程。核心概念往往是对象全部规定性的浓缩，它像一颗种子，后来全部内涵——枝、叶、根、杆、花、果等——都以浓缩的形式蕴含在这颗种子中，种子生根发芽成长，是这颗种子的不断发展生成，是它自身的"他者化""异化"。马克思的《资本论》尤其是第一章，是模仿黑格尔辩证法比较成功的例子：从无限复杂的资本主义经济形态中抽象出商品概念，"商品"好比马克思政治经济学批判中的"绝对精神"，后来的各种概念——劳动、价值、不变资本和可变资本、生产资本、流通资本、利润、地租等，无不是商品的环节和具体呈现方式。把商品这个概念的内涵讲完了，也就是把资本主义形形色色的经济生活揭示清楚了。

4. 学术研究必须遵循本学科特有的价值体系

规范的哲学社会科学不但表现为按学术共同体内认同的严格的方法和逻辑进行论证，还表现为按学术共同体内认同的严格的价值标准进行评价，学术范式表现为一套成熟的为学术共同体公认的价值系统。这种价值系统表现为两个方面：

第一，学术研究过程中，人们按照学术共同体认同的价值尺度对问题和观点进行评价和选择。学术研究既是求真、辩理的过程，也是评价和选择的过程。选择研究主题、方向和切入点，澄清问题，分析各种逻辑和因果关系，提出解释模型等，既要对研究对象、主题、问题进行真伪、善恶、美丑等做价值判断，进行评价和选择，也要对研究的问题、路径、方法、观点等进行意义甄别。价值系统需要解决以下问题：什么才是应该研究的真问题？如何把感性经验中模糊朦胧的问题转化为学术问题？研究什么才有价值、有什么样的价值？为什么说它有价值？如何选择有意义的研究路径？如何把思想、学术的价值突出出来？

第二，对学术成果的意义、学术地位和效果进行评价，需按学术共同体认同的价值标准进行。同为学术成果，其意义和地位相差极大。有的会成为学术史上的名著，会产生深远的学术影响，有的则意义不大，还有的恐怕只能说是"精神垃圾"。衡量学术成果的价值得按专家认可的标准进行，需考察以下问题：问题是否准确、清晰，提炼得是否深刻？论据和论证是否有逻辑力量？思想、观点是否深刻和有创新性？该成果对学术的影响和冲击大小如何？对相关学科的辐射作用有多大？社会效应和实际价值有多大？等等。

所谓"行家一出手，知道有没有"。其实学术界也有类似情形，你的学术水平如何，成果的学术价值如何，只有内行最清楚。这意味着学术地位和学术权威是在学术圈中自然形成的，是专业共同体内部通过学术研究、交流、评价等互动方式形成的共识。学术只能按学术的价值标准，即学术共同体取得共识的标准，不能用学术以外的标准，例如政治标准、金钱标准、身份标准（论资排辈）、人情标准等，否则学术就乱套。

5. 学术研究是学术共同体的公共行为，是在共同体的交流对话中完成的

哲学社会科学的研究范式是以学术共同体为载体的，是特定的专业群体在长期的研究、探讨和交流中共创、共享、共同推进的。如果没有

这样的共识，你说你的我说我的，鸡同鸭讲，哪来学术？概念、话语、方法、问题、规则和价值系统等范式，未经专门训练的人是不懂的。也有些专业术语来自日常语言，但专业学者界定的那种系统、深刻和确切的内涵，外行是不懂的。因此，人们要想进行学术科研，就得"入门"，就得进到专业圈子来，也就是要经过规范和严格的训练，从而掌握作为专业人员才掌握的范式。可以说，范式使得学术共同体内部"认同"，并与非专业人员"认异"。

学术研究也是在与同行的对话中推进的。科学领域有"大科学"之说（赵红洲），意思是说，当今的科学研究靠大团队进行，甚至由国家动员和组织，科学、技术与社会呈一体化趋势（所谓"STS"）。学术研究虽然不像自然科学研究那么正式，但也不是单打独斗，自话自说，不管别人已经做了什么，不管学术圈的进程如何，只管把自己想说的说出来。不是的！任何正规的学术研究都是群体性的。专业学者通过发文章、出版著作、做学术报告等方式，把自己的研究与同行联系起来，形成本学科特有的公共平台。任何正规的学术研究，都应该把自己置于共同体的背景中，与整个学术圈、学术"生态系统"联系起来，让自己的研究成为共同体的一个环节、一个有机组成部分。

学术界有种令人担忧的现象，叫"自话自说"。不尊重学术共同体长期形成的基本共识，如相关概念的内涵外延、理论话语尤其是经典的准确含义、圈内共识的逻辑、方法与价值系统等范式，望文生义，随意曲解；更有甚者，根本没有"范式"意识，把议论、说教、日常对话等，都当成学术。不尊重学术共同体的另一种表现是，对学界既有的学术成果熟视无睹。不管相关问题别人解决没有，解决到什么程度，自己的研究在学术共同体中有何地位与价值，跟整个学术、学科是啥关系？啥都不管，闷头就写。这种局面导致我们的学术总是低水平重复。

三、可证伪的决疑传统

学术研究需要在两个维度上进行：一方面是立论，也就是提出自己的观点、思想并加以论证，把自己的学说从正面严谨、缜密地建构起来；二是驳论，自己试图反驳自己，自己追问自己的概念、命题、观点、前提、逻辑、材料、思维方式等，有没有什么问题？能否经得起反驳？可以说，后一方面比前一方面更重要，更能体现学术特点。如果你的观点、理论，你的文章、著作，含混不清，存在许多矛盾和漏洞，你却置之不理，只是一味地立论，那不是学术；如果不试图反驳自己，而是满足于表达自己想说的观点和内容，至多满足于自洽、自圆其说，那也不是学术。学术的本质是以批判、审视的方式检讨现实问题，也批判地审视学术自身。可以说，学术就是一套可以被证伪的决疑的传统。这个说法包括以下几层含义：学术是一套决疑的传统；学术是以怀疑和反思的方式推进的；学术具有"可证伪性"，要可以反驳并且经得起反驳。

1. 学术是一套决疑的传统

卡尔·波普（Karl Popper）认为，科学并不是揭示隐秘在我们这个世界深处的规律、规则或秩序，而是对我们生活中遇到的问题尝试性地提出解决方案。"一切定律和理论本质上都是试探性、猜测性或假说性的"。"生活在这个未知世界之中，使我们自己尽可能适应它；利用我们可能从中找到的机会；如有可能（不必假定真是这样），则尽可能借助于规律和解释性理论来解释世界。如果我们以此为我们的任务，那么，就没有比试探和除错——猜想和反驳的方法更加理性的程序。这种方法就是大胆地提出理论，竭尽我们所能表明它们的错误；如果我们的批判努力失败了,那就试探性地加以接受。"① 我们生活在未知世界中,我们的思想理论也好,现实生活也好,总会不断地面对问题,这就需要对问题的本质和原因做尝试性地分析和解释——波普从这个意义上把科学称为"猜想"。这种猜想只是暂时未被驳倒,但它终极要被更严谨逼真的理论所取代。不断地提出猜想,又进行反驳,再提出更有解释力的新的猜想……如此形成传统,才是科学的品质。波普的这套思路对学术研究也有一定启发。学术研究虽然不是波普意义上的科学,但高标准衡量,学术研究也是发现问题、分析问题和解决问题的过程,也有决疑和证伪的传统。

从学术的角度说,什么是问题?就是我们的知识、思想遇到了差错、矛盾、漏洞、不解之谜,出现了按惯常方式难以顺当地解释通、难以顺当地往下走的"坎"。比如,有人认为人性本善,有人认为人性本恶,或者无善无恶,不同观点其实都只是关注最后那个定性的宾词;但"本"是什么呢?"先天"到什么时候呢?以什么为根据呢?这是个盲点,是一个问题。

——学术研究要善于发现问题,有问题的敏感性。问题一方面来自理论。学术研究要善于从现有理论中发现问题。我们读书,既要发现和抓住它有价值的东西,也要发现和抓住它的问题,如概念是否清晰?论据是否有效和有力度?推理是否合乎逻辑?观点和结论是否合理?义理上是否有不通之处?观点和结论是否立得住?解释系统总体上是否自洽?方法是否得当?理论与事实是否相符?是否暗藏有不合理的预设?等等。问题另一方面来自现实生活。现实生活中有矛盾、问题、疑惑、困境;或者,我们习以为常,但实际上是错误的、荒谬的。学术要发挥自己批判和反省的功能,发现被社会忽略了的问题和危机,展示被社会消解了的另一个维度,通过对习以为常、熟视无睹、不以为然、"顺理

---

① 卡尔·波普尔:《猜想与反驳》,傅季重等译,上海:上海译文出版社1986年版,第73页。

成章"的流行观念、习惯、心理、行为等，进行批判性思考，从而使我们在生存和发展中保持清醒的头脑。

——学术研究要善于提出问题。我们感觉到了问题，不等于我们一定把问题想清楚了、抓准了，不等于我们能合理地提问题、提的是真问题。在没有弄清楚的情况下，我们看似在提问题，实际上不一定。

第一种常见的错误：它也许是个假问题，也就是说，它实际上不是问题，不存在这样的问题，而是人们在没有想清楚、弄清楚的情况下，按照错误的理解方式人为地提出来的问题。如果想清楚了，就不会提这样的问题了。在我看来，至少笔者相对熟悉的几个领域，人们讨论的很多是假问题，它们的前提和内涵既不真也不假，因为它们根本没有意义——当然，如果加以澄清，换个角度思考，不排除可以从中发现和提炼真问题。

第二种常见的错误：它的确是个问题，但我们理解偏了、抓错了，本该这样提问，他却那样提问。例如最近几年，思想理论界有些人重提"消灭私有制"。从理论上讲，可以引经据典，似乎振振有词；但从现实实践看，这种声音引起民营企业的恐慌，对经济发展产生不利影响。人们争论的焦点是要不要消灭私有制，其实这是个混沌不清的问题。改革开放的实践早已超越了这个问题，理论上却走回头路。人们几乎不假思索地把民有等同于私有、官有等同于公有，这是马克思主义的吗？这个"公"究竟是谁？理论上讲，是人民大众。但人民大众如何才能实际地"有"？"有"什么（因为有人只"有"权利，有人只"有"义务）？等等。这些才是我们应该讨论的。

有种说法：提出问题等于解决了问题的一半。提问的方式既反映了我们对问题的思考，也大致规定了分析和解决问题的思路。如何问，反映出你对问题吃透没有，把准没有；也反映了一个人的学术素养。学术研究需在清晰思考的基础上，以学术的方式提问，提真问题，提有学术价值的问题。我们面对的究竟是个什么问题？是这个问题还是那个问题？问题的关键和症结是什么？我的研究切入点和突破口在哪里？如何使一个笼统的问题具体化？如何凝练、聚焦和澄明？如何将问题进行本质抽象，上升到概念？总之，学术研究的提问，不是随便的提问，而是有理性思考的提问。提问是把朦胧的、混沌的"感觉"中的问题想清楚，找出问题的症结之所在、解决问题之可能途径。从这个意义上说，提问有点像刑侦中的锁定犯罪嫌疑人。你笼而统之地说有人作案，没意义；经过侦查分析，初步认定某人有重大作案嫌疑，才有意义。

——学术研究还得善于把日常生活中的问题转化为学术性问题，将常识性问题"问题化"。我们凭感性经验感受到生活中的问题，与事物的本质并非直接同一，仅凭感性经验提问难以把握真问题。未经专业训练的人们也能议论这些问题，但因运用模糊的日常语言，没有规范严谨地分析问题的习惯，不能把感性经验中感觉到的问题转化为学术问题，不能科学地、理性地、合乎逻辑地加以辨析讨论。这种议论无法把问题透析清楚，既揭示不了事情的本质特征和内在联系，也不能增进我们的知识，提升我们的理论思维水平，因此它没有学术价值。学术不同，它需要把肤浅的、混沌的问题澄清，用学术研究的方式进行提问：事情的本质和真相是什么？这个局部问题与相关的整体背景是何关系？如何将其上升到概念？用什么话语、哪门学科和哪种理论加以阐释？这个问题如何与整个学术传统对接？它在学说史、思想理论史上处于什么地位？问题要有学术价值，就得达到把握问题的深度，把握社会生活的本质和深层逻辑，从这个深层次上去发现和思考问题。

——学术研究要深入分析和解决问题。作为学术研究的对象，问题往往是复杂的，需要做缜密严谨的分析研究。当然，学术问题千差万别，我们不可能规定一套固定的分析套路。但大体上说，分析问题要注意：（1）辨析和解释概念。概念是承载问题和思想的元素，概念不清就无法澄清问题和表述思想。概念的内涵和外延、能指和所指、相近概念之间的区别和联系，以及在何种意义上理解某一概念（同一概念，不同学科、学派、学者解释会有差异），等等。（2）论据、资料的辨析。学术要用数据、事实、文献资料等作为论据（证据），分析和研究问题当然包括对这些证据的真实性进行考证，对它们究竟能证明什么进行辨析与解释。（3）分析诸如概念、命题、论据（事实、数据、文献资料等）、条件等各种元素之间的逻辑关系；分析这些关系的具体性质——因果关系、并存关系、矛盾关系，或者有没有本质必然联系等。这些元素及其逻辑关系能证明什么？我们面临的问题如何通过这些关系的解析而逐步澄明？

解决问题是对分析过程的总结，是对结论昭示的意义的引申或者暗示。学术研究要紧扣分析问题时的逻辑思路和趋势，推论它昭示了什么、应该指向何方、得出何种结论。问题分析得深入、精准，解决问题就水到渠成。需要说明的是，人们往往把解决问题理解为提出对策和建议。对策、建议当然也是解决问题，但学术研究不同于政策研究，它不是以提对策、建议为目的，而是以深度阐释为目的，故多数学术研究，解决问题与对策无关。

2. 学术是以怀疑和反思的方式推进的

从一个角度说，学术研究也是通过怀疑、反思向前推进的。

学术研究要勇于怀疑，善于怀疑。没有怀疑，就没有思想，没有科学和学术，没有人类文明的进步。有了批判和怀疑，人类的理性才真正达到自觉。我们所谓怀疑，不是单纯否定，简单说"不"，而是审视和质疑，是发现问题，指出纰漏等。通过怀疑，为思想、观念和知识建立更牢固的基础；怀疑是一种批判精神，它用挑剔的方式追问：为什么？是这样的吗？有没有问题？有没有不可靠的地方？怀疑是对流行的、习以为常的思想观念和知识内容发出质疑，是对我们的观念所依据的事实材料、对事情的本质和真相发出质疑，是对我们赖以形成特定观念的思维方式和价值观念发出质疑。怀疑就是不断发现问题、研究问题、解决问题，使得我们的思想、知识、学术，相对更可靠些。

学术史上的重大进步，往往都是从怀疑开始的。笛卡儿认为他那个时代所有的观念都值得怀疑，故他"怀疑一切"，并从怀疑一切中发现有个怀疑者的"我"是清楚明白、不可怀疑的，这就是"我思故我在"。这个怀疑推动了欧洲文化和价值观的根本变革——从以神为中心转到以人为中心，以信仰为根据转到以理性为根据。学术史上不乏这样的思想家：他们也许没有正面地提出思想理论成果，他们之所以伟大，在于他们提出了深刻的、被人漠视的问题。典型的如休谟（David Hume）。哲学史上有两个休谟问题，一个是归纳问题：我们凭什么确认那些我们未曾经验过的事例类似我们经验过的事例？另一个是事实与价值的问题：以"是"为系动词的句子，凭什么过渡到以"应当"作为系动词的句子？这两个疑问触及我们知识、思想中根本的逻辑方法问题，引发人们重新思考归纳逻辑的有效性，以及事实与价值的关系。

学术并不是纯粹为自己辩护，相反，严肃的学者会经常反省自己，经得起历史考验的学术，常常包括对自己的批判和怀疑。学术对自身的基础、前提、方法等元问题进行怀疑，就是反思。"反思"源自德文 nachdenken，因黑格尔使用而流行。它表示对思考本身进行思考，对认识本身进行认识，对我们的命题、观念、理论、思想、学术赖以立足的前提预设、逻辑规则、事实根据、思想方法、价值观念等进行考问、推敲和审视。我们做研究时，总会自觉不自觉地基于一定的前提和预设，按照一定的思路和方法展开。讨论中，我们通常重点关注表达观点、得出结论，对于背后依据的前提、方法、预设，往往忽略甚至根本没意识到。很多人习惯纠缠观点和结论，但问题往往出在思路、方法和思维方式上；很多人习惯表达立场和态度，但问题往往出在材料和事实的真实性方面。因为这个原因，学术研究就需要对我们的思想、观点赖以立足的前提和预设，我们的话语赖以展开的方法论基础做批判的检讨。也就是说，学术的批评和自我批评，不只是在末端，更是在源头、根基。

严肃的学术，不是一旦得出结论，建立体系，就顽固地保守自己、巩固自己，而是不断地自我反省、自我批评，尤其是在新的语境中，结合变化了的环境条件、新发现的文献资料、新问世的思想方法等，重新认识既有的理论以及它关涉的问题，修正既有的理论、方法和体系，乃至否定它，代之以新的观点、新的方法、新的解释系统——这种情形类似库恩讲的"科学革命"，或者佛教讲的"破执"。

3. 学术要具有"可证伪性"，要可以反驳并经得起反驳

学术研究是极严肃的事，它的论据（材料、数据、事实等）、观点、逻辑，要经得起推敲、质疑和反驳。为了经受反驳，前提当然是欢迎反驳，可以反驳，有办法反驳，这与波普所谓科学的"可证伪"的品质是一样的，故我借波普的"证伪"理论来说明这个问题。

波普在区分科学与伪科学时认为，能否用经验所证明（证实）并不能代表科学的本质，不能将科学与伪科学区分开来，因为伪科学也可以"证实"自己。科学与伪科学真正的区别在于，伪科学的话语大而无当、抽象空洞、含义不清，让你无从反驳；即使存在明显错误、漏洞，伪科学会用"特设条件"为错误辩护，回避质疑、反驳，从而使自己在任何情况下都不必承担风险。"没有任何想象得出的人类行为能够推翻它们"①。但是，"一种不能用任何想象得到的事件反驳掉的理论是不科学的。不可反驳性不是（如人们时常设想的）一个理论的长处，而是它的短处。"② 科学不同，它允许反驳，可以反驳，可以被证伪。科学的理论、命题、结论，是清晰而明确的，是或者不是，在经验事实面前一目了然，因此科学要经受考验，承担风险。"对一种理论的任何真正的检

---

① 卡尔·波普尔：《猜想与反驳》，傅季重等译，上海：上海译文出版社1986年版，第53页。

② 卡尔·波普尔：《猜想与反驳》，傅季重等译，上海：上海译文出版社1986年版，第52页。

验,都是企图否证它或驳倒它。可检验性就是可证伪性;但是可检验性有程度上的不同:有些理论比别的理论更容易检验,容易反驳;它们就像担当了更大的风险似的。"[1] 例如,根据爱因斯坦广义相对论原理:光在传播途中,因受极强的引力场(例如太阳)吸引,应发生空间弯曲。人们可以在某些特殊条件(例如日食)下观测验证,是还是不是?你躲都没法躲,必须接受严峻检验。大家知道,爱丁顿小组的观察实验证实了这点。当一种"猜想"经受挑战、承担风险而暂时未被证伪,未被对手打败时,它是科学。但这种优胜地位只是暂时的,它终究被更新、更合理的理论所否定,后者就成为新的科学。总之,科学的本质在于它深刻的批判性,即通过否定自己、修正自己而臻于"逼真"。

波普对科学品质的界定是否完全合理另当别论,学术研究与狭义的科学研究也不能完全等同。虽然如此,二者的相似性也是显然的。如果空泛宏大、含义不清、充满歧义、煽情话语和价值判断远多于实实在在的论证,这样的观点你无从反驳,因为没有可以跟它"对垒"的实际内容,要反驳它就像堂吉诃德与风车战斗一样。另一种情况是借助某种权威,不允许质疑;或者理论上无论出现什么样的漏洞,都会有人设法弥补和为之辩护,让你永远驳不倒,这样的东西也就不是学术。真正的学术研究具备可证伪的品质,它的论据(事实、文献等)、观点以及论证逻辑等,必须含义清晰、具体实在,别人有办法验证、反驳,是或者不是,可以检验。它仿佛一名武士站在擂台上,实实在在,无遮无挡,天下豪杰不服来呀!学术通过这种批判、怀疑和证伪,不断地去伪存真,精益求精,使自己更有逻辑的力量和理论的深度。

原载《中国政法大学校报》2015 年 4 月 28 日

---

[1] 卡尔·波普尔:《猜想与反驳》,傅季重等译,上海:上海译文出版社 1986 年版,第 52 页。

后　记

　　这本论文集是从我多年来发表的以价值和文化为主题的论文中筛选的，大致代表我近 30 年在这个领域思考的结果。几十年过去后，一方面，我们所处的时代和社会生活发生了深刻的变化；另一方面，随着阅读的增加和思考的深入，我的思想其实发生了不少变化。文中的有些观点，现在我自己也不完全认可。不过这些论文是我思想发展的历史，是我的心路历程的真实记录，我的学术思考就是这样过来的，所以除非必要，尽量保持原貌的好。

　　这次出版论文集，我稍稍做了些修改。修改的原因主要有几点：第一，语法、措辞、引文、资料等，有明显错误、遗漏或者不准确的，这次做了修改、校正；第二，极个别文章，撰写和发表时，因阅读文献所限，认知和判断不大准确，今天看有明显硬伤，但文章又有些价值，故这次做了较大修改；第三，根据出版规定，对旧文中的一些表述作了必要的调整。

　　从某种意义上说，价值和文化问题是当代人面临的最重要的问题。因为文化就是"人化"——人按"人之为人"的标准和理想而化。每代人、每个共同体中的人，都要针对自己的历史境遇和时代使命，思考并回答这样一些问题：什么是善的行为？什么是理想的社会？什么是有意义的生活？我们能期待什么？我们应该追求什么？如何协调人们之间的价值冲突？怎样才能让科学、技术、物质财富为人类造福？这些问题也是我非常感兴趣的问题。困惑和思考之间，时常也不揣浅陋，把我个人的看法表达出来，写成文字。

我虽然一直对学术有兴趣，但由于复杂和特殊的原因，我长期没潜下心来，功力也远远不够。起初发文章，完全是有想法、有感悟、凭热情。不懂学术范式，没有学术自觉，更没有找到适合自己的学科领域，并系统深入地学习思考。蹉跎岁月，到 40 岁时才追随恩师李德顺先生研究价值哲学，正式进入学术圈。遇到李德顺先生这样的导师，是我此生最大的福分。先生有强烈的学术使命感、敏锐的问题意识、清晰的学科意识。他观察问题之敏锐，分析问题之精准深刻，治学方法既严谨又新颖，在学术圈人所共知。以我之愚钝懵懂，也能对学术了悟一二，实先生育人有方！这本论文集，也是提交给李先生的作业。

孙美堂

2019 年 10 月